研发外包与企业创新能力研究

R&D Outsourcing and Ability of Innovation

邓铭　王文芳　著

中国社会科学出版社

图书在版编目(CIP)数据

研发外包与企业创新能力研究/邓铭,王文芳著. —北京：中国社会科学出版社，2023.5
ISBN 978-7-5227-2013-5

Ⅰ.①研… Ⅱ.①邓…②王… Ⅲ.①企业管理—对外承包—影响—企业创新—研究—中国 Ⅳ.①F279.23

中国国家版本馆 CIP 数据核字（2023）第 121454 号

出 版 人	赵剑英
责任编辑	李斯佳
责任校对	李 莉
责任印制	戴 宽

出　　版	中国社会科学出版社
社　　址	北京鼓楼西大街甲 158 号
邮　　编	100720
网　　址	http://www.csspw.cn
发 行 部	010-84083685
门 市 部	010-84029450
经　　销	新华书店及其他书店
印　　刷	北京君升印刷有限公司
装　　订	廊坊市广阳区广增装订厂
版　　次	2023 年 5 月第 1 版
印　　次	2023 年 5 月第 1 次印刷
开　　本	710×1000　1/16
印　　张	17.5
插　　页	2
字　　数	229 千字
定　　价	89.00 元

凡购买中国社会科学出版社图书，如有质量问题请与本社营销中心联系调换
电话：010-84083683
版权所有　侵权必究

前　言

　　创新是引领发展的第一动力，是推动一个国家和民族向前发展的核心力量，也是推动整个人类社会向前发展的重要力量。科技创新是全面创新的核心，只有加强科技创新，特别是原始创新，才能在关键领域不被"卡脖子"，才能建立完整稳定的产业链供应链，才能更好融入新发展格局。企业是实现科技创新的主体，在实施创新驱动发展战略过程中，必须强化企业创新主体地位。国有企业是国民经济发展的中坚力量，是中国特色社会主义的支柱，是贯彻落实国家创新发展战略的"领头羊"，要充分发挥科技创新主力军的作用。从"做强做优做大"到"建设世界一流企业"，从"着力创新体制机制"到"推动国有企业完善创新体系、增强创新能力、激发创新活力"，创新被摆在了促进国有企业高质量发展和服务国家重大战略的核心位置。国有企业技术创新能力的提升将关系到国有经济和国有企业改革发展，乃至国民经济的高质量发展，对发挥国有企业在国家创新上的带动和引领作用，从而加速实现科技自立自强的战略目标，对构建新发展格局、创新驱动发展、现代产业体系建设具有重要意义。本书的研究对提升国有企业科技创新能力，助力创新驱动发展战略实施和国家创新体系建设具有重要现实意义。

当前，中国经济正经历从要素驱动、投资驱动转向创新驱动的新常态，"供给侧结构性改革"和高质量发展的成功与否很大程度上取决于我国能否顺利实施创新驱动发展战略。从微观层面看，创新能力的高低决定了企业，特别是国有企业能否在新常态下完成自身由"量"到"质"的转变。现实中，创新能力的不足阻碍着我国很多企业的发展，一个重要的原因是企业片面地把"自主创新"理解为"内部化创新"；在创新投入有限的条件下，企业通常仅依赖内部研发部门的研发活动来提升创新能力，渠道单一，效率低下。然而，跨国公司自三十多年前起就通过在海外设立研发机构、研发外包等方式获取创新，实现了"开放式创新"和"外部化创新"给企业带来的绩效提升。研发外包已成为企业提升创新能力的一种有效途径。

本书在对企业创新能力、企业研发外包相关理论进行系统梳理的基础上，发现国内外学者对企业创新能力、企业研发外包方面的研究已有丰富的成果，为本书继续深化企业创新能力和企业研发外包研究奠定了良好的基础，同时也发现关于企业创新能力已有的研究多基于微观角度进行，缺乏从宏观、中观、微观多角度的全面研究；关于研发外包的研究多集中在研发外包内涵、模式、影响因素等方面，鲜有文献探究研发外包对不同所有制性质的企业创新能力的影响，本书填补了这一空白。现实中，很多企业的创新模式单一，狭隘地把"自主创新"理解为"内部化创新"，忽略了研发外包作为"外部化创新"的手段，是企业提升创新能力的一种有效且重要的实现方式，其重要性不可忽视；有必要系统性地研究国有企业创新能力状况，以及研发外包现象，并借助研发外包来提升我国国有企业和其他所有制企业的创新能力，走创新驱动发展之路。

本书从宏观、中观、微观三个层面，基于发包方和接包方双视角，对企业创新能力与创新绩效的影响因素进行了理论研究和实证分析。对企业创新能力与创新绩效进行了多视角全面分析，更加合理客观地分析企业创新能力和创新绩效的影响因素，为提出提升企业创新能力和创新绩效的有效建议提供依据，弥补了已有研究单一视角、单一指标对企业创新能力和创新效率的研究造成的偏差和片面性。

目 录

第一章 绪论 …………………………………………………（1）
  第一节 研究背景 ……………………………………………（1）
  第二节 研究价值和意义 ……………………………………（4）
  第三节 研究内容、方法 ……………………………………（6）
  第四节 创新和不足之处 ……………………………………（9）

第二章 文献综述 ……………………………………………（12）
  第一节 国有企业创新能力 …………………………………（12）
  第二节 研发外包 ……………………………………………（14）
  第三节 企业研发外包的相关理论综述 ……………………（21）

第三章 国有企业创新能力现状 ……………………………（41）
  第一节 国有企业相关概念 …………………………………（41）
  第二节 国有企业创新投入 …………………………………（44）
  第三节 国有企业创新产出 …………………………………（54）

第四章 国有企业创新能力不足的成因分析 ………………（62）
  第一节 国有企业创新能力不足的成因 ……………………（63）

第二节　联立方程模型 …………………………………… (68)
　　第三节　实证结果分析 …………………………………… (72)

第五章　研发外包促进国有企业创新能力提升的
　　　　机制分析 ……………………………………………… (75)
　　第一节　问题的提出 ……………………………………… (75)
　　第二节　理论框架与假设提出 …………………………… (76)
　　第三节　研究设计 ………………………………………… (81)

第六章　基于研发外包的国有企业外部化创新能力研究
　　　　——来自医药制造企业的微观证据 ………………… (86)
　　第一节　研究背景和提出问题 …………………………… (86)
　　第二节　医药市场和CRO市场现状 …………………… (96)
　　第三节　研发外包对企业创新能力和绩效影响的
　　　　　　实证分析 ………………………………………… (110)

第七章　企业研发外包的溢出效应分析 ………………………… (124)
　　第一节　研发溢出的概念及方法 ………………………… (124)
　　第二节　研发外包溢出效应的博弈分析 ………………… (129)
　　第三节　模型分析 ………………………………………… (135)
　　第四节　模型的扩展 ……………………………………… (145)
　　第五节　本章结论 ………………………………………… (149)

第八章　中国CRO产业承接研发外包的溢出效应和影响
　　　　因素分析 ……………………………………………… (151)
　　第一节　研究背景和提出问题 …………………………… (151)
　　第二节　文献综述 ………………………………………… (154)

第三节 中国CRO产业承接离岸外包现状 ………………（167）
第四节 中国承接医药研发外包技术溢出效应的
　　　　实证研究 ………………………………………（176）
第五节 中国CRO产业承接离岸外包的影响因素分析 ……（185）
第六节 中国CRO产业承接离岸外包影响因素的
　　　　实证分析 ………………………………………（194）
第七节 药明康德承接离岸外包相关分析 ………………（201）
第八节 研究结论 …………………………………………（210）

第九章　案例分析 ……………………………………………（213）
第一节 宣泰医药 …………………………………………（213）
第二节 博腾股份 …………………………………………（221）
第三节 案例小结 …………………………………………（233）

第十章　结论、创新点及建议 ………………………………（234）
第一节 结论 ………………………………………………（234）
第二节 创新点 ……………………………………………（237）
第三节 建议 ………………………………………………（240）

参考文献 ………………………………………………………（245）

第一章 绪论

第一节 研究背景

创新是引领发展的第一动力,是推动一个国家和民族向前发展的核心力量,也是推动整个人类社会向前发展的重要力量。党的十八大提出实施创新驱动发展战略,强调科技创新是提高社会生产力和综合国力的战略支撑,必须摆在国家发展全局的核心位置。科技创新是全面创新的核心。只有加强科技创新,特别是原始创新,才能在关键领域不被"卡脖子",才能建立完整稳定的产业链供应链,才能更好融入新发展格局。党的十九大做了进一步的突出强调。《中华人民共和国国民经济和社会发展第十四个五年规划和2035年远景目标纲要》(以下简称《纲要》)把创新放在了具体任务的第一位,并明确强调坚持创新在我国现代化建设全局中的核心地位,把科技自立自强作为国家发展的战略支撑。创新成为引领发展的第一动力,中国经济正经历从要素驱动、投资驱动转向创新驱动的新常态。我国经济发展进入新常态,传统发展动力不断减弱,粗放型增长方式难以为继。必须依靠创新驱动打造发展新引擎,培育新的经济增长点,持续提升我国经济发展的质量和效益,开辟我国发展的新空间,实现经济保持中高速增长和产业迈向中高端水平的"双目标"。实现中华民族伟大复兴的中国梦，必须真正用好科学技术这个最高意义上的革命力量和有力杠杆。国家力量的核心支撑是科技创新能力。

习近平总书记指出，产业结构优化升级是提高我国经济综合竞争力的关键举措。要加快改造提升传统产业，深入推进信息化与工业化深度融合，着力培育战略性新兴产业，大力发展服务业特别是现代服务业，积极培育新业态和新商业模式，构建现代产业发展新体系。综合国力竞争说到底是创新的竞争。要深入实施创新驱动发展战略，推动科技创新、产业创新、企业创新、市场创新、产品创新、业态创新、管理创新等，加快形成以创新为主要引领和支撑的经济体系和发展模式。

企业是实现科技创新的主体，在实施创新驱动发展战略过程中，强化企业创新主体地位。《纲要》明确提出要完善技术创新市场导向机制，强化企业创新主体地位，促进各类创新要素向企业集聚，形成以企业为主体、市场为导向、产学研深度融合的技术创新体系，以提升企业科技创新能力。而国有企业是国民经济发展的中坚力量，是中国特色社会主义的支柱，是贯彻落实国家创新发展战略的"领头羊"，要充分发挥国际科技创新主力军的作用。2019年10月，党的十九届四中全会通过《中共中央关于坚持和完善中国特色社会主义制度推进国家治理体系和治理能力现代化若干重大问题的决定》（以下简称《决定》），提出"探索公有制多种实现形式，推进国有经济布局优化和结构调整，发展混合所有制经济，增强国有经济竞争力、创新力、控制力、影响力、抗风险能力，做强做优做大国有资本。深化国有企业改革，完善中国特色现代企业制度。形成以管资本为主的国有资产监管体制，有效发挥国有资本投资、运营公司功能作用"。与《中共中央、国务院关于深化国有企业改革的指导意见》（以下简称《意见》）要求增强国有经济"活力、控制力、影响力、抗风险能力"的表述相比,增强国有经济"竞争力"和"创新力"是两个新的要求,而要增强国有经济的"竞争力"和"创新力",必须要增强国有企业的竞争力和创新能力(周希禛,2021)。

一个地方、一个企业,要突破发展瓶颈、解决深层次矛盾和问题,根本出路在于创新,关键要靠科技力量。要加快构建以企业为主体、市场为导向、产学研相结合的技术创新体系,加强创新人才队伍建设,搭建创新服务平台,推动科技和经济紧密结合,努力实现优势领域、共性技术、关键技术的重大突破,推动中国制造向中国创造转变、中国速度向中国质量转变、中国产品向中国品牌转变。

随着数字化、全球化的快速发展,创新的过程越来越复杂、结果的不确定性和不可预测性越来越高,企业、区域乃至一个国家的创新活动很难在封闭的系统内独立开展,开放式创新日益成为创新体普遍接受的范式和理念。当前,中国经济正经历从要素驱动、投资驱动转向创新驱动的新常态,"供给侧结构性改革"的成功与否在很大程度上取决于我国能否顺利实施创新驱动发展战略。从微观层面看,创新能力的高低决定了企业能否在新常态下完成自身由"量"到"质"的转变。现实中,创新能力的不足阻碍着我国很多企业的发展,一个重要的原因是企业片面地把"自主创新"理解为"内部化创新";在创新投入有限的条件下,企业通常仅依赖内部研发部门的研发活动来提升创新能力,渠道单一,效率低下。然而,跨国公司自三十多年前起就通过产学研一体化、在海外设立研发机构、研发外包等方式获取创新,实践了"开放式创新"和"外部化创新"给企业带来的绩效提升。研发外包已成为企业提升创新能力的一种有效途径。

第二节　研究价值和意义

服务外包的高速发展已经引起了我国政府的高度重视，而研发外包作为一种可以有效提升发包企业和承包企业双边创新能力的特殊服务外包形式，其重要性更加突出。党的十八大明确提出"实施创新驱动发展战略"，确定"科技创新是提升社会生产力和综合国力的战略支撑，必须摆在国家发展全局的核心位置"。2015年1月16日，《国务院关于促进服务外包产业加快发展的意见》明确提出"近年来，我国服务外包产业规模迅速扩大，结构不断优化，以中国服务外包示范城市为主体的产业聚集效应日益增强。坚持改革创新，面向全球市场，加快发展高技术、高附加值服务外包产业，促进大众创业、万众创新，推动从主要依靠低成本竞争向更多以智力投入取胜转变，对于推进结构调整，形成产业升级新支撑、外贸增长新亮点、现代服务业发展新引擎和扩大就业新渠道，具有重要意义。"由此可见，服务外包对我国改革创新的贡献已经被摆在了突出位置。《中华人民共和国国民经济和社会发展第十三个五年规划纲要》提出，要"以供给侧结构性改革为主线，扩大有效供给，满足有效需求，加快形成引领经济发展新常态的体制机制和发展方式"。当前，供给侧结构性改革有三大重要任务：通过"减法"和"加法"优化供给结构、以创新驱动供给质量与效率的提高以及通过改革引领制度供给。《中华人民共和国国民经济和社会发展第十四个五年规划和2035年远景目标纲要》把创新放在了具体任务的第一位，并明确提出要坚持创新在我国现代化建设全局中的核心地位，把科技自立自强作为国家发展的战略支撑。创新成为引领发展的第一动力，中国经济正经历从要素驱动、投资驱动转向创新驱动的新常态。

现实中，很多企业的创新模式单一，狭隘地把"自主创新"理解为"内部化创新"，忽略了研发外包作为"外部化创新"的手段。然而，研发外包是企业提升创新能力的一种有效且重要的实现方式，其重要性不可忽视，并且，研发外包是开放式创新范式的核心，该范式强调企业不能（也不应该）在内部进行所有研发活动，必须利用可以许可或购买的外部知识（Gassmann，2006）。因此，有必要系统性地研究研发外包现象，并借助研发外包提升我国企业的创新能力，走创新驱动发展之路。

此外，尽管学术界和企业界普遍把研发视为企业"核心竞争力"的关键，但研发外包现象却蓬勃发展起来，特别是在医药等高技术产业。大量实践表明，研发外包在短期内给企业带来创新能力和创新绩效提升的同时，也有利于企业培养长期的、最核心的自主创新能力。因此，很有必要综合地研究研发外包促进企业提升创新能力的现象。同时，在新冠疫情继续笼罩全球和人口老龄化的双重背景下，与人民生命健康息息相关的医药产业的持续创新尤为重要，医药行业是国家战略性新兴产业，是国民经济的重要组成部分。2021年，医药卫生体制改革不断深化，创新环境持续改善，医药行业持续向转型升级、鼓励创新的高质量发展方向迈进。因此，在宏观角度综合地研究研发外包促进企业提升创新能力现象的基础上，以医药行业为例，基于中观行业角度和微观企业角度，从发包方和接包方双视角，全面系统研究研发外包对企业创新能力和创新绩效的影响更具有实践意义。

加之新冠疫情持续笼罩全球，对全球社会经济政治产生深远影响，世界正处在百年未有之大变局中，国有企业理应在推进国家现代化中发挥示范作用，必须勇担创新重任，强化自主创新，提升企业核心竞争力，主动引领和推动我国经济持续健康发展。国有企业作为创新驱动发展战略的主要执行者、国家创新体系的重要主体、经济社会发展的中坚力量、实现高水平自立自强的关键力量，其创新能力的提升将关系到国有经济和国有企业改革发展，乃至国民经济的高质量发展，对构建新发展格局、创新驱动发展、现代产业体系建设具有重要意义。同时，提升国有企业创新能力，对发挥国有企业在国家创新上的带动和引领作用，加速实现科技自立自强的战略目标，加速构建以国内大循环为主体、国内国际双循环的新发展格局，实现高质量发展，更好地实现"十四五"规划宏伟蓝图具有重要意义。

鉴于此，在"十四五"时期，关注企业创新能力问题，分析企业创新现状，评价企业创新能力，研究影响企业创新能力提升的因素，为企业创新能力提升提供决策建议，具有深远意义。国有企业创新能力不断提升，才能发挥国有企业在国家创新上的带动和引领作用，助力创新驱动发展战略实施和国家创新体系建设。

第三节　研究内容、方法

一　研究内容

本书沿着问题提出—理论分析—实证分析—案例分析—对策措施的学术构想和思路展开，研究内容共包括十个部分。

第一章，绪论。本章主要阐明本书的研究背景、价值和意义，在此基础上引出本书研究内容和方法及本书创新和不足之处。

第二章，文献综述。本章从两个方面对相关文献进行综述，一是国有企业创新能力研究；二是研发外包基础理论、利弊、决定因素研究。为后续研究提供了理论支撑。

第三章，国有企业创新能力现状。本章采用横向对比和纵向分析的方法，从国有企业创新投入、产出等方面，对国有企业创新能力现状进行深入分析。

第四章，国有企业创新能力不足的成因分析。从企业和企业家方面深入分析国有企业创新能力不足的原因，并通过联立方程模型实证分析影响国有企业创新能力和创新效率的因素，以及国有企业创新能力和创新效率之间的关系。

第五章，研发外包促进国有企业创新能力提升的机制分析。根据已有相关文献建立理论框架，提出假设，通过建立面板数据模型对研发外包对企业创新能力和创新绩效的影响进行实证分析，通过建立时间序列模型，对研发外包对国有企业的创新能力影响进行实证分析。

第六章，基于研发外包的国有企业外部化创新能力研究——来自医药制造企业的微观证据。选取在研发外包方面具有典型性的医药制造行业，基于行业的中观视角和企业的微观视角，实证分析研发外包、企业性质与企业创新能力和创新效率的关系。

第七章，企业研发外包的溢出效应分析。本章在 Chen（2011）模型的基础上，考虑了一个研发溢出的博弈模型，分析了在规模经济下，发包方（下游竞争企业）将研发业务发包给承包方（上游企业）所产生的溢出效应。

第八章，中国 CRO 产业承接研发外包的溢出效应和影响因素分析。本章首先探究了承接研发外包技术溢出效应的作用机制以及技术溢出和技术吸收能力作用机制；其次，从实证角度选取1996—2018年中国医药制造业行业相关数据指标，建立 VAR 模型，实证检验技术溢出效应是否存在于承接医药研发外包的过程中；最后，以波特的"钻石模型"作为理论基础，分析中国 CRO 产业承接离岸服务外包的主要影响因素。

第九章，案例分析。从微观层面，选择医药制造企业和 CRO 产业的研发外包案例，分析其研发外包情况，以及研发外包对企业创新能力的影响，提炼企业通过研发外包获取创新能力的战略。

第十章，结论、创新点及建议。本章对全书的研究内容进行了总结和凝练，从企业和政府两个层面分别提出了相关建议，并进一步从战略的高度提出我国企业通过研发外包提升创新能力的对策建议。

二 研究方法

本书以问题为导向，在综合、归纳现有理论的基础上，通过文献分析法、对比分析法、计量分析法、案例分析法，对所研究问题进行系统性分析，具体如下。

（一）文献分析法

通过收集查阅大量国内外相关学术论文、学术著作、政策文件、政府报告、企业研报、年度报告等，深入系统地对国有企业创新能力、研发外包与创新能力等相关内容进行动态跟踪与评述，为后续研究提供了理论支撑。

（二）对比分析法

首先，从创新投入、创新产出等方面，将国有企业创新能力状况与民营企业和外资企业进行横向对比；其次，对国有企业创新能力状况进行纵向对比，分析国有企业创新能力动态变化情况。通过横向和纵向对比对国有企业创新能力现状进行全面深入分析。

（三）计量分析法

一是联立方程模型。通过建立联立方程模型实证分析国有企业创新能力和创新效率的影响因素，同时实证研究国有企业创新能力与创新效率之间的关系。

二是时间序列模型。首先，采用2012—2018年的时间序列数据，对中国CRO与中国医药产业规模间的关系进行实证分析。其次，采用2012—2018年的时间序列数据，对中国CRO市场发展对中国医药产业的影响进行实证分析。最后，通过建立 Probit 离散选择模型对医药企业选择进行研发外包的概率情况进行分析，特别是医药企业性质对医药企业选择进行研发外包的影响。

三是宏观面板模型。首先，采用 2011—2020 年的 3 种所有制性质的企业宏观面板数据，对研发外包是否影响企业创新能力和创新绩效进行实证分析。其次，采用 2011—2020 年规模以上国有工业企业的相关时间序列数据，通过建立联立方程模型，对国有企业创新能力影响因素和国有企业创新能力与创新效率间的相互关系进行实证分析。

四是微观面板模型。采用 2012—2018 年的 44 家医药企业的微观面板数据，对研发外包是否影响企业创新能力和企业绩效进行实证分析。

（四）案例分析法

本书分析国内医药制造企业和 CRO 产业的研发外包案例，提炼企业通过研发外包获取创新能力的战略，并进一步从战略的高度提出我国企业通过研发外包提升创新能力的对策建议。

第四节　创新和不足之处

一　可能的创新之处

对于以往文献关于企业创新能力、创新效率的争论，本书从宏观、中观、微观视角做出一定的解答。

第一，从企业创新投入、创新产出多指标综合分析了国有企业创新能力和创新效率，并进行了横向对比和纵向分析，弥补了已有文献单一视角、单一指标对国有企业创新能力和创新效率进行研究造成的偏差和片面性。

第二，从宏观、中观和微观三个层面对企业创新能力与创新绩效的影响因素进行了实证分析。对国有企业创新能力与创新绩效进行了多视角全面分析，更加合理客观地分析国有企业创新能力和创新绩效的影响因素，为提出提升国有企业创新能力和创新绩效的有效建议提供依据。

第三，构建了企业创新能力和创新绩效相互影响的联立方程模型分析框架。弥补了已有文献仅单方面分析国有企业创新能力或创新效率方面的不足，一定程度上填补了企业创新能力与创新绩效相互影响方面的研究空白。

第四，对研发外包提升企业创新能力和创新绩效进行了重点探讨。首先，提出研发外包已成为企业提升创新能力的一种有效途径，分析了研发外包促进企业创新能力提升的机制。其次，探讨了研发外包对国有企业创新能力提升的影响。与现有的单纯分析研发外包与企业创新能力的文献不同，本书综合分析了研发外包、企业性质与企业创新能力的关系。探究了研发外包是否可作为一种有效的创新模式应用于国有企业创新过程中。系统性地论证了研发外包、企业性质与企业创新能力的关系，推动了外部化创新理论研究的发展。

第五，研发外包在不同性质的企业中表现不同，在不同行业的影响也不尽相同。本书基于中观的行业视角和微观的企业视角，以医药制造行业为例，对研发外包、企业性质、创新能力之间的关系进行了系统分析，进而更加具有针对性地提出具体可行的建议对策。

二 不足之处

第一，对研发外包提升国有企业创新能力的理论分析还不充分。研发外包如何提升企业创新能力的一般理论发展已经很成熟，但国有企业具有独特的性质，关于国有企业如何实施研发外包策略方面的研究有待进一步深入。

第二，研发外包对提升国有企业创新能力在不同行业的表现差异没有进行横向对比。研发外包对企业创新能力的影响在不同行业具有不同的表现，本书选择较有典型意义的医药制造行业进行了深入分析，但研发外包对其他行业，特别是知识密集型产业的创新能力和创新绩效的影响没有全部展开并一一分析。

第二章 文献综述

第一节 国有企业创新能力

一 国有企业创新能力研究

目前在有关国有企业创新能力的讨论中,存在两种截然不同的观点,一种观点是国有企业不适合或不利于创新,国有企业创新能力不足。Borins(2002)认为,国有企业长期处于垄断地位,缺乏一定的竞争压力和创新动力。王勇(2017)认为,国有企业的垄断属性决定了它在获取垄断利益的同时,也会降低其对技术进步和创新活动的热情。吴延兵(2012)指出,国有企业的经营者并非国有企业的所有者,其创新激励问题成为制约其创新发展的重要因素,因为创新是一个长期性的过程,国有企业管理者无法在短期内得到创新红利;相反,他们更倾向于实现短期的政府目标,从而提升其获得政治晋升的机会。此外,创新本身就是一个风险极大的过程,它会提高国有企业经营者在其任职期间领导公司进行创新活动的成本,从而使国有企业经营者不愿意或不敢承担创新风险。Bernier(2014)指出,国有企业由于规则限制,以及自身性质决定的对于风险的规避倾向都不利于国有企业进行创新活动。吴延兵(2014)

对我国技术创新能力的差距及成因进行了对比和分析，研究发现国有企业技术创新能力最弱。Tõnurist（2015）认为，由于国有企业本身的"委托代理"矛盾，即政府作为实际控制人和作为所有者的全体人民的矛盾，所有者没有投资退出渠道，国有企业没有动力提升创新绩效以获取创新回报。李莉等（2018）认为，国有企业管理者既是"经理人"又是"政治人"，他们的政治升迁动机使他们不愿从事高风险、长回收期、低成功率的创新性投资，而是倾向于通过在短时间内创造良好的运营表现来获得政治提拔。李勇等（2021）通过分析1998—2003年中国工业企业数据发现，在企业集中度高、负债率高、规模大、企业平均寿命长的情况下，国有产权不仅会造成人力资本的不合理配置，还会使公司更容易从事非生产性活动，如寻租，从而降低对创新等具有长期盈利能力的生产活动的兴趣，导致其缺乏创新积极性，创新能力不足。

另一种观点是国有企业更具创新性和创新能力。Atkinson和Stiglitz（1980）认为，国有企业的出现是为了解决社会收益与企业自身成本不同而导致的市场失灵问题。因为知识生产的不完全独占性导致知识生产不足的市场失灵可以通过国有企业自身或者政府的直接干预而得到缓解。所以，从体制上说，国有企业有条件比民营企业更具有创新性，同时，无论从投入还是产出看，国有企业都更具有创新性（李春涛、宋敏，2010）。聂辉华、谭松涛、王宇锋（2008）采用Tobit模型，通过分析2001—2005年度中国制造业的面板数据，研究了中国企业的创新行为，结果表明我国国有企业的创新投资水平较高，创新活动较多，而且随着公司规模的扩大，这种比较优势更为明显。李政、陆寅宏（2014）认为，我国部分国有企业的创新能力不强，但这并不是一种普遍的、不可避免的现象，我国国有企业也不是天生就没有创新的动力和效率，实证结果显示，我国国有企业的创新能力与其他行业相比并无明显差异。

二 国有企业创新效率研究

在国有技术创新效率方面，Zhang 等（2003）认为，外资企业的创新效率最高，而国有企业的创新能力最弱；Jefferson 等（2006）发现，外资企业的创新效率比国有企业高 80%；Chen 等（2008）认为，国有控股企业的创新效率显著低于非国有控股企业。聂辉华、谭松涛、王宇锋（2008）基于 2001—2005 年中国规模以上工业企业构成的面板数据构建 Tobit 模型，并通过实证分析认为，国有企业的创新效率较低，私营企业的创新效率较高。吴延兵（2012）发现，我国民营企业的创新投资与专利创新效率均居首位，在创新效率方面，外资企业具有明显的优势，而国有企业在创新投入、创新效率、生产效率方面都不具备竞争优势。但也有学者持相反观点。李政、陆寅宏（2014）通过对中国制造业上市公司的实证研究发现，国有企业的创新绩效显著高于民营企业，国有控股公司的第一大股东在创新绩效上的作用显著大于民营公司，国有控股对企业创新绩效的影响要大于民营企业，而国有股的比重则与企业创新绩效呈正相关关系。

第二节 研发外包

随着网络经济和全球经济一体化的发展，企业所面临的市场竞争压力日益增大。一方面，市场竞争压力迫使企业需要尽可能缩短研发周期；另一方面，技术更新速度加快使企业的内部研发成本及研发风险日趋增大（张慧，2009）。在技术飞速发展的时代，企业不能仅仅依靠自己进行研究开发，要保持企业绩效的持续增长就必须整合外部资源并实施开放式创新（Henry Chesbrough，2003）。自从"开放式创新"的概念被 Henry Chesbrough（2003）提出后，很多公司都在不断地运用外部的知识和技术进行产品和服务的革新，从而提升自己的绩效。研发外包是开放式创新实施的一个有效途径。Jeroen（2007）以荷兰 605 家中小企业为样本，研究其开放式创新的实施过程，发现研发外包是实施开放式创新的一个有效途径。作为一种开放式创新模式，研发外包因能通过整合外部资源，降低研发成本、缩短研发周期、降低研发风险等，越来越受到国内外企业和学者的关注。

当前，国内外学者根据不同的理论，对研发外包的界定也不尽相同（Chiesa, Manzini, 1998；王安宇、司春林、骆品亮，2006；伍蓓、陈劲、吴增源，2008；邓铭，2012；等等）。

Chiesa 和 Manzin（1998），王安宇、司春林、骆品亮（2006）等根据契约理论，把研发外包界定为：一方出资，通过契约方式将技术成果委托给其他方（例如，外部的科研机构），包括新产品、新工艺或新思想；陈劲（2004）根据资源学的观点，将研发外包视为一种并购模式，是一种研发与科研联盟有效的补充，也就是在企业内部资源有限的条件下，保持其最大的竞争优势，通过整合最好的外包资源，实现最大的协同作用，从而获取竞争优势；Chesbrough（2003）等从外包的角度出发，提出了将研发工作委托于具有较高研发强度的公司以获取技术改善及探索性研究活动；伍蓓、陈劲、吴增源（2008），邓铭（2012），周正柱、李竹宁（2012）等根据合作研发的基本原理，认为研发外包就是把产品的一部分或所有的研究工作委托给外部技术资源提供者，使其效率更高，成功率更高。这些外部技术资源包括新产品、新工艺或新思想，以培养和提高公司的核心竞争力，"技术源供应商"包括具有技术和创新能力的供应商、大学、科研机构、竞争对手、行业协会等。

综观现有的研究文献，大部分的研究都把发包方和接包方看成是简单的委托方和代理方,而知识的传递则是单向的(接包方向发包方转移),这就是所谓的委托式的研发外包。然而,随着开放式创新的发展,发包企业与接包企业的关系不再是单纯的委托—代理关系,更多的是一种"合作研究"的关系,接包方和发包方间的知识传递是双向的、相互的,这就是所谓的合作研发外包(Teirlinck, Spithoven, 2013)。

从本质上看,研发外包是企业以合同形式把价值链上研究开发这一环节外包给其他组织(包括供应商、其他企业、大学、研究机构、竞争对手、行业协会等),以达到提高研发效率、增强企业技术竞争力的目的。从模式上看,可将研发外包划分为狭义研发外包和广义研发外包,狭义研发外包即委托型研发外包,广义研发外包分为委托型研发外包和合作型研发外包。本书基于广义研发外包范畴展开研究。

通过文献研读,本书将从以下两个方面对研发外包进行文献综述:一是研发外包的基础理论研究;二是研发外包的实证研究。

一 研发外包的基础理论研究

目前研发外包的基础理论研究主要立足于两个方面:一是为什么进行研发外包,即研发外包的内涵、动机、形成与发展、特点等问题研究(Howells, et al., 2008;伍蓓、陈劲、吴增源,2009;邓铭,2012);二是怎样进行研发外包,即研发外包中的创新模式选择、关系契约、关系治理、风险管理等问题(Chiesa、Manzini, 1998;Stuart、Mecutecheon, 2007;王安宇、司春林、骆品亮,2006;雷小清,2012)。

(一) 研发外包的内涵

有关研发外包的内涵,国内外学者基于不同的理论基础进行了概括，如表2-1所示。

表2-1　　　　　　基于不同理论视角的研发外包内涵

学者	理论视角	研发外包内涵
Chiesa 和 Manzini（1998）；王安宇、司春林、骆品亮（2006）；林菡密（2004）；方厚政（2005）等	关系契约理论	研发外包也就是所谓的研发开发协议，是指企业将价值链上的研发活动委托给其他机构，使之能够有效地使用并以此提高企业的竞争能力
Matthew 和 Rodriguez（2006）；陈劲（2004）等	资源理论	研发外包是一种并购，当企业内部资源有限时，只保留其最具有竞争力的能力，而将其他部门与外部最好的资源进行合作，从而产生巨大的协同作用，取得竞争优势。这是对内部研发和研究联盟资源理论的有效补充形式
Chesbrough（2003）；Carpay Frans，Hang Chang Chieh 和 Yu Dan（2007）	外包理论	公司把研发工作委托给研发程度高的公司（如信息产业、私营制造业），以便进行技术改善和探索研究
Stuart 和 Mecutecheon（2007）；田埜（2007）等	合作研发理论	研发外包指与外部技术源（独立研发机构、产业联合会等）之间的自然、特定技术合作关系

国内外学者从不同角度对研发外包进行了界定，其共性在于：利用外部的力量整合资源，从而达到技术创新、提高市场竞争能力的目的。本书从上述角度对研发外包进行了界定，认为研发外包是指企业在利用、整合外部资源的基础上进行技术创新，提升企业创新能力和市场竞争能力。

（二）研发外包的动因

方厚政（2005），Balachandra（2007），Quadros 等（2007），钟瑞琼、程一芳、姜灵敏（2013）等对研发外包的动因进行了研究。方厚政（2005）指出，研发外包能够降低研发成本，获取技术，降低风险。研发外包能够加速新产品的研制，减少研发费用，缩短新产品的生命周期（Balachandra，2007；Quadros, et al.，2007）。研发外包是指企业在开放的创新环境中,将外部技术资源进行整合,从而达到节约研发费用、加快开发进度的一种新的研究方式(伍蓓、陈劲、吴增源,2009)。张慧(2009)认为,驱动企业进行研发外包的主要因素有:研发外包可降低生产成本,缩短研发周期等。钟瑞琼、程一芳、姜灵敏(2013)从发包方和承包方两个角度对企业的研发外包动因进行研究,指出发包方进行研发外包的动因是节约研发成本、分摊研发风险、提高核心竞争力以及获得资源补充和技术支持;承包方进行研发外包的动因是稳定较高的利润、学习先进技术和管理方法的机会、可加速企业国际化步伐。

(三) 研发外包模式、决策模型、关系契约等

伍蓓、陈劲、吴增源(2008),伍蓓等(2013)对研发外包的模式进行研究,从企业的战略视角出发,将其划分为效率型、发展型和创新型三种类型。同时,有部分学者对研发外包的决策模型、关系契约、关系治理、创新风险等进行了研究。谢庆华、黄培清(2008)基于交易费用理论和资源理论,通过建立研发外包的系统性管理框架,提出了研发外包决策模型,研究了研发外包中的创新风险和关系治理。李靖(2016)从研发路径的跨期不定性角度,对研发外包的双重治理机制(控制权配置机制和支付机制)问题进行了理论规范。王安宇、司春林、骆品亮(2006)基于"关系契约"的概念,建立了一个研究开发项目的外包企业和承包商的重复博弈模型,并对研发项目外包合作关系中的非正式治理机制——关系契约的基本特征进行了研究。根据吕利平(2010)的研究,结合研发外包的内涵、驱动因素、模式等,将研发外包业务流程,即企业进行研发外包时,各个环节的先后次序表达如图 2-1 所示。

通过文献梳理,有关研发外包的基础理论研究丰富,为研发外包的发展和实施提供了理论支撑,本书仅从部分角度入手,进行了文献综述。

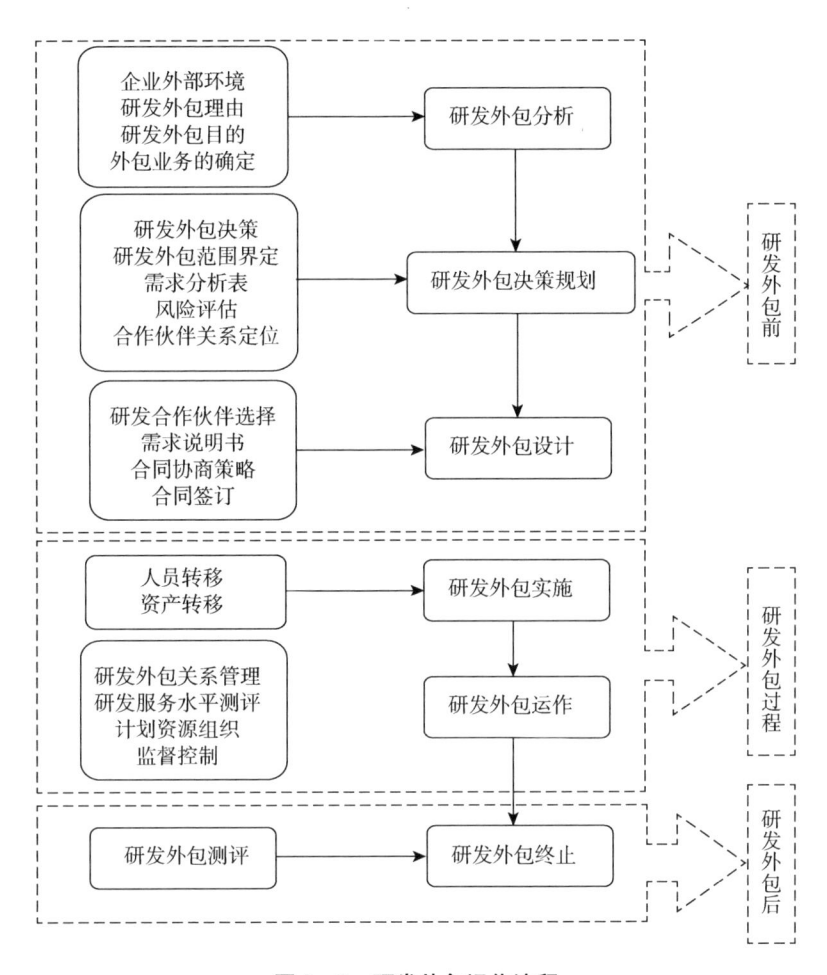

图 2-1 研发外包运作流程

二 研发外包的实证研究

研发外包的基础理论研究逐渐完善，研发外包的相关实证分析成为学者们关注的焦点。本章从以下几个角度对研发外包的相关实证研究进行了简单综述。

（一）研发外包的利弊研究

越来越多的文献通过实证分析探讨了研发外包的利弊。那些关注研发外包优势的学者认为，研发外包对企业有利，因为它能够降低研发成本，增加知识创新的多样性（Ceccagnoli，et al.，2014；Frank，et al.，2016）。Huang 等（2009）认为，研发外包降低了产品开发成本。Lo（2011）认为，研发外包降低了企业的组织成本。Kamuriwo 和 Baden-Fuller（2016）认为当企业使用模块化时，研发外包降低了研发成本。Bertrand 和 Mol（2013）也认为，研发外包可以改善产品创新，尤其是企业在内部研发投入更多时。也有学者提出，研发外包能使公司拥有更多的知识和更多的创新，从而有利于提高公司的竞争优势（Berchicci，2013；Bertrand and Mol，2013；Nieto and Rodríguez，2011）。

相反，另有一些研究集中在研发外包的弊端，认为研发外包会导致企业知识溢出及企业学习能力降低，而且研发外包所产生的隐性和额外费用会降低企业的整体效益（Bettis，et al.，1992；Dibbern，et al.，2008；Larsen，et al.，2013；Weigelt，2009）。Weigelt（2009）认为，由于技术外包的存在，没有形成对所获取的技术进行开发和创新的能力，导致其整体实力下降。Larsen 等（2013）认为，如果没有必要的组织设计指导，在外包过程中，就会出现潜在的成本。其他学者则认为，由于企业未必具备开发制造其所需技术的知识和能力，研发外包将会对企业的竞争优势造成不利的影响（Bettis，et al.，1992；Helfat，1994；Pérez-Luño and Valle-Cabrera，2011；Weigelt，2009）。

（二）研发外包的决定因素研究

同时，也有少数学者对影响研发外包的因素进行了实证分析，尤其是在企业的内部研发投资（Bertrand and Mol，2013；Cassiman and Veugelers，2006）和专利产出（Martínez-Noya and García-Canal，2011）以及企业吸收能力方面。Cassiman 和 Veugelers（2006）认为，外部研发和内部研发是产生创新的补充性投资，因此内部研发的企业更有可能进行外部研发投资。Bertrand 和 Mol（2013）认为，高水平的内部研发投资的公司更有可能投资研发外包，且投资力度更大，特别是在国际研发投资方面，内部和外部研发投资在支持公司产品创新方面相互加强。Martínez-Noya 和 García-Canal（2011）认为，公司的技术能力影响其投资研发外包的决定。Annique（2017）认为，吸收能力影响企业的研发外包决策，同时通过对制造企业样本的实证检验发现，进口、出口、有较多技术人员、有较多内部研发投入的企业，倾向于加大研发外包投入。

（三）研发外包的影响因素及结果研究

Nieto 和 Rodríguez（2011）的研究表明，研发外包提高了企业的创新绩效。Arbaugh（2003）和 Manjula 等（2008）研究了企业外包与企业绩效的关系。钟瑞琼（2013）从正、负两方面研究了研发外包与创新绩效的关系。研发外包所形成的企业创新绩效与企业内部的研发强度具有正向关系（Tsai，2009）。伍蓓、陈劲、吴增源（2009）从技术、战略和创新三个角度将研发外包模式划分为效率型和创新型研发外包模式，并引入研发外包的强度指数，对研发外包模式与公司创新绩效之间的关系进行了实证分析。吴昌耀（2014）实证分析了中国汽车产业研发外包、知识学习与企业创新绩效的关系。金深海（2013）通过偏最小二乘法结构方程模型和案例分析，认为外包强度与企业绩效存在正相关关系；外包企业的创业导向有助于提高企业绩效等。

第三节　企业研发外包的相关理论综述

一　交易成本经济学理论

交易成本理论是科斯（Coase）率先提出来的。科斯认为，公司和市场有着不同交易成本的管理结构（Coase，1937），并进一步提出，由于外部市场交易存在交易成本（trade cost），应通过公司"内部化"的手段去规避交易成本。

一个企业的经济活动，包括产权的转让，可以有两种制度性安排（institutional arrangements），即要么通过外部市场来完成，要么通过企业内部来完成。一旦企业选择使用市场机制来完成其必要的经济活动，则必须支付交易成本（transaction cost）；而通过企业内部方式来完成其必要的经济活动，则需要支付组织成本（administration cost）。由于经济主体的有限理性和市场的不完善性，交易充满了不确定性和风险，交易成本变得异常高昂，造成了交易性市场失效（transactional market failure），于是交易活动离开市场，转移到企业内部进行。企业就是作为市场机制的替代物出现的，企业的扩张，也较多地采取通过对外投资设立子公司的方式，使交易尽可能多地控制在母公司与子公司之间进行，这是典型的内部化方式。在20世纪70—90年代，全球范围内广泛开展的国际直接投资（FDI）活动更多地就是一种跨国企业内部化的表现形式。

但是，科斯的研究并未阐明究竟哪些类型的市场交易成本和费用过高，适合在企业内部组织完成（即内部化）；而哪些类型的市场交易成本较低，适合在市场上完成（即外部化）。威廉姆森（1979）指出，交易主要是指组织内部或外部经济交易人之间的产品或服务交换，并将节约交易费用视为组织研究的核心问题。威廉姆森进一步给出了交易特性的三个维度，即资产专用性、交易不确定性和交易频率。如果资产专用性强、交易不确定性大、交易频率高时，对应的治理结构是企业科层结构；反之，对应的治理结构就是市场交易。至此，交易成本经济学对于内部化与外部化的分析就有了非常清晰的概念划分。

此外，交易成本经济学认为，机会主义代理人"采取一切方式追求自我利益"（Williamson，1979）。因此，基于承诺的合同被视为不保险的，必须采取适当的安全保障措施。由于采用了基于易于激励和审查的相关合同，公司相比于市场而言能够更有效地处理这些情况。这一理论是由差别联盟假说得出的。从这一假说出发，具有不同特征的交易与有着不同成本和优势的管理结构是结为联盟的（Williamson，1991）。

运用交易成本经济学来分析外包可以发现，交易（trade）有三个关键因素：交易频率、不确定性（行为不确定和环境不确定）以及资产专用性。如果这些是高价值的，应采用内部管理。根据交易成本理论，业务依靠内部生产还是外包取决于相关的交易和生产成本。因此，通过度量交易成本，可以决定是内部生产还是外包。综上所述，交易成本理论认为，由于不确定性、交易频率以及资产专用性的提高，将相关业务内部化的倾向也提高了。也就是说，没有高度的不确定性且公司很少依赖的业务才会被外包。因此，许多对外包进行实证研究的学者都用交易成本范式来设计自己的研究框架。

此外，值得注意的是，有关通过单一或多渠道寻求货源的战略的内涵仍需要通过实证来解决。交易成本理论表明外包方通常会避免小批量讨价还价的情况，从而使承包商机会主义的可能性增加（Klein，1978）。

举例来说，如果研发外包合约成本较高，将通过多渠道寻找货源以控制持有量。另外，通过单一或多渠道寻求货源的相关交易成本也包括搜寻和联系合伙公司、与合伙公司谈判和签订合同，以及在整个外包过程中监控合伙公司等相关的成本。事实上，这种搜索、谈判和监督成本在研发外包过程中起到了非常重要的作用，特别是在信息不对称以及外包方和卖主之间存在巨大的认知差距的时候。因此，公司都趋于在寻找较少卖主但增加了风险和寻找多个卖主、与之签订合同并进行监督但增加了成本之间寻找平衡。

卢锋是近年来我国研究服务外包问题比较有代表性的一位学者。卢峰（2007）认为，信息通信技术进步（information communication technology，ICT）、开放取向的制度变迁、竞争加剧的市场环境等是当代服务外包兴起的经济根源（见图2-2）。卢锋（2008）发现，技术进步和制度演变大幅度降低了外包的边际成本线，软件等通过外包生产能带来更大潜在利益的新兴行业发展，拉高了边际收益线，形成了当代服务外包高度发达的主要原因。

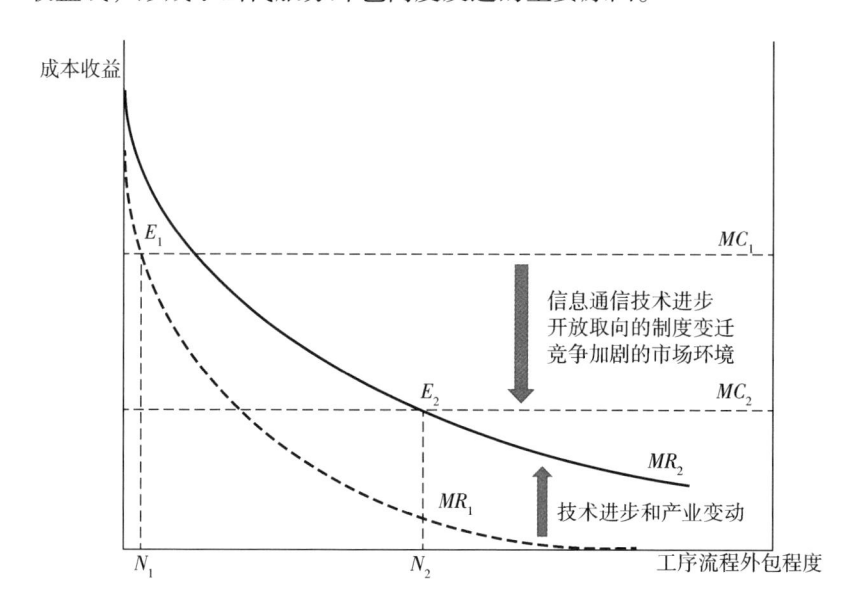

图2-2 服务外包发展的微观经济学释义

资料来源：卢锋：《服务外包的经济学分析：产品内分工视角》，北京大学出版社2007年版。

此外，林毅夫等（2005）基于需求不确定性的出发点发展了外包存在性与否情况下的最优资本投资模型，对企业的外包行为提出相应解释，认为假如存在不确定性，那么外包行为具有帕累托改进的性质，同时，当企业面临存在外包可能性的情况时，生产品牌产品的垄断企业可以降低固定资产投资，转而使用外包的方式去获取资源。

此外，不少经济学家通过交易成本经济学的分支——契约理论分析服务外包现象。根据契约理论，任何合同都存在内在的不完备性，从而合同签订的双方都面临签订合同后出现不可预见事件时卖主所表现的机会主义。因此，合同应尽可能以详尽、完全的方式来阐明，当详细规则不可行时，合同应尽可能产生自我约束力（self-binding）。例如，威廉姆森（1983）认为，合同应包含可信承诺，这是因为通过法庭效力来防范机会主义即使可行，其成本也是会相当高的。因此，没有认识到抵押品的经济等同物的作用可能是导致IT外包不断出现错误的原因。使合同产生自我约束力的一种方法是发展相关合同，也就是通过重复的名誉运动维持的非正式协议（Parkle，1993）。这一观点认为，公司之间签订的相关合同主要围绕正式合同中的棘手问题，但是，它们可以代替合同细则吗？从交易成本的观点来看，合同可以根据具体情况尽可能详尽但非常有限，这是由于机会主义和绩效评估问题会引起市场风险。（Lacity and Willcocks，1998；Poppo and Zenger，2002）。这种论点存在一个明显的问题，即当新的技术解决方案出现，并且承包商坚持按照合同字面意思而非真实意思执行时，合同的过分细化就降低了灵活性，并且带来了新的引致消费。正式和高度细化的合同（如交易成本理论里规定的合同）还会发出不信任的信号，从而鼓励而不是阻止了机会主义（Ghoshal and Moran，1996）。

总而言之，交易成本经济学认为，外包存在不确定性。因为现实中市场环境有复杂多变的特性，交易双方的稳定性将受到影响，从而增加履约风险。

由于机会主义和不确定性的存在，合同存在不完全性[①]（in-

[①] 也可以译作"合同不完备"。

complete contract），需要专门的治理结构来保障契约关系的稳定性和可调整性。然而这种结构的发展是需要一定费用的，并且这种费用是否可以得到补偿在很大程度上取决于交易发生的频率。也就是说，如果交易行为不是经常反复进行的，那么这种费用就很难得到补偿。与之相反，如果交易是经常反复发生的，那么这笔费用很容易得到补偿。换言之，只有对高频率的交易发展保障机制才是经济的（economic）。

本书认为，交易成本经济学对分析研发外包的价值主要表现在以下两个方面。

第一，交易成本理论的存在为企业的研发外包决策提供了重要的分析工具。当这三个特性（资产专用性、不确定性和交易频率）比较低时，市场是获取资源最有效的手段；而当这三个特性都很高时，企业内部则成为有效的资源获取手段。而研发外包现象的出现突破了企业以往所注重的内部结构调整和资源配置方式，将企业内部传统的经济活动拓展到了企业之间、产业的上下游之间的相互合作中，于是可以使用市场、组织间协调和科层的三级制度替代传统的市场和科层二级机制。在交易成本经济学看来，研发外包可以被视为介于市场和企业之间的中间组织（见表2-2）。

表2-2　　　　市场、研发外包与企业三种制度的比较

比较内容	市场	研发外包关系	企业
资源配置	价格机制	价格与科层组织的混合	科层组织
交易机制	价格	契约和隐合同	权威
交易双方	供求	谈判和博弈	计划
稳定性	小	较强	强
业务关联性	无	较强	强
合作性	差	强	很强

资料来源：徐姝：《企业业务外包战略运作体系与方法研究》，中南大学出版社2006年版。

第二，研发外包过程中对于成本的比较，为研发外包决策提供了重要的依据。通常情况下，交易成本理论可以从市场或科层的角度考虑两种成本：生产成本和交易成本。研发外包的生产成本相对较低，主要体现为交易成本。而交易成本则具体表现为信息的采集、系统的完善、讨价还价、监控和管理、争议与诉讼的成本等。首先，当资产专用性比较高时，一方面会导致机会成本上升；另一方面，为降低机会主义成本而增加相关的保障契约或讨价还价又进一步地增加了交易成本（徐姝，2006）；其次，不确定性的存在，造成市场、技术、经济趋势不可测，同时，契约的复杂化和执行结果的模糊性，易变的环境又使交易成本上升以及不确定性增加；最后，交易频率的提高，需要企业发展正式而规范的监督和管理机制，也造成交易成本上升。

因而，从交易成本理论出发阐释研发外包现象，其机理具体可以理解为：资产专用性＋不确定性＋交易频率（三要素分析）—交易成本—是否开展研发外包。

二 竞争力理论

在竞争力理论产生之初，其主要用于分析企业的绩效差异问题（Barney，1986；Peteraf，1993），竞争力理论把公司的资源和竞争力作为分析对象（Rumelt，1984；Wernerfelt，1984）。该理论认为，一个企业可以拥有多种多样的竞争力，然而只有那些独特的、不可模仿的、不可替代的稀缺资源和力量才是其竞争优势的基础（Barney，1991）。Prahalad 和 Hamel（1990）采用核心竞争力的概念来表示核心战略资源及竞争力的组合。

研究竞争力理论的学者认为核心竞争力有三个特征：第一，它使公司可以进入多种市场；第二，它对顾客从最终产品中获得的利益有重大贡献；第三，竞争优势产生于开发独特、有价值和不可模仿的资源。也就是说，一旦企业比其他竞争对手对它们未来价值有更准确的预期，它们就可以将有竞争优势的资源内部化（Barney，1986）。通过外包，企业可以将"非核心的业务"外包给外部的服务商，并与服务商进行联盟合作，从而集中企业有限的资源发展核心业务，进而增强资源管理在提升企业核心竞争力方面的作用。因此，核心竞争力理论认为，企业将研发业务外包出去，是可以提升企业的核心竞争力的。

Dierickx 和 Cool（1989）进一步解释，只有那些需要在公司内部积累的非贸易性资产，如企业的商誉、客户的忠诚度以及公司的专业人才等，才能使其保持持续的竞争优势。此后，Diromualdo 和 Gurbaxani（1998）认为公司必须将它们的 IT 合同与战略方向联系起来，试图在供应方和顾客之间平衡风险和收益。Quinn 和 Hilmer（1994）认为，公司应该将其资源集中在核心竞争力上，而战略性的外包则应包括 IT 技术、研发在内的其他业务，这些业务在战略上并非重要，也不依赖于特殊技能。因此，如果企业认为研发业务不属于公司的核心竞争力，就可以外包出去（Gilley and Rasheed，2000；Steensma and Corley，2002）。如果研发业务给公司带来了持续的竞争优势，那么企业就应该对其采取内部化战略。

然而，我们必须意识到，公司很难从其他竞争对手也能够通过市场自由获得的研发业务中获取竞争优势，也就是说，低端的、非关键性的研发业务是不会给企业带来持续竞争优势的。在这种情况下，公司能够期望的最好情况是避免竞争劣势。例如，Alien 和 Chandrashekar（2000）认为，外包决策通常是基于承包方相对于发包方在生产和配送服务方面有一些内在优势的假定。此外，即使公司采用研发外包以避免与一个特殊 IT 活动有关的竞争劣势，由于管理能力被释放出来，更多的注意力将集中于其他价值创造活动，公司仍然可能获得额外的收益。更进一步，企业一旦集中于特定的业务，则学习能力可以显著提高，效率改进与创新可以集中在战略上最核心以及最为相关的业务上。

越来越多的学者指出，企业外包的动力已从对降低成本的关注转移到提高经营绩效上。例如，Diromualdo 和 Gurbaxani（1998）认为，由于公司在其所需的知识、技能和技术方面面临着广泛的分歧，研发外包已经逐渐成为帮助缩小能力差距的战略工具。

总而言之，从竞争力理论的角度来看，影响外包决策的最关键因素是确保能够获取重要的竞争资源，这些资源（核心或外围资源）是公司不具备或不能保持竞争优势的。公司通过外包发展最优的资源以及竞争力结构，其中资源的价值相对于其他可能的组合情况达到最大化，这种观点在不同的学者身上表现出难得的一致性。事实上，研发外包作为一种越演越烈的现象，其研究本身也将推进竞争力理论的发展。

三 委托—代理理论

委托—代理理论产生于 20 世纪 70 年代，由 Ross（1973）首先提出。委托—代理（principal-agenta relationship）关系是指某个人或一些人（委托人）委托其他人（代理人）根据委托人的利益从事某些活动，并相应地授予代理人一定的决策权力的契约关系。

委托—代理理论可以用于研究合同效率（过程导向或结果导向）以及委托人及代理人之间的关系问题。委托—代理理论提出的所谓过程导向（如科层治理模式，即企业内部生产）和结果导向（如市场模式，即研发外包）是由代理成本决定的，即代理人和委托人之间的利益、目标、规则的统一性。Jensen（1993）认为，如果人们把企业的根本定义为契约关系，那么所有者与管理者之间的关系就自动成为委托—代理关系，从而一旦存在信息不对称（assymetric information）、契约不完备等情况时，双方存在的利益冲突会导致拥有管理权的职业经理人做出损害所有者利益的行为，也就是形成所谓的代理成本（agent cost）。代理成本包括三个部分：一是监督支出（monitoring expenditures），即委托人为保障自身利益不受侵害而发展适当的激励机制的支出及监督费用；二是约束支出（bonding cost），为保障代理人与委托人的利益一致，企业为代理人支付的货币性和非货币性在职消费支出；三是剩余损失（residual-loss），代理人的决策与使委托人福利最大化的决策之间的偏差造成委托人的财富损失。

在研发外包的研究中，委托—代理理论为研发外包企业和承包商之间的关系控制和风险控制提供理论框架。研发外包中的代理成本往往取决于以下五个要素：结果的不确定性、风险规避与防范、研发外包的可执行性、结果可测量性、代理关系的时间长短。具体而言，假如研发外包过程中存在很高的不确定性、风险较大、可执行性差、结果无法评估、委托—代理关系持久，则代理成本较高。因此，从委托—代理理论角度来理解研发外包，可以把发包方和承包方之间的关系表示为：不确定性+交易频率+风险防范+可执行性+可测量性+时间长短（五要素分析）—交易成本—研发外包。

四 资源观理论

著名管理学家安德鲁斯在其古典战略理论中提出了企业资源（corporate resource）的概念，从这个概念出发，资源观理论获得了很好的发展。该理论认为，"资源是在特定时期构成企业强势和弱势的任何有形和无形资产"。资源是针对特定的企业而言的，不同的企业资源是存在差异性的，某一种资源对于某个企业而言是一种资源，但对于另外的企业却不一定。

企业资源观是从战略管理学角度评价外包的一个重要理论。资源观理论从企业内部和内在发展出发分析企业和市场，并把企业看成一组资源和能力的集合，任何企业都拥有区别于其他企业的独特资源，无论是有形资产、无形资产还是企业的组织能力。

资源观理论认为，人力、专利、机器设备、著名的品牌以及财力等资源是生产过程的投入品，能力则是一组资源赖以履行某些工作或活动的能量或生产力。资源是企业能力的来源，能力则是其竞争优势的主要来源，其中最主要的战略能力也被称为核心竞争力。资源观理论是核心竞争力理论的基础和源头，而核心竞争力理论反过来又丰富和完善了资源观理论。

通常，资源观理论研究包含两个基本的假设，也就是"企业是什么"和"企业的长期竞争优势从何而来"。在潘罗斯、沃纳菲尔特和巴尼等战略管理学家看来，企业是资源的独特集合体，而企业的长期竞争优势来自于企业所拥有和控制的有难以模仿、难以交易等特征的特殊资源和战略资产。

资源观理论将企业看作人力资源和物质资源的一个结合体，企业之所以不同是因为所拥有的资源具有特殊性，企业利用这些特殊的资源或能力发展或实施自己的战略，如低成本战略或差异化战略，从而为企业带来良好绩效。Barney（1991）则认为，企业竞争优势来自于其所拥有的战略资源。对于企业而言，并不是所有的物质、人力和组织资本都是与战略有关联的资源，只有那些能够促进企业创造和实施战略并改善其工作效率和工作效果的资本才是与战略相关的资源，也就是说，只有能够促进企业保持持续竞争优势的资源才是企业要追求的战略性资源（见图2-3）。

此外，资源观理论认为，创造和保持企业持续竞争优势的资源（战略性资源）必须具有四个性质，即价值性、稀缺性、不可模仿

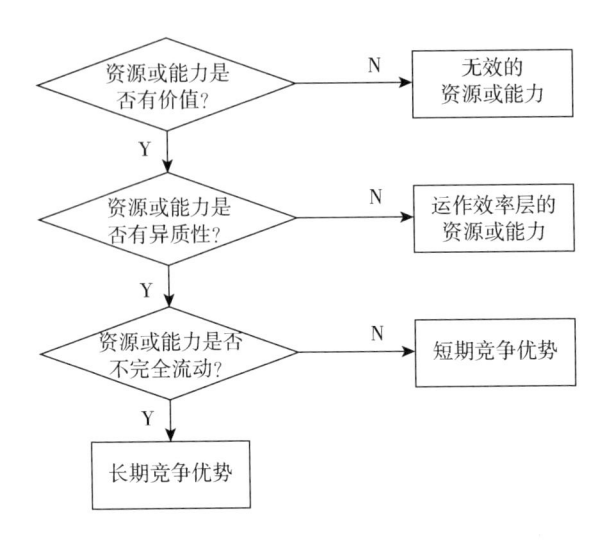

```
┌─────────────┐
│资源或能力是 │ ──N──> ┌──────────┐
│否有价值?    │        │无效的    │
└─────────────┘        │资源或能力│
      │Y               └──────────┘
      ▼
┌─────────────┐
│资源或能力是 │ ──N──> ┌──────────────┐
│否有异质性?  │        │运作效率层的  │
└─────────────┘        │资源或能力    │
      │Y               └──────────────┘
      ▼
┌─────────────┐
│资源或能力是 │ ──N──> ┌──────────┐
│否不完全流动?│        │短期竞争优势│
└─────────────┘        └──────────┘
      │Y
      ▼
┌──────────┐
│长期竞争优势│
└──────────┘
```

图 2-3 资源观理论模型

资料来源：章宁：《我国对美离岸服务外包影响因素与竞争力研究》，经济科学出版社 2010 年版。

性和不可替代性。

第一，价值性。只有那些有助于制定和实施企业战略、提高企业绩效的资源才具有价值性。资源的价值性是创造竞争优势的必要条件。价值性是资源观理论的外生变量，由企业所处的竞争环境决定。

第二，稀缺性。大多数企业都拥有的资源即使是有价值的，也很难产生竞争优势。这是因为如果实施战略所要求的资源不是稀缺的，则说明拥有相似资源的其他企业也可以实施该战略，从而不再有优势可言。通常，只要产业中拥有该资源的企业数少于形成完全竞争状态所需要的企业数，这种资源就是稀缺的，该资源就是潜在的持续竞争优势的来源。

第三，不可模仿性。拥有稀缺、有价值资源的企业往往是战略的创新者，因为只有它们能够创造和实施其他企业不能实施的战略。但是，只有当有价值且稀缺的资源同时不被其他企业所模仿时，新战略所产生的竞争优势才有可能持续。资源观理论认为以下三个方面是产生资源不可模仿性的原因：一是资源获取的历史独特性；二是资源与企业持续竞争优势之间的因果模糊性；三是产生竞争优势的资源的社会复杂性。这三个方面都使其他企业模仿、复制他人战略的企图无法实现。

第四，不可替代性。若要产生持续竞争优势，企业资源在满足上述三个条件之外，还必须具备另外的条件，即不能存在战略上对等的替代资源。

资源观理论通过甄别资源的战略重要性来评估是否外包的决策。Barney（1990）将资源属性作为外包决策的出发点，明确建议非战略性资源应该被外包。根据资源观理论，外包是一种战略决策，能够填补企业所欠缺的资源和能力。企业开发自身所特有的资源并且根据商业环境的变化不断更新这些资源。为了适应环境的变化，企业必须发展动态能力，即不断更新资源使之与不断变化的环境条件保持一致的能力（Pettus，2001）。外包既是获得新资源或更新资源的途径，也可以增加现有资源和能力以加强企业竞争地位。

五 规模经济理论

规模经济理论（economics of scale）指的是企业在一个特定时期内，产品绝对量增加，其单位成本随之下降。这就意味着大规模的经营可以降低成本，从而提高利润。规模经济理论最早可以追溯到亚当·斯密，但真正意义上的规模经济理论起源于美国经济学家，其代表人物有马歇尔、张伯伦和贝恩等。

在众多行业中，规模经济都对外包业务的发展起着重要的促进作用。调查结果表明，"人们一谈到规模经济，最先提起的便是外包业务"。例如，IT外包业务的发展某种程度上是因为"IT分工的专业化使得规模经济具有比较优势"（Rost，2006）。规模经济对包括客户服务与咨询服务、技术支持、管理供应链、后台应用系统支持、金融支付和企业人力资源计划等在内的一系列商务流程外包（BPO）业务的发展也起着重要作用（Outsourcing Journal，2001）。除此之外，通过对企业采购策略的研究（Cachon and Harker，2002；Shy and Stenbacka，2003；Allon and Fudergruen，2005；Alexandrove，2010）发现规模经济极大地促进了外包业务的发展。

六　资源依赖理论

资源依赖理论是研究组织变迁和演化行为的重要理论，萌芽于20世纪40年代，在70年代以后被广泛应用到组织关系的研究中，目前与新制度主义理论并列为组织研究中两个重要的流派。其主要代表著作是Pfeffer和Slancik的《组织的外部控制：对组织资源依赖的分析》。

资源依赖理论强调组织的生存需要从周围环境中获取资源，需要与周围的环境相互依存、相互作用才能达到目的。它包括三层含义：首先，组织与周围环境相互依存；其次，除了服从环境，组织还可以通过其他选择调整对环境的依赖程度；最后，环境不应被视为客观现实，对环境的认识通常是一个行为过程。

资源依赖理论有四个重要假设：第一，组织最重要的是关心生存；第二，为了生存，组织需要资源，而组织自己通常不能生产这些资源；第三，组织必须与它所依赖的环境中的因素互动，这些因素通常包含了其他组织；第四，组织发展在控制它与其他组织关系的能力基础之上。资源依赖理论的核心假设是组织需要通过获取环境中的资源来维持生存，没有组织是自给自足的，都要与环境进行交换。

资源依赖理论认为，各企业的资源具有极大的差异性，而且不能完全自由流动，很多资源无法在市场上通过定价进行交易。与此同时，相对于企业不断改进的发展目标来说，任何企业都不可能完全拥有所需要的全部资源，在资源与目标之间总存在着某种战略差距。因此，为了获得这些资源，企业就会同它所处环境内的其他组织化的实体（资源的控制者）进行互动，从而导致组织对资源的依赖性。

资源依赖理论的核心观点是：组织间的依赖可以是相互的。正如一个组织依赖另一个组织，两个组织也可以相互依赖。当一个组织的依赖性大于另外一个组织时，权力变得不平等。

资源依赖理论将组织环境划分为四种类型：一是平稳随机型，各种需要的资源按照不变的概率随机分布；二是平稳集聚型，资源的状态是连续的、可预测的；三是干扰—反应型，资源的分布和概率是由组织自己的行为决定的；四是动荡型，很多的组织紧密地相互连接、相互依赖。Pfeffer 和 Salancik（1978）提出了分析组织任务环境的三维度法，即集中度（在环境中权利和权威广泛分布的程度）；丰裕度（关键资源的可用程度或稀缺程度）；交互度（组织之间相互联结的模式和数量）。

依据环境中资源的分布和性质，每一个维度的取值是不同的，在每一个维度上不同的取值对应着不同的结构和行为。

资源依赖理论为外包决策提供了一个良好的分析框架。环境的因素决定着企业的资源，而资源的状况决定组织的服务外包决策。公司的整体战略影响着组织的服务外包决策，为了实现组织的战略可能需要从外部组织获得关键的资源。这样外包就使一个组织为了获得自己内部无法提供的关键资源而对外部的组织产生了不同程度的依赖（Cheon，1995）。

在研发外包中，对于平稳随机型和平稳集聚型的环境可以采用市场型的外包关系，因为在这些环境中组织需要的资源或者是按照不变的概率随机分布，或者是连续的、可预测的，发展市场型的外包关系可以对外包进行有效的控制。对于干扰—反应型环境，由于在这种环境下资源的分布和概率是由组织自己的行为决定的，组织可以采用内包的方式。对于动荡型环境，由于在这种环境下很多的组织是紧密地相互连接、相互依赖的，必须发展伙伴型的外包关系才能对外包进行有效的控制。这是因为组织对其他组织的依赖存在着不确定性，如果组织与外部的组织发展一种相互依存的关系，可以在一定程度上减少这类不确定性。

七 价值链理论

价值链（value chain）理论与供应链（supply chain）理论有着很大的相似性与一致性，二者都是强调企业不可能在所有的业务上都很出色，只有与其他企业互补，才能增加竞争力。价值链理论由迈克尔·波特在其《竞争优势》一书中提出，他认为，每一个以价值链表示的价值活动都可以分为基本活动和辅助活动，企业创造价值的活动由一系列互不相同又相互联系的增值活动构成，这些活动的总和就是企业的价值链。由于企业不可能在每一个业务上都十分在行，同样企业不可能在价值链的每一个环节上都有绝对优势。因此，各企业应该在各自具有优势的价值链环节上贡献力量，互相合作，这才能使整个业务过程达到最优，这也就是为什么会有外包的必要了。供应链理论主要的含义是：在当今新的市场竞争条件下，企业由原先的"纵向一体化"的管理模式向"横向一体化"的管理模式转变，形成了一条由"承包商—制造商—分销商"贯穿于整个业务过程的横向供应链，相邻企业之间是需求与供给、上游与下游的关系。

微笑曲线是近年来对价值链理论的一个成功运用。微笑曲线同样可以用于分析服务外包，特别是研发外包活动。微笑曲线是一条看似笑脸的曲线（见图2-4），它的两端朝上，代表了在产业链中，附加值更多体现在产业的两端，也就是上游的研发设计和下游的营销物流，处于中间环节的制造（组装加工）附加值最低。微笑曲线中间是制造（组装加工）；左边是研发设计，属于全球性的竞争；右边是营销物流，主要是当地性的竞争。

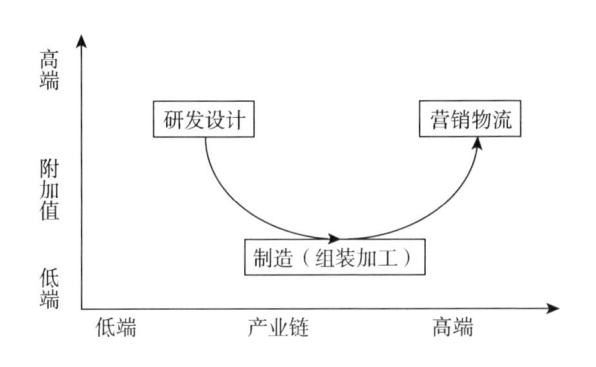

图2-4 微笑曲线

资料来源：根据文献资料综合整理。

当前，全球范围内制造业所创造的利润越来越低，并且产品制造还呈现供过于求的局面，而研发与营销的附加值高，因此，产业未来应朝微笑曲线的两端发展，也就是在左边加强研发设计，创造智慧财产权；右边则加强客户导向的营销物流。实现价值链升级，即要从微笑曲线中间的低点，向两端的价值高端纵向发展。从左边延伸，即扩展到研发设计阶段；向右扩展，即扩展到营销物流阶段。此外，还需要分析不同外包形式中承包商与发包商之间的相对关系，即是否存在依附关系。如果技术上存在依附关系，承包商容易在技术上陷入技术陷阱，形成技术引进依赖；如果在价值链上存在技术依附和市场渠道依附关系，则容易陷入价值链的末端。

企业选择不同的外包模式参与由跨国公司主导的全球生产网络，跨国公司对承包商的技术封锁因市场渠道控制和品牌控制的程度不尽相同，对于我国企业而言，根据企业状况和世界产业演变状况，适当合理地选择不同的外包策略，有可能打破跨国公司的低端封锁策略，实现本企业的技术升级、价值链升级和自主品牌的创立，其可能路径为加强产业链的纵向整合，逐渐占据价值链的核心环节，实现产业升级。这主要体现在两个方面：一是向微笑曲线左侧环节延伸发展，侧重技术研发，强化国内企业技术赶超和价值链升级；二是向微笑曲线右侧延伸发展，注重市场渠道建设和自主品牌创建，摆脱跨国公司的渠道控制和品牌控制。

八 国家竞争优势理论

国家竞争优势理论，又称"钻石理论"（见图2-5），是由迈克尔·波特（Michael E. Porter）在其代表作《国家竞争优势》中提出的，是常见的国际贸易理论之一。

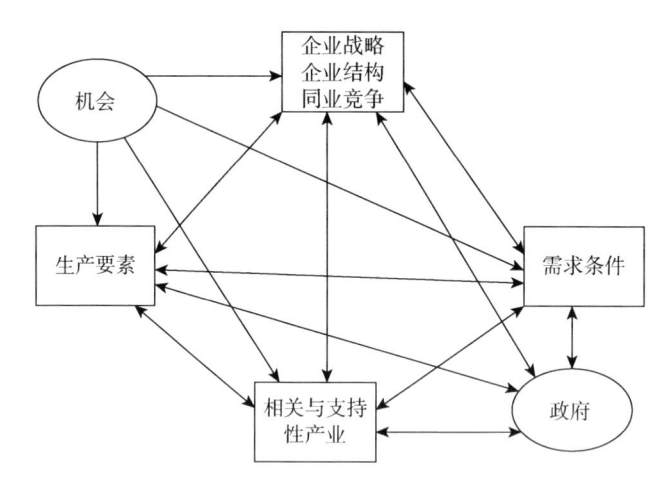

图2-5 波特的"钻石理论"模型

资料来源：根据文献资料综合整理。

国家竞争优势理论，是一种基于公司的理论，同时也是一种对于国家宏观层面的解释理论，是用来分析一个国家或企业如何保持可持续发展的比较优势，其核心思想是一个国家的发展趋势取决于其在国际竞争中是否具有优势。波特强调国家整体竞争优势的形成，他提出了决定国家竞争优势理论的四个基本因素和两个辅助因素。

一是生产要素。它是指一个国家的生产要素情况，包括熟练的劳动力以及在某些行业竞争中所具备的技术设施条件以及自然资源情况等。生产要素分为初级生产要素条件（如自然资源和气候等）和高级生产要素条件（如通讯基础设施、复杂和熟练劳动力、科研设施及专门技术知识等）。

二是需求条件。特别是国内市场的需求情况，这是影响一国国际竞争优势的主要因素。国内需求对形成本国产品的特色、技术创新和提高产品质量有着重要的作用。

三是相关与支持性产业。指国内是否存在国际竞争力的承包商及相关与支持性产业。这也是国家或地区贸易能够取得国际竞争优势的重要条件。相关与支持性产业在高级生产要素方面投资的好处是在行业间产生溢出效应，同时利用这些行业提高国际竞争力。

四是企业战略、企业结构、同业竞争。行业间的激烈竞争是行业产生竞争优势的重要条件。短期内竞争会带来一定的损失，但从长期来看，企业的竞争使企业创新能力提升、质量提高、成本降低，这有利于企业提高国际竞争力。

除以上四个基本因素外，还有两个辅助因素——机会和政府。机会包括重要的新发明、重大技术变化、汇率变化、战争等。政府可以通过补贴、干预资本市场、制定教育政策等影响企业的结构、战略和竞争状况。机会和政府的作用也是十分重要的，但不是决定性的作用。

邹全胜、王莹（2006）通过对服务外包进行理论和经验研究得出以下结论："在世界市场上由于服务产品专业化、高科技化的特点，服务外包可以在经济全球化的条件下达到纳什均衡，实现其总利润的最大化，从而提高整体世界经济的福利。在科技不断发展、服务贸易水平不断提高、分工不断细化的情况下，服务产业将更多地脱离传统一体化生产模式而趋向于服务产品外包形式的一体化生产经营。"美国著名财经专栏作家托马斯·费里德曼（2004）认为，公司把业务转移出去的目的是获得更新的技术，从而更快发展壮大，而不仅仅是简单地压缩成本和减少生产规模。荆林波（2008）则认为，美国向许多国家转移的外包业务都是非核心业务及低附加值业务，从目前的数据来看，大多数有外包业务的美国公司通过外包巩固了核心业务，增强了核心竞争力和维护了高利润领域，这正是美国公司外包的核心动力所在。

在本书看来，中国和印度作为世界上最大的两个发展中国家，其产业发展不同的根本原因就在于国家竞争优势的培育模式存在巨大差异。中国长期以来的基础设施建设、生产要素市场的发展、政府政策的引导，使中国形成以发展制造业为主的外向型经济结构。与之相反，印度因生产要素（特别是劳动力素质）、支持性产业等方方面面的发展形成了很有印度特点的以服务业为主的外向型经济。两国的模式大有不同，然而从国家竞争优势的角度看都颇具特色。

第三章 国有企业创新能力现状

第一节 国有企业相关概念

改革开放以来,我国综合国力大幅提高,市场活力得到显著提升,已确立了以公有制为主体、多种所有制经济共同发展的基本经济制度。中国国有企业经历了多次改革,如"放权让利";所有权经营权分离;"抓大放小"对国有企业进行了战略性改组,就此确立了现代企业制度;建立了有效的国有资产管理、监督和运营机制;混合所有制改革等。国有企业改革如火如荼,现已进入攻坚克难决胜阶段。

国有企业是指资本全部或主要由国家投入,并为国有企业所有,依法设立从事生产经营活动的组织,包括国家投资兴建的股份制企业、国有独资公司以及一些适用《中华人民共和国全民所有制工业企业法》并由国家投资的企业形式。在实践中,国有企业通常是指国有及国有控股企业。本书所指的国有企业即包括国有及国有控股企业。

从混合所有制的发展来看,早在20世纪80年代,人们就开始讨论混合所有制经济或与之相关的问题。在我国,混合所有制经济很早就被鼓励发展。改革开放以来,党的历次代表大会都有发展混合所有制经济的相关论述。具体来说,党的十二大报告曾提出要促进多种形式的经济联合，这种以公有制为主体的经济联合本质上即为一种混合所有制改革。党的十五大正式提出了混合所有制经济。党的十五届四中全会将发展混合所有制经济作为探索公有制实现形式多样化的一种途径，从而明确地提出了混合所有制改革。党的十六大报告提出，"除极少数必须由国家独资经营的企业外，积极推行股份制，发展混合所有制经济。实行投资主体多元化，重要的企业由国家控股"，党的十六届三中全会提出，"要适应经济市场化不断发展的趋势，进一步增强公有制经济的活力，大力发展国有资本、集体资本和非公有资本等参股的混合所有制经济，实现投资主体多元化，使股份制成为公有制的主要实现形式"。党的十八届三中全会通过的《中共中央关于全面深化改革若干重大问题的决定》进一步明确指出："国有资本、集体资本、非公有资本等交叉持股、相互融合的混合所有制经济，是基本经济制度的重要实现形式，有利于国有资本放大功能、保值增值、提高竞争力，有利于各种所有制资本取长补短、相互促进、共同发展。允许更多国有经济和其他所有制经济发展成为混合所有制经济。国有资本投资项目允许非国有资本参股。允许混合所有制经济实行企业员工持股，形成资本所有者和劳动者利益共同体。"发展混合所有制经济被进一步提高到了基本经济制度的层面，成为推进国有企业改革的重要方式之一。党的十九大报告亦明确提出，要发展混合所有制经济，培育有全球竞争力的世界一流企业。党的十九届四中全会也提出，要探索公有制的多种实现形式，推进国有经济的布局优化和结构调整，发展混合所有制经济。

一　国有企业规模演变

相关年份《中国科技统计年鉴》中的数据显示，2011—2016

年，规模以上国有企业的数量和总营业收入均不断缩减，国有企业规模减小（见表3-1）。国有企业数量占中国大中型企业总数量的比重从2011年的2.24%下降到2016年的0.69%，国有企业主营业务收入占比从2011年的8.94%下降到2016年的3.82%。

表3-1　　　　　按登记类型分规模以上企业发展情况

年份	国有企业 企业数量（个）	国有企业 主营业务收入（万元）	民营企业 企业数量（个）	民营企业 主营业务收入（万元）	外资企业 企业数量（个）	外资企业 主营业务收入（万元）
2011	6706	686075671	261812	5590978897	31256	1398492530
2012	6770	775205678	280091	6298221593	30973	1412705800
2013	3957	527429456	308421	7415240382	30912	1542483066
2014	3437	493373606	319261	8049177092	29726	1578384720
2015	3227	446533411	327169	8197287604	28269	1487565758
2016	2441	404937469	326585	8681235918	26124	1512033947

注：相关年份《中国科技统计年鉴》中，2011年以前的数据统计口径或为"大中型工业企业"，或为"规模以上工业企业"，2011—2020年数据统计口径为"规模以上工业企业"。2017—2020年《中国科技统计年鉴》中"按企业规模及登记注册类型分规上工业企业数量情况"部分不再有各所有制企业数量和主营业务收入。为保证数据统计口径一致，本章选择2011—2016年的观测数据作为样本，说明规模以上国有企业发展情况。

资料来源：根据相关年份《中国科技统计年鉴》整理所得。

二　有研发机构和有R&D活动的企业数量

2011—2016年，规模以上国有企业中有研发机构的企业比重和有R&D活动的企业比重均出现先上升后下降再上升的趋势，而规模以上民营企业和外资企业中有研发机构的企业比重和有R&D活动的企业比重均在持续增长（见表3-2）。2011年，规模以上国有企业中有研发机构的企业比重和有R&D活动的企业比重均大于规模以上民营企业和外资企业。但是，在2020年规模以上国有企业中有研发机构的企业比重和有 R&D 活动的企业比重远低于民营企业和外资企业。数据显示，规模以上的国有企业中进行研发创新的企业比重远少于民营企业和外资企业。

表 3-2　按登记类型分规模以上企业中有研发机构和
有 R&D 活动的企业比重　　　　　单位：%

年份	国有企业 有研发机构的企业比重	国有企业 有R&D活动的企业比重	民营企业 有研发机构的企业比重	民营企业 有R&D活动的企业比重	外资企业 有研发机构的企业比重	外资企业 有R&D活动的企业比重
2011	11.62	18.21	7.30	10.51	9.48	15.25
2012	13.53	19.25	10.40	12.61	16.16	18.75
2013	10.94	16.68	10.94	13.91	16.11	19.90
2014	10.21	16.90	11.89	16.01	17.96	22.04
2015	11.16	17.94	13.04	18.42	19.19	24.31
2016	12.04	20.07	15.29	22.03	23.21	29.51

资料来源：根据相关年份《中国科技统计年鉴》整理所得。

第二节　国有企业创新投入

随着中国实施国有企业改革、经济开放以及创新驱动发展战略，不同所有制企业在创新上呈现出了显著差异。通过研发投入、技术改造、技术引进、研发人员、研发机构等指标，分析不同所有制企业在创新投入方面的情况。

一　R&D 经费内外部支出

R&D 经费内部支出数据显示，2011—2020 年，规模以上国有企业、民营企业、外资企业的 R&D 经费内部支出平均增长率分别为-3.25%、13.12%、7.24%，国有企业呈现负增长，民营企业和外资企业为正增长，且增长速度较快，2011—2020年，国有企业R&D经费内部支出整体呈现下降趋势，民营企业和外资企业整体呈现上升趋势（见表3-3）。

表3-3 规模以上不同所有制企业R&D经费内外部支出情况

单位：万元

年份	国有企业 R&D经费外部支出	国有企业 R&D经费内部支出	民营企业 R&D经费外部支出	民营企业 R&D经费内部支出	外资企业 R&D经费外部支出	外资企业 R&D经费内部支出
2011	353363	4678394	2446257	40293930	582506	9361492
2012	418884	5620813	2873318	48749531	670967	10912567
2013	378945	3084397	2826655	59948414	760512	12428864
2014	249291	3257061	3278160	67778075	780974	12984803
2015	270819	3223698	3801776	73900603	859479	13538523
2016	244594	2839204	4550920	82414535	941531	14057332
2017	251193	2134367	5192695	92095725	1155452	14748955
2018	104865	834378	6776384	101886094	1198133	15520292
2019	146813	831846	6910451	111357792	1300312	16137651
2020	235825	1573153	7676750	121153687	1576393	17424436
均值	265459	2807731	4633337	79957839	982626	13711492
平均增长率	2.09%	-3.25%	13.91%	13.12%	11.89%	7.24%

资料来源：根据相关年份《中国科技统计年鉴》整理所得。

R&D经费外部支出数据显示，2011—2020年，规模以上国有企业、民营企业、外资企业的R&D经费外部支出平均增长率分别为2.09%、13.91%、11.89%，国有企业远低于民营企业和外资企业，而且2011—2020年国有企业R&D经费外部支出整体呈现下降趋势，民营企业和外资企业整体呈现上升趋势（见表3-3、图3-1）。

图 3-1 规模以上不同所有制企业 R&D 经费外部支出情况

资料来源：根据相关年份《中国科技统计年鉴》整理所得。

国有企业的 R&D 经费外部支出和内部支出均低于民营企业和外资企业，研发创新投入不足。

二 技术经费支出

在技术经费支出方面，国有企业的技术改造支出最大，2012—2019 年，技术改造支出占技术经费支出的比重平均为 88.14%，2020 年锐减到 16.70%；2012—2019 年，购买境内技术经费支出占技术经费支出的比重平均为 4.17%，2020 年激增到 83.30%；2012—2020 年，引进技术经费支出占技术经费支出的比重平均为 4.42%，浮动较大，从 2012 年的 3.15% 增长到 2016 年的 14.12%，又缩减到 2020 年的 0；2012—2020 年，消化吸收经费支出占技术经费支出的比重平均为 2.51%，浮动较大，从 2012 年的 1.84% 增长到 2017 年的 10.20%，又缩减到 2020 年的 0。国有企业消化吸收费用支出逐步降低，2020 年为 0，说明国有企业过于重视引进后的使用，而轻视引进后的学习、消化吸收及再创新。技术可以引进，但技术创新能力只能内生。对国有企业而言，其技术创新能力未能通过引进消化吸收建立起来，关键原因在于国有企业在消化吸收阶段投入不足，并非在于技术引进本身。

民营企业2012—2020年技术改造经费支出占技术经费支出的比重平均为85.41%，整体呈现下降趋势，从2012年的3.73%缩减到2020年的0.50%；2012—2020年，购买境内技术经费支出占技术经费支出的比重平均为7.40%，整体呈上升趋势，从2012年的4.46%逐步增长到2020年的11.34%；2012—2020年，引进技术经费支出占技术经费支出的比重平均为5.35%，稳中有升，从2012年的5.74%增长到2020年的6.29%；2012—2020年，消化吸收经费支出占技术经费支出的比重平均为1.84%，整体呈现下降趋势，从2012年的3.73%缩减到2020年的0.50%。

外资企业2012—2020年技术改造经费支出占技术经费支出的比重平均为54.64%，稳中有降，从2012年的58.36%逐步降低到53.38%；2012—2020年，引进技术经费支出占技术经费支出的比重平均为34.53%，稳中有升，从2012年的30.99%增长到2020年的33.89%；2012—2020年，消化吸收经费支出占技术经费支出的比重平均为7.96%，各年比重浮动较小；2012—2020年，购买境内技术经费支出占技术经费支出的比重平均为2.87%，整体呈现上升趋势，从2012年的2.31%增长到2020年的4.33%（见表3-4）。

2011—2022年，国有企业、民营企业、外资企业的引进技术经费支出、消化吸收经费支出、技术改造经费支出的平均值显示，以上三种支出中，民营企业支出最多，外资企业次之，国有企业最少，尤其是国有企业在引进技术方面的经费支出，与民营企业和外资企业相差甚远。2011—2022年，国有企业、民营企业、外资企业的购买境内技术经费支出的平均值显示，民营企业最多，国有企业次之，外资企业最少。

表 3-4　　规模以上不同所有制企业技术经费支出情况

单位：万元

年份		2011	2012	2013	2014	2015	2016	2017	2018	2019	2020
国有企业	引进技术	224150	191187	59438	70273	337859	114210	198316	6090	279	226
	消化吸收	117488	109160	33362	21173	25596	158946	151731	383	77	0
	购买境内技术	301289	216961	85381	71922	183034	68098	142436	24716	4100	3921840
	技术改造	5748224	5831286	2723227	3069702	1846243	1217682	1309311	629902	755416	786129
民营企业	引进技术	2124766	1693816	1591630	1448410	1702260	1663423	1316710	1839226	2057207	2189281
	消化吸收	1381992	953953	978773	901971	620515	400025	372168	255150	141687	173486
	购买境内技术	1649638	1505169	1688860	1756581	1911281	1739470	1610469	3956682	4890750	3944575
	技术改造	31856676	30312900	32543937	29851158	24913058	23662638	23858331	26229794	30426862	28489059
外资企业	引进技术	1718244	1673011	1896923	1954094	1783567	2740147	2320759	2687334	2616968	2327363
	消化吸收	462436	446931	430423	381067	325679	439871	535294	643944	799672	576489
	购买境内技术	127867	144481	166264	179618	109415	158630	114429	268197	256854	297569
	技术改造	3235320	3542804	3448032	3339451	2972006	3366845	3400666	3193758	3788272	3665235

注：技术经费支出＝引进技术＋消化吸收＋购买境内技术＋技术改造。
资料来源：根据相关年份《中国科技统计年鉴》整理所得。

技术经费总支出，即引进技术经费支出、消化吸收经费支出、购买境内技术经费支出、技术改造经费支出之和，民营企业远远大于国有企业和外资企业，是国有企业的11倍左右，是外资企业的5倍左右。整体来看，外资企业技术总支出比较稳定，历年来变化浮动较小，民营企业和国有企业变化浮动较大，特别是民营企业。相对于国有企业和民营企业而言，外资企业在引进技术、消化吸收、购买境内技术、技术改造方面的经费支出较均衡（见图3-2）。

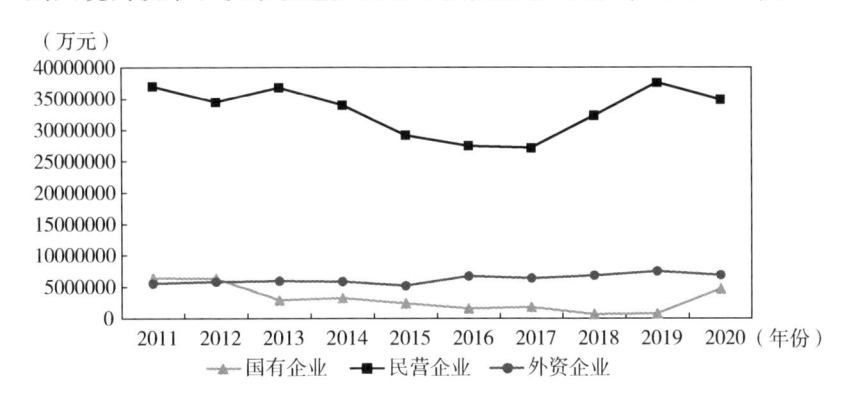

图3-2 2011—2020年技术经费总支出

资料来源：根据相关年份《中国科技统计年鉴》整理所得。

三 R&D人员

2011—2020年，国有企业、民营企业、外资企业R&D人员情况如表3-5所示。

2011—2020年，国有企业R&D全时人员、R&D人员折合全时当量以及研究人员数量整体均呈现缩减趋势（见图3-3）。国有企业R&D全时人员从2011年的200211人逐步减少到2020年的52404人，年均增长率为-7.54%；国有企业R&D人员折合全时当量从2011年的148871人减少到2020年的37310人，年均增长率为-7.81%；国有企业研究人员从2011年的79949人减少到2020年的 22964 人，年均增长率为 3.52%。

表 3-5　　　按登记注册类型分大中型企业 R&D 人员

单位：人

年份	国有企业 R&D 全时人员	国有企业 R&D 人员折合全时当量	国有企业 研究人员	民营企业 R&D 全时人员	民营企业 R&D 人员折合全时当量	民营企业 研究人员	外资企业 R&D 全时人员	外资企业 R&D 人员折合全时当量	外资企业 研究人员
2011	200211	148871	79949	1729069	1294008	510584	347479	278675	72704
2012	227198	162963	77624	2052112	1488195	553941	438267	336479	78100
2013	120504	85572	43690	2443658	1779756	633680	459052	354457	79320
2014	120884	88869	42350	2672509	1914286	645572	466689	355264	84609
2015	118095	82297	31686	2720076	1942177	654464	432978	328657	106919
2016	105659	74005	33913	2933210	2011933	680462	432762	330649	109942
2017	92915	55692	25153	3102423	2063960	677773	422535	313490	101775
2018	34677	21624	9727	3330805	2305608	733543	459971	334362	104423
2019	33582	23575	10840	3549790	2491541	771700	444852	322470	104114
2020	52404	37310	22964	3824922	2752769	1157474	455372	337516	147741

注：R&D 人员折合全时当量指全时人员加非全时人员按工作量折算为全时人员数的总和；R&D 全时人员指在报告年度实际从事 R&D 活动的时间占制度工作时间 90% 及以上的人员；研究人员指 R&D 人员中具备中级以上职称或博士学历（学位）的人员。

资料来源：根据相关年份《中国科技统计年鉴》整理所得。

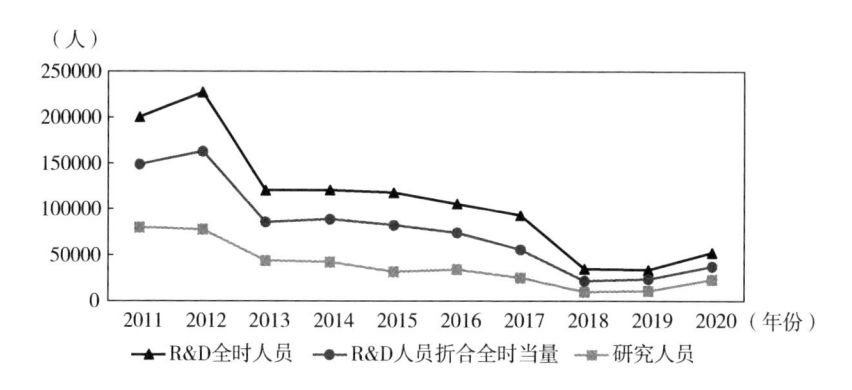

图 3-3　2011—2020 年国有企业 R&D 人员情况

资料来源：根据相关年份《中国科技统计年鉴》整理所得。

2011—2020年，民营企业R&D全时人员、R&D人员折合全时当量以及研究人员数量整体均呈现上升趋势（见图3-4）。民营企业R&D全时人员从2011年的1729069人增长到2020年的3824922人，年均增长率为9.36%；民营企业R&D人员折合全时当量从2011年的1294008人增长到2020年的2752769人，年均增长率为8.89%；民营企业研究人员从2011年的510584人增长到2020年的1157474人，年均增长率为10.35%。

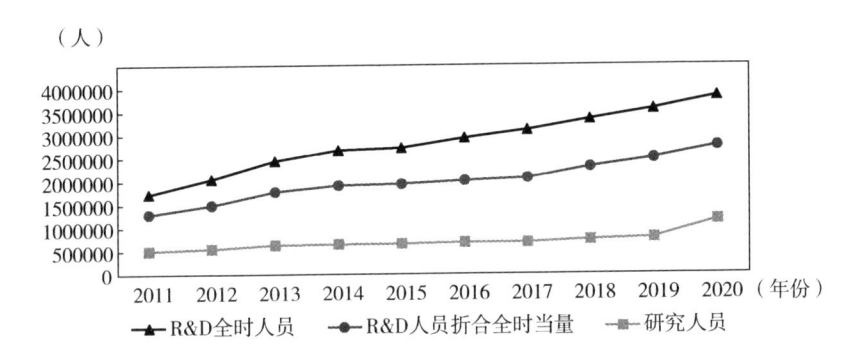

图3-4 2011—2020年民营企业R&D人员情况

资料来源：根据相关年份《中国科技统计年鉴》整理所得。

2011—2020年，外资企业R&D全时人员、R&D人员折合全时当量以及研究人员数量整体均呈现上升趋势（见图3-5）。外资企业R&D全时人员从2011年的347479人增长到2020年的455372人，年均增长率为3.43%；外资企业R&D人员折合全时当量从2011年的278675人增长到2020年的337516人，年均增长率为2.45%；外资企业研究人员从2011年的72704人增长到2020年的147741人，年平均增长率为9.07%。

国有企业R&D全时人员、R&D人员折合全时当量以及研究人员数量远少于民营企业和外资企业，但国有企业研发人员中具备中级以上职称或博士学历（学位）的人员占比较大，高素质人才投入较多。

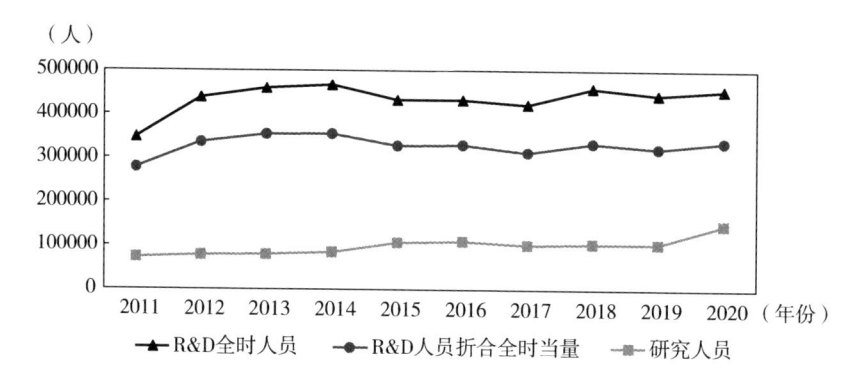

图 3-5　2011—2020 年外资企业 R&D 人员情况

资料来源：根据相关年份《中国科技统计年鉴》整理所得。

四　企业办研发机构情况

国有企业研发机构数从 2011 年的 1201 个缩减到 2020 年的 483 个，年均增长率为 -0.72%；民营企业研发机构数从 2011 年的 23275 个增长到 2020 年的 91225，年均增长率为 16.92%；外资企业研发机构数从 2011 年的 3534 个增长到了 2020 年的 6467 个，年均增长率为 8.32%（见表 3-6）。横向对比可知，国有企业研发机构数远小于民营企业和外资企业。

表 3-6　按登记注册类型分大中型企业办研发机构情况

单位：个

年份	国有企业	民营企业	资企业
2011	1201	23275	3534
2012	1380	34411	5698
2013	730	40527	5741

续表

年份	国有企业	民营企业	资企业
2014	651	45559	6202
2015	681	50818	6252
2016	572	59150	6864
2017	513	67688	6987
2018	270	69671	6607
2019	213	81963	6520
2020	483	91225	6467

资料来源：根据相关年份《中国科技统计年鉴》整理所得。

五　创新投入强度

在研发投入和技术经费支出分析的基础上，进一步分析国有企业、民营企业和外资企业的创新投入强度。创新投入强度分别用研发投入和技术经费支出占主营业务收入的比重表示。

研发投入强度数据显示，国有企业、民营企业和外资企业历年的平均研发投入强度分别为0.74%、0.88%和0.87%，国有企业研发投入强度最低，且增长速度最慢。技术经费支出强度数据显示，国有企业、民营企业和外资企业历年的平均技术经费支出强度分别为0.65%、0.47%和2.49%，外资企业技术经费支出强度最高，国有企业次之，民营企业最低（见表3-7）。技术进步和创新是经济增长的持久源泉，研发投入强度和技术经费支出强度两个指标表明，相对于民营企业而言，国有企业的技术进步和创新更偏重于技术改造，其原始创新不足。外资企业技术经费支出强度最高，主要原因是其技术主要来源于母公司。

表 3-7　　　　　规模以上不同所有制企业创新投入强度

单位：%

年份	研发投入强度			技术经费支出强度		
	国有企业	民营企业	外资企业	国有企业	民营企业	外资企业
2011	0.73	0.76	0.71	0.93	0.66	3.10
2012	0.78	0.82	0.82	0.82	0.55	2.89
2013	0.66	0.85	0.86	0.55	0.50	2.57
2014	0.71	0.88	0.87	0.66	0.42	2.36
2015	0.78	0.95	0.97	0.54	0.36	2.12
2016	0.76	1.00	0.99	0.38	0.32	1.92
2016	0.76	1.00	0.99	0.38	0.32	1.92
均值	0.74	0.88	0.87	0.65	0.47	2.49

注：技术经费支出＝引进技术＋消化吸收＋购买境内技术＋技术改造。
资料来源：根据相关年份《中国科技统计年鉴》整理所得。

第三节　国有企业创新产出

根据专利申请数、发明专利申请数、有效发明专利数、新产品销售收入等指标，分析不同所有制企业在创新产出方面的情况。

一　专利申请数、发明专利申请数、有效发明专利数

2011—2020 年的专利申请数数据显示，国有企业历年专利申请数变动浮动较大，但增长趋势不明显，且历年专利申请数均远小于民营企业和外资企业；民营企业专利申请数呈现稳定上升趋势，年均增长率为 16.54%，专利申请数和增长率均远高于国有企业和外资企业，民营企业是专利申请的主力军，民营企业不但创新投入最多，创新产出也最多，表明民营企业创新活动活跃，创新动力充

足，创新激励机制较完善；外资企业专利申请数整体呈现上升趋势，年均增长率为6.30%，专利申请数不及民营企业，但远超国有企业（见表3-8）。

表3-8　　　　规模以上不同所有制企业创新产出情况

单位：件

年份		2011	2012	2013	2014	2015	2016	2017	2018	2019	2020	平均值
国有企业	专利申请数	20746	30790	23124	23324	23633	22113	17360	10004	11750	23184	20603
	发明专利申请数	7318	11248	9319	10423	10984	10958	8782	4771	6391	13948	9414
	有效发明专利数	11076	16376	10508	13468	17748	23393	19778	12259	14497	20760	15986
民营企业	专利申请数	271023	348421	414272	478848	494502	566895	671171	809571	901114	1059563	601538
	发明专利申请数	92959	124173	149659	177969	187278	225810	265708	317102	337273	375381	225331
	有效发明专利数	137459	192925	250320	337665	437941	599140	751292	895597	1014070	1212794	582920
外资企业	专利申请数	52711	59300	66367	71814	62939	65627	60909	68872	76025	88097	67266
	发明专利申请数	22436	23320	28044	30872	25919	27638	21864	23750	29574	32558	26598
	有效发明专利数	29183	39759	43487	55244	59862	78574	81151	97064	95856	110396	69058

资料来源：根据相关年份《中国科技统计年鉴》整理所得。

2011—2020年的发明专利申请数数据显示，国有企业发明专利申请数整体呈现上升趋势，但发明专利申请数与民营企业和外资企业相差甚远；民营企业发明专利申请数稳步增长，年均增长率为17.06%，发明专利申请数增长速度远超国有企业和外资企业，民营企业具有强烈的创新精神和创新激情；外资企业发明专利申请数整体呈现上升趋势，年均增长率为 5.25%，发明专利申请数不及民营企业，但远超国有企业。

2011—2020 年的有效发明专利数数据显示，国有企业历年有效发明专利数变动浮动较大，整体呈现上升趋势，历年有效发明专利数均不可企及民营企业和国有企业；民营企业有效发明专利数迅猛增长，从 2011 年的 137459 稳健增长到 2020 年的 1212794，年均增长率为 27.66%，国有企业和外资企业望尘莫及，民营企业不但创新活动活跃，而且创新能力突出；外资企业有效发明专利数稳步持续增长，从 2011 年的 29183 增长到 2020 年的 110396，年均增长率为 16.56%，外资企业有效发明专利数不及民营企业，但是国有企业遥不可及的。

二 新产品销售收入

2011—2020 年，国有企业、民营企业、外资企业新产品销售收入如图 3-6 所示。

（亿元）

图 3-6 2011—2020 年新产品销售收入

资料来源：根据相关年份《中国科技统计年鉴》整理所得。

新产品销售收入数据显示，国有企业 2011—2020 年新产品销售收入整体呈现下降趋势，从 2011 年的约 7508.76 亿元下降到 2020 年的约2356.99亿元，历年新产品销售收入均不及民营企业和外资企业，且差距正在逐步增大，表明国有企业创新绩效落后，且与民营企业和外资企业的差距逐步扩大；民营企业2011—2020年新产品销售收入持续快速增长，从2011年的约57041.33亿元增长到2020年的约174244.96亿元，年均增长率为13.30%，民营企业不但创新活动活跃、创新能力突出，而且创新绩效显著；外资企业2011—2020年新产品销售收入稳中有升，年均增长率为3.37%。

三 创新产出效率

在专利申请数、发明专利申请数、有效发明专利数、新产品销售收入等创新产出指标分析的基础上，进一步分析国有企业、民营企业和外资企业的创新产出效率。专利创新产出效率分别用专利申请数、发明专利申请数、有效发明专利数占总创新投入[①]的比重来衡量；最终创新产出效率用新产品销售收入占总创新投入的比重来衡量。

如表3-9所示，国有企业、民营企业和外资企业2011—2020年专利申请数占总创新投入的比重的平均值分别为0.0041、0.0049、0.0032；2012—2020年发明专利申请数占总创新投入的比重的平均值分别为0.0020、0.0018、0.0013；2012—2020年有效发明专利数占总创新投入的比重的平均值分别为0.0038、0.0045、0.0032，对比以上三个指标可知，在专利创新产出效率方面，民营企业专利创新效率最高，国有企业次之，外资企业最低。国有企业、民营企业和外资企业2011—2020年新产品销售收入占总创新投入的比重的平均值分别为7.1150、9.1825、14.6798，表明在最终创新产出效率方面，

---

① 总创新投入＝研发投入＋技术经费支出。

表 3-9　不同所有制企业创新产出效率

年份		2011	2012	2013	2014	2015	2016	2017	2018	2019	2020	平均值
国有企业	专利申请数/总创新投入	0.0018	0.0025	0.0036	0.0035	0.0040	0.0048	0.0041	0.0063	0.0068	0.0036	0.0041
	发明专利申请数/总创新投入	0.0006	0.0009	0.0015	0.0015	0.0019	0.0024	0.0021	0.0030	0.0037	0.0021	0.0020
	有效发明专利数/总创新投入	0.0010	0.0013	0.0017	0.0020	0.0030	0.0050	0.0047	0.0077	0.0083	0.0032	0.0038
	新产品销售收入/总创新投入	6.5734	5.9642	4.8117	5.7886	6.4779	10.0768	11.3607	8.0200	8.4606	3.6166	7.1150
民营企业	专利申请数/总创新投入	0.0034	0.0040	0.0042	0.0046	0.0046	0.0050	0.0054	0.0057	0.0058	0.0065	0.0049
	发明专利申请数/总创新投入	0.0012	0.0014	0.0015	0.0017	0.0018	0.0020	0.0021	0.0022	0.0022	0.0023	0.0018
	有效发明专利数/总创新投入	0.0017	0.0022	0.0025	0.0032	0.0041	0.0052	0.0060	0.0064	0.0065	0.0074	0.0045
	新产品销售收入/总创新投入	7.1522	7.5880	8.1021	8.6233	9.1965	10.1512	10.3448	10.1129	9.9047	10.6489	9.1825

续表

年份		2011	2012	2013	2014	2015	2016	2017	2018	2019	2020	平均值
外资企业	专利申请数/总创新投入	0.0034	0.0034	0.0035	0.0037	0.0032	0.0030	0.0027	0.0029	0.0031	0.0034	0.0032
	发明专利申请数/总创新投入	0.0014	0.0013	0.0015	0.0016	0.0013	0.0013	0.0010	0.0010	0.0012	0.0013	0.0013
	有效发明专利数/总创新投入	0.0019	0.0023	0.0023	0.0028	0.0031	0.0036	0.0036	0.0041	0.0038	0.0043	0.0032
	新产品销售收入/总创新投入（件/万元）	16.9229	15.4162	16.0456	16.2222	14.5116	14.8077	14.3791	12.7361	12.4784	13.2782	14.6798

资料来源：根据相关年份《中国科技统计年鉴》整理所得。

外资企业最终创新产出效率最高，民营企业次之，国有企业最低。国有企业专利创新产出效率和最终创新产出效率并不匹配，因为中国特色社会主义的重要物质基础和政治基础，以及中国特色社会主义经济的"顶梁柱"都是国有企业，在国家科技事业方面，如中国空间站、天问一号、北斗导航、时速600公里磁悬浮列车、高温气冷堆核电站等，国有企业做出了重大贡献，国有企业坚持以国家战略性需求为导向，围绕事关国家安全、产业核心竞争力、民生改善的重大战略任务，推动更多关键核心技术实现体系性突破，超前布局前沿技术和颠覆性技术，作为国家战略科技的重要力量，这是国有企业义不容辞的责任，国有企业的创新产出并不是都转化为经济收入，但相对于民营企业和外资企业，国有企业也应进一步促进成果转化，提高其价值实现能力。

综合各企业规模指标、创新投入指标和创新产出指标，关于国有企业创新现状，可分析概括为以下三个方面。第一，在企业规模方面：企业数量和主营业务收入数据表明，国有企业的数量和总营业收入均不断缩减，国有企业数量规模和产出规模均小于民营企业和外资企业。第二，在企业创新投入方面：首先，R&D外部支出和内部支出数据显示，国有企业的R&D外部支出和内部支出均低于民营企业和外资企业，说明国有企业研发创新投入不足；其次，引进技术经费支出、消化吸收经费支出、技术改造经费支出、购买境内技术经费支出以及以上支出之和的技术经费总支出数据均显示国有企业技术经费支出较少，且历年国有企业在技术经费支出方面的支出极不均衡，主要集中在技术改造支出上；最后，研发投入强度数据显示，国有企业研发投入强度最低，且增长速度最慢，技术经费支出强度数据显示，外资企业技术经费支出强度最高，国有企业次之，民营企业最低。技术进步和创新是经济增长的持久源泉，研发投入强度和技术经费支出强度两个指标表明，相对于民营企业，国有企业的技术进步和创新更偏重于技术改造，原始创新不足。第三，在企业创新产出方面：首先，专利申请数、发明专利申请数、有效发明专利数、新产品销售收入等创新产出指标数据均显示，民营企业和外资企业的专利创新产出和最终创新产出均处于领先地位，国有企业望尘莫及；其次，专利创新产出效率数据显示，民营企业专利创新效率最高，国有企业次之，外资企业最低。最终创新产出效率数据表明，外资企业最终创新产出效率最高，民营企业次之，国有企业最低。综合概括可以发现，国有企业在企业规模、创新投入、创新产出方面均处于落后地位，国有企业创新能力和创新效率低，缺乏强烈的创新精神和创新激情，创新活动欠活跃，创新动力不充足，创新投入不足，创新产出落后，创新转化能力有待进一步提升。

以上结论仅是根据相关指标进行统计描述分析的结果，接下来将进一步探究国有企业创新活力不足、创新能力低的原因，以及通过建立模型实证分析不同所有制企业的创新状况，及研发外包对国有企业创新能力提升的影响。

第四章 国有企业创新能力不足的成因分析

创新已经成为引领发展的第一动力，中国经济正经历从要素驱动、投资驱动转向创新驱动的新常态。国有企业作为创新驱动发展战略的主要执行者、国家创新体系的重要主体、经济社会发展的中坚力量、实现高水平自立自强的关键力量，其创新能力将关系到国有经济和国有企业改革发展，乃至国民经济的高质量发展，对构建新发展格局、创新驱动发展、现代产业体系建设具有重要意义。提升国有企业创新能力，对发挥国有企业在国家创新上的带动和引领作用，从而加速实现科技自立自强的战略目标，加速构建以国内大循环为主体、国内国际双循环的新发展格局，实现高质量发展，更好地实现"十四五"规划宏伟蓝图具有重要意义。

本书通过系列指标多方面对国有企业创新能力情况做出了综合分析，表明国有企业在企业规模、创新投入、创新产出方面均落后于民营企业和外资企业，国有企业的创新能力和创新效率低，缺乏强烈的创新精神和创新激情，创新活动欠活跃，创新动力不充足，创新投入不足，创新产出落后，创新转化能力有待进一步提升。本章将进一步探究国有企业创新能力不足和创新效率低的原因，为提升国有企业创新能力和创新效率提供支持。

第一节 国有企业创新能力不足的成因

创新动力不足是阻碍国有企业创新的核心问题（邝金丽，2008）。在国有企业创新动力不足的问题上，余凤鬻（2008）认为，企业的创新动力不足主要是由竞争地位的不平等导致的，企业创新能力不强主要是由研发投入的不足导致的，企业把技术创新放在次要位置主要是追求近期利润导致的。李政（2013）发现那些具有市场垄断地位的国有企业无须自主创新仍能获取可观的利润，这导致国有企业创新动力不足。黄光跃（2016）对国有企业创新动力不足的原因进行了深入分析，认为行业性垄断、国有企业改革力度不足、知识产权保护缺乏和融资渠道受阻是国有企业创新动力不足的根源。吕玉辉（2010）从管理者的角度对国有企业创新动力不足的原因进行了深入分析，发现国有企业的管理者往往只追求企业的短期利益最大化，把企业绩效作为自己仕途的跳板，而忽略了国有企业的长远发展。

一 企业方面

企业是创新活动的主体，其创新动力来源于三个方面：生存压力、发展压力、获利压力。就一般竞争性企业而言，生存压力、发展压力、获利压力是其进行不断创新的动力，一般生存压力、发展压力、获利压力越大，企业的创新动力就越强烈。国有企业的特殊属性，决定着国有企业具有一些民营企业所不可替代的优势和作用，国有企业所面临的生存压力、发展压力、获利压力与一般竞争性企业不尽相同，但随着经济深化改革的不断推进，国有企业所面临的生存压力、发展压力、获利压力也越来越大。

（一）部分国有企业具有垄断地位

具有自然垄断或行政垄断性质、拥有国内市场支配地位的大型国有企业，无须不断创新也能获取可观的利润回报（李政，2013），因垄断利润的影响，国有企业从事技术进步和创新活动的积极性相对较低（王勇，2017），国有企业不面临着一般竞争性企业所面临的激烈的生存、发展、获利的竞争压力，市场竞争的优胜劣汰法则对于国有企业屡屡失灵，致使国有企业过分依靠非市场竞争，不对等的竞争地位导致国有企业缺乏创新的外部压力，从而使国有企业创新动力不充足、创新能力不强。

（二）国有企业市场主体地位不完善，改革不彻底

企业成为完整意义上的市场主体是开展创新活动的基本前提（赵秀丽，2013）。2015年《中共中央、国务院关于深化国有企业改革的指导意见》明确指出国有企业改革的五大基本原则：要求国有经济发挥主导作用，积极推进国有资本、集体资本、非公有资本等的交叉持股、相互融合；使国有企业真正成为依法自主经营、自负盈亏、自担风险、自我约束、自我发展的独立市场主体；确保国有资产保值增值；深入开展党风廉政建设，维护职工合法权益；正确处理好顶层设计和尊重基层创始精神的关系。在国有企业深化改革过程中，逐步形成和完善的国有资产管理体制、现代企业制度、市场化经营机制等，更加符合中国基本经济制度和社会主义市场经济发展的要求，国有企业已经不再是传统意义上的政企不分的经济单位，有些国有企业甚至已经成为社会主义市场经济中的独立法人实体和市场竞争主体。但也应看到，由于公司制和股份制改革的不彻底，相当多的国有企业不是完全意义上的市场主体，创新成果与企业经营班子的利益没有挂钩，企业创新仍然缺乏足够的内在动力（赵秀丽，2013）。

（三）国有企业特殊产权属性

产权性质差异是导致国有企业、私营企业和混合所有制企业技

术创新能力差异的主要原因，企业产权性质决定着企业的创新行为和创新绩效（吴延兵，2014），国有企业具有公有产权属性，国有企业经营者往往不是国有企业所有者，所以经营者的创新激励问题一直是国有企业创新发展的瓶颈。因为创新是一个长期过程，国有企业管理者在短期内无法获得因创新所带来的红利，所以更愿意完成短期政府目标从而获得政治晋升的机会。另外，创新本身就具有很大的风险性，这会增加国有企业管理者任职期间从事创新活动的成本，影响国有企业绩效，所以国有企业管理者不愿意或不敢承担创新风险，没有进行创新活动的动力（吴延兵，2012）。国有企业本身存在双重"委托代理"矛盾，即政府作为实际控制人和作为所有者的全体人民的矛盾，以及政府作为实际控制人和作为经营管理者的国有企业领导的矛盾，所有者没有退出投资的办法，作为经营者的领导人也没有利润分红作为激励手段，因此，国有企业没有充足的动力去提升创新能力，以获得由创新带来的效益（Tõnurist，2015）。国有企业的委托代理关系表现出代理链条过长、代理环节多等问题，这些问题容易导致下层代理人利用非对称信息，侵犯委托人利益而谋取自身利益的最大化。在信息不对称条件下，委托人的监督约束成本过高，也会影响企业的经济效益、创新活动决策和创新产出（杨瑞龙，1997）。国有企业的公有产权属性导致了国有企业管理者行为往往具有短期化特征，没有致力于激励有利于企业长期发展的技术创新，从而导致国有企业技术创新能力最弱（吴延兵，2014）。

二　企业家方面

企业家是企业开展创新活动的人格化代表，是企业创新活动的发起者和推动者。熊彼特理论特别强调企业家在创新活动中的主导地位，国有企业的"企业"与"国有"的双重性质，使国有企业管理者具有双重人格，并不是纯粹意义上的企业家。国有企业领导者所具有的企业家精神和国家对国有企业的考核所带来的压力或激励共同形成国有企业领导人的领导者意志（王海燕，2011）。熊彼特认为企业家是企业的灵魂，是一个特殊阶层，能够给企业带来质的变化，并指出"创新精神是一个企业家最为重要的特征"。企业家精神的本质，是企业家的行为所体现出的创新风险承担偏好和超前行动，是企业创新发展的动力源。

（一）委托—代理关系

根据委托—代理理论，国有企业作为委托人，国有企业管理者作为代理人，存在代理人与委托人目标不一致、委托人和代理人信息不对称等问题，且这种委托—代理关系不是双向的，不是存在相互制衡性的，而是单向的、具有强制性的，国有企业管理者只有接受某种委托，并不能采取有效的"反委托"措施（聂清凯，2004）。国有企业追求价值的最大化与利益的持续增加，而国有企业管理者追求的是个人利益的最大化，甚至会因为个人利益而损失公司利益。国有企业更加关注创新活动带来的长远发展，从长远来看，创新活动能给国有企业带来高利益和长远发展，但创新活动短期内并不能显著增加国有企业管理者的个人财富，如果开展创新活动，国有企业管理者需要承担创新活动的风险，因此，对于国有企业管理者个人，并不会重视创新活动（潘亚凡，2021）。国有企业管理者为规避创新活动风险，缺乏主动开展创新活动的主动性和积极性，缺乏企业家创新精神。总之，不同的目标，限制了国有企业管理者的企业家精神。

（二）"经理人"和"政治人"双重角色

国有企业的管理者通常同时具有"经理人"和"政治人"双重角色，也兼具企业家和政治家的双重身份，在其绩效考评、选拔任用机制方面，与企业创新绩效缺乏必要的关联（时彩舒，2018），政治晋升的激励使其选择不去承担风险性较大、回收期漫长、成功率较低的创新投资,而更愿意选择创造短期良好的经营业绩以取得政治晋升的机会,从而限制了自主创新的决策和动力(杨继生,2015;李莉等,2018)。而且作为"经理人",国有企业管理者并不拥有国有企业的剩余所有权,因此并不能获取创新成功所带来的收益(徐传谌、张行,2015)。国有企业实际上为官员所控制,其往往拥有很大的控制权,却没有相应的分红权,所以官员企业家更关注他们自身的政治目标和经济利益(Shleifer and Vishny,1997)。通常国有企业管理者的薪酬待遇受到政府的严格限制,且市场业绩对管理者考核的激励效果较小,导致国有企业高管在实施技术创新方面缺乏动力。一般由政府任命国有企业的主要高管,这就意味着国有企业的高管面临着企业经营绩效和社会效益的双重考验。这样的双重考验在很大程度上阻碍着国有企业高管投资高风险、长周期、高技术投入的创新活动的动力(冯根福等,2021),不利于激发国有企业管理者潜在的企业家精神。

综上,国有企业存在特殊的委托—代理关系,国有企业缺乏与市场环境相适应的选人用人机制、薪酬激励机制以及与企业发展情况相适应的绩效考核机制,致使国有企业管理者缺乏作为企业家的创新精神,致使国有企业缺乏开展创新活动的积极性和主动性。

三 研发人员方面

(一) 研发人员投入不足,缺乏创新领军人才

企业的创新活动归根到底是由人来完成的,人是参与国有企业自主创新活动的最主要的创新主体,对于创新活动配置专业的科研人员及有效的人才结构是决定创新活动成败的关键(房宏琳,2015)。相对于民营企业和外资企业,国有企业研发人员总量与之相差甚远,但国有企业研发人员中具备中级以上职称或博士学历(学位)的研

究人员占比较大，高素质人才投入较多，但大多数国有企业缺乏具有国际视野和能力的创新领军人物，使其创新缺乏前瞻性、引领性和颠覆性（李政，2013）。

（二）缺乏完善的创新活动奖励机制，难以释放创新积极性和活力

企业研发人员是创新活动的具体执行者和实践者，其创新意愿的强弱直接影响着企业创新活动的实际效果。企业研发人员的创新动机类似于企业家，他们作为个人，有获得个人奖励、晋升机会的物质愿望和实现个人价值的精神愿望等。相比民营企业和外资企业，国有企业研发人员的个人薪酬水平普遍较低，股权激励等激励措施尚不健全，通常受限于企业工资总额，激励手段比较单一，无法体现研发与技术人员的独特贡献，激励效果不明显（李政，2013）；缺乏完善的创新活动奖励机制，难以释放研发人员创新积极性和活力。由于国有企业研发人员晋升机会少，更难以进入国有企业的决策层，国有企业研发人员的创新动力受到很大限制，高素质、高能力研发人员很容易退出，而后进入提供高薪的外商公司和私营公司。国有企业传统的薪酬与激励机制已经不具备诱惑力，加上民营企业和外资企业大肆高薪"挖墙脚"，很容易造成国有企业研发人才的流失（徐传谌、张行，2015）。

第二节 联立方程模型

一 模型设计及变量说明

本节的联立方程模型由创新能力模型和创新效率模型两个方程组成。创新能力模型考察创新投入对创新产出的影响，创新产出作为解释变量嵌入创新效率模型；创新效率模型考察创新产出和吸收能力对创新效率的影响，创新效率也作为解释变量嵌入创新能力模型。通过以下联立方程模型，实证分析影响国有企业创新能力和创新效率的因素，同时，通过联立方程模型实证分析国有企业创新能力与创新效率之间的关系，即：

$$\ln NPA_t = \alpha_0 + \alpha_1 \ln NPSR_t + \alpha_2 \ln RD_t + \varepsilon_t \quad (4-1)$$

$$\ln NPSR_t = \beta_0 + \beta_1 \ln NPA_t + \beta_2 \ln DAE_t + \mu_t \quad (4-2)$$

由于联立方程模型中各变量指标数据单位不相同，为了减少异方差问题的影响，对模型中所有变量进行对数化处理。

式（4-1）为创新能力模型，旨在分析国有企业创新能力的影响因素。被解释变量 NPA_t 表示国有企业第 t 年的创新产出，用专利申请数度量；解释变量 $NPSR_t$ 表示国有企业第 t 年的创新效率，用新产品销售收入度量，其在联立方程模型系统中的另一个作用是作为创新效率模型中的被解释变量，即最终创新产出，将创新能力模型和创新效率模型连接起来；解释变量 RD_t 表示创新投入，用总研发支出表示，用来分析创新投入对创新产出的影响。

式（4-2）为创新效率模型，旨在分析国有企业创新能力对创新效率的影响，以及影响创新效率的因素。被解释变量表示国有企业第 t 年的创新效率，用新产品销售收入度量，其在联立方程模型系统中的另一个作用是作为创新效率模型中的被解释变量，即最终创新产出；解释变量 NPA_t 表示国有企业第 t 年的创新产出，用专利申请数度量，同时也是式（4-1）的被解释变量；解释变量 DAE_t 表示国有企业第 t 年的消化吸收情况，用消化吸收费用支出表示。

考虑到数据的可获得性和可对比性，本节采用2011—2020年规模以上国有企业的相关时间序列数据，实证分析国有企业创新能力影响因素，以及国有企业创新能力与创新效率的相互关系。联立方程模型中的变量数据均来源于相关年份《中国科技统计年鉴》，所采用的实证分析软件是EViews9.0（见表4-1）。

表4-1 联立方程模型中变量释义与说明

变量		释义	资料来源
内生变量	ln*NPA*	创新能力变量,表示国有企业创新产出情况,用专利申请数(个)表示	相关年份《中国科技统计年鉴》
	ln*NPSR*	创新效率变量,表示国有企业最终创新产出情况,用新产品销售收入(万元)表示	
外生变量	ln*RD*	创新投入变量,表示国有企业创新投入情况,用研发支出(万元)表示	
	ln*DAE*	消化吸收变量,用消化吸收费用支出(万元)表示	

二 内生性检验

为了确定国有企业创新能力与创新效率是否存在相互影响的关系,需要对联立方程模型中内生变量进行内生性检验,即检验方程的联立性。模型内生性检验的常用方法是 Hausman 检验,即设方程 $Y = \phi_0 + \phi_1 X + \omega$,现在要检验 X 是否为内生变量。将 X 分解为 $X = \hat{X} + \hat{\sigma}$,其中,$\hat{X}$ 为所有外生变量的线性组合,与扰动项无关;而 $\hat{\sigma}$ 与扰动项相关。考察方程 $Y = \phi_0 + \phi_1 \hat{X} + \pi \hat{\sigma} + \varepsilon$ 中 $\hat{\sigma}$ 的系数 π 的显著性情况,即:

$$\begin{cases} H_0: \pi = 0, \text{不显著,则无联立性} \\ H_1: \pi = 1, \text{显著,则有联立性} \end{cases} \quad (4-3)$$

内生变量创新能力 $\ln NPA_t$ 的内生性检验(Hausman 检验)的具体过程:首先以 $\ln NPA_t$ 作为被解释变量对联立方程模型中全部外生变量进行辅助回归,以获得 $\ln NPA_t$ 的估计值 $\widehat{\ln NPA_t}$ 和辅助回归模型的残差 resid,即:

$$\ln NPA_t = \gamma_0 + \gamma_1 \ln RD_t + \gamma_2 \ln DAE_t + \text{resid}_t \quad (4-4)$$

其次，将 $\ln NPA_t$ 的估计值 $\ln \widehat{NPA}_t$ 和辅助回归模型的残差 resid 引入式（4-2），即创新效率模型中，做辅助回归，通过 resid 的显著性情况判断变量的内生性，进而检验方程的联立性，即：

$$\ln NPSR_t = \varphi_0 + \varphi_1 \ln \widehat{NPA}_t + \varphi_2 \ln DAE_t + \varphi_3 \, resid_t + \epsilon_t \quad (4-5)$$

同样的方法对内生变量创新效率 $\ln NPSR_t$ 进行内生性检验，两个内生变量的检验结果如表 4-2 所示。

表 4-2 联立方程模型变量创新能力和创新效率的内生性检验结果

创新能力			创新效率		
检验变量	估计系数	P 值	检验变量	估计系数	P 值
resid	-5.555118**	0.0194	resid	0.325447***	0.0000

注：***、**分别表示在 1%、5% 的显著性水平下显著。

由内生变量创新能力 $\ln NPA_t$ 的内生性检验结果可知，resid 在 5% 的显著性水平下通过了显著性检验，说明 resid 的系数显著不为 0；内生变量创新效率的内生性检验结果显示，resid 在 1% 的显著性水平下通过了显著性检验，说明 resid 的系数显著不为 0，可以判断联立方程模型通过了 Hausman 内生性检验，采用联立方程模型可以更加准确地反映创新能力与创新效率之间的相互关系。

三 联立方程识别条件判定

在对联立方程模型进行估算之前，需要应用模型识别的阶条件和秩条件对联立方程模型的识别性进行判断。

联立方程模型识别的阶条件的基本思想是：不包含在结构型方程中，而包含在模型其他方程中的变量个数决定了一个结构型方程的识别，因此可以通过这类变量的个数来判断方程的识别性质。如

果一个模型中有 M 个方程,共有 M 个内生变量和 K 个前定变量,其中第 i 个方程包含 m_i 个内生变量和 k_i 个前定变量,当 $K-k_i \geq m_i-1$ 时,阶条件成立。由模型识别的阶条件可以判断:当 $K-k_i > m_i-1$ 时,第 i 个方程是过度识别的;当 $K-k_i = m_i-1$ 时,第 i 个方程是恰当识别的;当 $K-k_i < m_i-1$ 时,第 i 个方程是不可识别的。

联立方程模型识别的秩条件的基本思想是:在一个有 M 个内生变量、M 个方程的完整联立方程模型中,当且仅当一个方程中不包含但在其他方程中包含的变量(不论是内生变量还是外生变量)的结构参数,至少存在一个非零的 $M-1$ 阶行列式时,该方程是可识别的。

在以上联立方程中有 2 个内生变量(即 $M=2$),前定变量有 2 个(即 $K=2$),根据阶条件和秩条件,各方程识别情况如表 4-3 所示。

表 4-3 联立方程模型识别条件判定

方程	阶条件		秩条件	
方程 1 ($m=2$, $k=1$)	$K-k_1=1=m_1-1=1$	恰好识别	$R(A)=M-1=1$	恰好识别
方程 2 ($m=2$, $k=1$)	$K-k_1=1=m_1-1=1$	恰好识别	$R(A)=M-1=1$	恰好识别

由阶条件和秩条件可知,式(4-1)、式(4-2)均是恰当识别。

第三节 实证结果分析

本书选择广义矩估计方法(generalized method of moments,GMM)作为联立方程模型的估计方法,相对于两阶段最小二乘和极大似然等传统方法，只有模型满足某些假设时才显现良好性质的约束，GMM一方面在随机扰动项的异方差和自相关问题上要求不高；另一方面，无须得到随机扰动项的准确分布，因而该方法估计所得参数较为稳健（高铁梅，2017）。由于本书采用的是时间序列数据，在估计时选取的加权矩阵是HAC矩阵（席艳乐、李芊蕾，2013），其回归结果如表4-4所示。

表4-4 联立方程模型估计结果

变量	GMM 创新能力	GMM 创新绩效
常数项	5.289937*** (0.0049)	10.07644*** (0.0106)
$\ln NPA$		0.683980* (0.0648)
$\ln NPSR$	-0.408300** (0.0356)	
$\ln RD$	0.795043*** (0.0000)	
$\ln DAE$		0.067191* (0.0508)

注：***、**、*分别表示在1%、5%、10%的显著性水平下显著；括号里的数值为相应显著性水平下的P值。

一 创新能力方程

国有企业创新效率（$\ln NPSR$）对创新能力（$\ln NPA$）具有负效应，且在5%的显著性水平下显著。说明国有企业新产品销售收入的增加不利于国有企业创新活动的开展，国有企业缺乏持续开展创新活动的积极性和主动性，最终创新产出并不能反向激励其开展创新活动，激发其创新积极性，反而会使其安于现有的创新成果，不持续开展创新活动。

国有企业研发投入（lnRD）对创新能力（lnNPA）具有正效应，且在1%的显著性水平下显著。表明国有企业研发投入越多，专利申请数越多，国有企业创新能力越强。研发投入作为创新产出的基本物质资本投入，会促进创新能力的生成（孙晓华、李传杰，2009）。国有企业创新投入现状分析显示国有企业研发投入不足，本节实证分析结果验证了研发投入不足是导致国有企业创新能力薄弱的直接原因之一。

二 创新效率方程

国有企业技术创新能力（lnNPA）对创新效率（ln$NPSR$）具有正效应，且在10%的显著性水平下显著。国有企业创新能力与国有企业创新效率之间存在正相关性。国有企业在发展过程中，如果不断提高创新能力，那么企业的创新效率也会显著提高，并最终增强企业的市场竞争力。

国有企业消化吸收费用支出（lnDAE）对创新效率（ln$NPSR$）具有正效应，且在10%的显著性水平下显著。新的知识进入企业内部后只有通过成员的分享、转化并与内部已产生的知识进行整合后融入现有知识结构中才能发挥作用（Fosfuri and Tribo，2008）。国有企业消化吸收能力越强，即企业外部获取与消化的知识越多，越有可能有更多的新知识被其转化并应用于新产品的开发生产中（付敬，2013）。国有企业吸收能力正向影响一个企业在演化与不确定环境中的创新绩效水平。

第五章 研发外包促进国有企业创新能力提升的机制分析

第一节 问题的提出

服务外包的高速发展已经引起了我国政府的高度重视，而研发外包作为一种可以有效提升发包企业和承包企业双边创新能力的特殊服务外包形式，其重要性更加突出。党的十八大明确提出"实施创新驱动发展战略"，明确"科技创新是提升社会生产力和综合国力的战略支撑，必须摆在国家发展全局的核心位置"。2015年1月16日，《国务院关于促进服务外包产业加快发展的意见》明确提出，"近年来，我国服务外包产业规模扩大速度较快，同时产业结构不断优化，以中国服务外包示范城市为主体的产业聚集效应逐步增强。坚持改革创新，面向全球市场，加快发展高新技术、高附加值服务外包产业，鼓励大众创业、万众创新，推动从主要依靠低成本竞争向更多以智力投入取胜转变，对于推进结构调整，形成产业升级新支撑、外贸增长新亮点、现代服务业发展新引擎和扩大就业新渠道，具有重大意义。"由此可见，服务外包对我国改革创新的贡献已经被摆在了突出位置。"十三五"规划指出，要"以供给侧结构性改革为主线，扩大有效供给，满足有效需求，加快形成引领经济发展新常态的体制机制和发展方式"。当前，供给侧结构性改革有三大重要目标：通过"加法"和"减法"不断优化供给结构、通过创新驱动供给质量与效率的提高和以改革引领制度供给。"十四五"规划指出，要坚持创新在我国现代化建设全局中的核心地位，把科技自立自强作为国家发展的战略支撑。强化国家战略科技力量，要整合优化科技资源配置，推进科研院所、高等院校和企业科研力量优化配置和资源共享。

然而，现实中，很多企业的创新模式单一，狭隘地把"自主创新"理解为"内部化创新"，忽略了研发外包作为"外部化创新"的手段，是企业提升创新能力的一种有效且重要的实现方式，其重要性不可忽视。有必要系统性地研究研发外包现象，并借助研发外包来提升我国企业的创新能力，走创新驱动发展之路。

此外，尽管学术界和企业界普遍把研发视为企业"核心竞争力"的关键，而研发外包现象却蓬勃发展起来，并且大量实践表明，研发外包在短期内给企业带来创新能力和创新绩效提升的同时，也有利于企业培养长期的、最核心的自主创新能力。因此，很有必要综合地研究研发外包促进企业创新能力提升的现象。

第二节 理论框架与假设提出

通过文献综述对研发外包的作用机制有了初步了解，为了深入探究研发外包促进企业创新能力提升的内在机理，有必要从定量的角度进一步开展实证研究。本节从宏观角度，以2011—2020年国有企业、民营企业、外资企业的面板数据为依据，实证分析企业研发外包过程中发包企业的创新效应和知识学习机制。首先，根据内生增长理论和研发外包与企业创新能力和创新绩效之间的积极关系的其他研究提出相关理论假设；其次，采用相关年份《中国科技统计年鉴》2011—2020 年国有企业、民营企业、外资企业的创新投入产出的面板数据，通过建立宏观面板模型，实证检验理论假设，分析研发外包提升企业创新能力和创新绩效的内在机制。图 5-1 显示了本节研究的理论框架，表明研发外包对企业创新能力和创新绩效有直接的影响。同时，本节假设研发外包与企业创新能力和创新绩效之间的关系受到企业内部研发工作的吸收能力的影响。

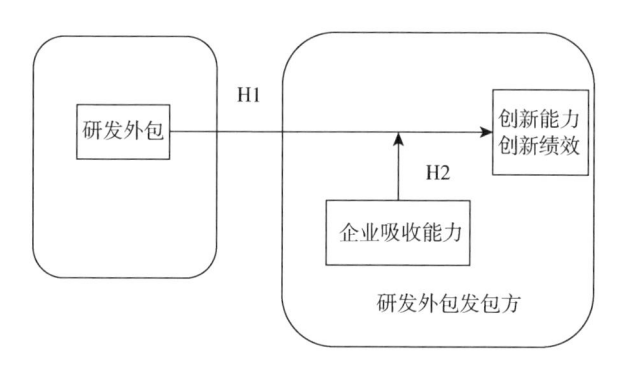

图 5-1　理论框架

一　研发外包对企业创新能力和创新绩效的影响

本节通过实证分析研究研发外包对企业绩效的直接影响。通过对有关实证研究研发外包效应的已有文献进行全面综述，发现研发外包对企业绩效的影响出现混合结果（Bergman，2011）。

第一种观点是研发外包增加了企业绩效。在回顾研发外包与企业绩效的关系的文献之前，本书建立了技术知识与企业绩效的关系，特别是研发外包通过外部实体增加企业基础知识的结果。

这种因果联系是基于企业技术变革的经济理论，如内生增长理论，表明企业的生产率增长是扩大技术知识的结果（Griliches，1986）。企业技术变革理论表明，创新是通过内部研发投资增加公司知识基础的结果（Collis，1994；Hall，1992；Lenox and King，2004；Pakes and Chankerman，1984；Schmidt，2010）。熊彼特理论假定研发是提高企业生产力的关键因素（Aghion and Howitt，1992；Mowery and Oxley，1995）。Mangematin 和 Nesta（1999）确定了绩效增长的三个主要来源：研发创新、技术转让和研发基础吸收能力。大量研究已经广泛地研究了公司的知识投资与其绩效之间的关系（Carter，1989；Collis，1994；Schmidt，2010）。

企业的技术知识也可以来自外部实体，包括合作项目和外包。Cohen 和 Levinthal（1990）指出企业随着内部知识和技术能力的不断扩大，也增强了吸收和利用外部知识的能力（Schmidt，2010）。同时，企业也可以采用各种策略来获取外部知识，如研发外包、研发联盟、研发合作和直接购买技术。因此，研发外包可以通过提高技术知识水平来积极影响企业绩效。因此，通过研发外包获得的外部知识可以通过提高技术知识水平来提高公司绩效。

许多学者经验性地研究了这种关系，第一种观点认为外部知识通过增加从外部专业知识获得的补充资源和技术能力来提高企业绩效（Chesbrough，2003；Kessler，et al.，2000；Nohria and Garcia-Pont，1991；Teece，1986；Tidd and Trewhella，1997；Yasuda，2005）。Bönte（2003）使用1980—1993年26个德国制造业样本，利用全要素生产率估算分析，研究了外部与内部研发投资对生产率的影响，其结果提供了强有力的证据表明，外部研发率与总研发和生产之间存在正相关关系。Bönte（2003）也使用行业层面的数据集研究了内部和外部研发的生产力影响，并发现了外部研发与生产力之间的积极关系。Guellec 等（2004）基于1980—1998年16个国家数据，实证分析研发外包对多因素生产率增长的长期影响，发现研发外包是决定长期生产力增长率的重要因素。Schmiedeberg（2008）通过德国制造业部门689个企业层面的数据，采用专利和新产品销售等客观绩效指标,回归分析发现合同研发与公司(发包方)的专利申请相关,其影响大于内部研发。

第二种观点是研发外包可能与公司绩效无关。Gilley 和 Rasheed(2000)、Kessler 等(2000)发现研发外包可能不会增加公司的盈利能力或绩效。Gilley 和 Rasheed(2000)利用 90 家制造企业的调查数据进行回归分析,发现绩效主要衡量人员的稳定性、流程创新、产品创新和员工薪酬。Kessler 等(2000)利用调查方法研究了美国不同产业的 10 家大型企业的 75 个新产品开发项目,根据每个企业的创新速度和项目竞争力的成功衡量绩效,发现在知识转移的基础上,外部资源对创新速度和竞争成功产生了负面影响。Cassiman 和 Veugelers(2002)根据中国台湾技术创新调查样本,采用归功于技术改进或公司新的营业额作为绩效衡量指标,研究外部技术采购对企业绩效的影响,通过回归分析发现外部技术外包对企业绩效没有显著影响。

总之,通过以上文献梳理发现,研发外包与企业绩效之间的关系的实证研究产生了不同的结果。在一些文献研究中,研发外包对企业绩效具有积极作用,但在另一部分文献研究中,如 Gilley 和 Rasheed(2000)、Kessler 等(2000)发现研发外包可能不会增加公司的盈利能力或绩效。这表明研发外包与企业绩效之间的关系尚未确定。

根据内生增长理论和研发外包与企业绩效之间的积极关系的其他研究,本书假设研发外包可以提高企业创新能力和创新绩效。

假设 1(H1-1):研发外包对企业创新能力具有正向影响。

假设 1(H1-2):研发外包对企业创新绩效具有正向影响。

二 内部吸收能力的调节效应

吸收能力被定义为"企业识别新的外部信息价值,吸收它并将其应用于商业目的的能力"（Cohen and Levinthal，1990）。这个概念反映了企业搜索和使用外部知识的能力。研发外包是企业获得外部知识的手段之一（Bertrand and Mol，2013；Nieto and Rodriguez，2011）。本书着重于这个概念，认为一个具有更高水平的外部知识使用能力和更高吸收能力的公司，将有更高水平的研发外包投入，以获得可用于市场上的、更有效的创新和竞争的外部知识。

当企业具有较高水平的吸收能力时，公司更有可能利用外部知识（Cohen and Levinthal，1990）。换句话说，为了成功地内部化外部知识，企业必须拥有足够的能力去理解它，并将其与当前的知识相结合（Clausen，2013；Mellat-Parast and Digman，2008；Schneider，1987；Tsai，2001）。在这方面，许多研究发现，高水平的吸收能力增强了公司的竞争优势，并带来了积极的结果，如学习外部知识、创新新产品和流程以及增加财务绩效（George 等，2001；Mellat-Parast and Digman，2008；Mowery 等，1996；Spanos and Voudouris，2009）。

许多学者研究了企业整合外部知识的吸收能力对企业绩效的调节作用（Jones 等，2001；Tsai and Wang，2008；Zahra and Hayton，2008）。分析吸收能力对公司绩效的直接影响和调节作用时，以内部研发投资相对于销售额的强度作为吸收能力的代表（Cohen and Levinthal，1990；Escribano，2009；Jones 等，2001；Lin 等，2012；Tsai and Wang，2008）。与此相关，Kessler 等（2000）认为研发外包实际上是外部学习的过程。在学习和利用外部技术知识的过程中，内部研发工作对加强该过程起着积极作用（Cohen and Levinthal，1989；Kim，1999；Lane and Lubatkin，1998）。Zahra 和 Hayton（2008）基于217家全球制造业公司的数据指出，吸收能力调节了外部知识水平与企业绩效之间的关系。

这些研究结果为本书分析企业内部研发的吸收能力对研发外包与创新开发能力、创新效益关系的调节作用提供了重要的基础。为了研究这种关系，在以下假设中总结了这些想法：

假设 2（H2-1）：内部研发工作的吸收能力在调节研发外包对企业创新能力的影响方面发挥了重要作用。

假设 2（H2-2）：内部研发工作的吸收能力在调节研发外包对企业创新绩效的影响方面发挥了重要作用。

第三节 研究设计

一 变量选择及模型设定

首先对实证分析中使用的变量进行如下定义。

（一）被解释变量：企业创新能力、创新绩效

作为被解释变量（因变量）的企业创新能力以企业专利申请数计量，因为研发外包的目的是通过开放式创新提升创新能力，获得更多的新技术，提升企业自身竞争力。

作为被解释变量（因变量）的企业创新绩效以企业新产品销售收入计量，因为研发外包的最终目的是通过开发新技术和新产品来提高销售额。

（二）解释变量：研发外包、企业吸收能力

研发外包是一个独立的变量（主要自变量），由研发外包投入额衡量。Cassiman 和 Veugelers（2006）、Cohen 和 Levinthal（1990）等通过内部研发投资来衡量企业的吸收能力。首先，内部研发为企业提供了改变外部知识的能力，特别是研发外包所获得的知识（Grimpe and Kaiser，2010）。积极从事内部研发计划的公司将能够更好地了解公司现有技术状况（Teece，1986）以及企业技术的局限性和潜力。因此，企业可以更好地了解研发外包所获得的知识，并将其与内部研发相结合，实现更高水平的创新。其次，投资于内部研发的企业可能会更好地了解如何从研发外包所获得的知识中获取更多的价值。它不仅可以将外部研发知识的概念和想法转化为背后的潜在逻辑和原因，还可以进一步推动创新过程（Alvaro Cuervo-Cazurra，María Jesús Nieto，Alicia Rodríguez，2017）。本书将以企业内部研发投入规模代表企业的吸收能力水平（见表5-1）。

表 5-1　　　　　　　　变量的定义和资料来源

变量		模型符号	计量方法	资料来源
被解释变量	创新能力	Innovation Capability	专利申请数量（个）	相关年份《中国科技统计年鉴》
	创新绩效	Innovation Efficiency	新产品销售收入（万元）	
解释变量	研发外包	R&D Outsourcing	外部研发投入（万元）	
	企业吸收能力	Absorprive Capability	内部研发投入（万元）	

根据研究目的将模型设定如下。

模型1：

$$Innovation\ Capability_{it} = \alpha_0 + \alpha_1 R\&D\ Outsourcing_{it} + \alpha_2 Absorptive\ Capability_{it} + \varepsilon_{it}$$

通过模型1检验假设1（H1-1）以及假设2（H2-1）。

模型2：

$$Innovation\ Efficiency_{it} = \beta_0 + \beta_1 R\&D\ Outsourcing_{it} + \beta_2 Absorptive\ Capability_{it} + \omega_{it}$$

通过模型2验证假设1（H1-2）以及假设2（H2-2）。

二　实证结果分析

本节采用2011—2020年的3种所有制性质的企业的宏观面板

数据，对研发外包是否影响企业创新能力和创新绩效进行了实证分析。通过 EView 9.0 软件对模型进行回归分析，首先通过 F 检验应该建立混合效应模型还是固定效应模型，检验结果如表 5-2、表 5-3 所示。

表 5-2　　　　模型 1-F 检验的 EViews 9.0 输出结果

效应检测	统计量	自由度	概率
横截面 F 值	10.907249	(2, 25)	0.0004
横截面卡方值	18.819513	2	0.0001

表 5-3　　　　模型 2-F 检验的 EViews 9.0 输出结果

效应检测	统计量	自由度	概率
横截面 F 值	86.796308	(2, 25)	0.0000
横截面卡方值	62.171392	2	0.0000

因为模型 1 和模型 2 的 F 检验和 LR 检验相对应的 P 值都小于 0.01，结论是在 1% 的显著性水平下推翻建立混合效应模型的原假设，所以模型 1 和模型 2 应该建立固定效应模型。

其次，通过 H 检验（Hausman 检验）确定模型类型（建立个体固定效应模型还是个体随机效应模型）检验结果如表 5-4、表 5-5 所示。

表 5-4　　　　模型 1-H 检验的 EViews 9.0 输出结果

综合测试	卡方统计量	卡方自由度	概率
横截面随机	21.814497	2	0.0000

表 5-5　　　　模型 2-H 检验的 EViews 9.0 输出结果

综合测试	卡方统计量	卡方自由度	概率
横截面随机	173.592615	2	0.0000

模型1和模型2的H检验相对应的P值小于0.01,结论是在1%的显著性水平下推翻建立个体随机效应模型的原假设,所以模型1和模型2应建立个体固定效应模型。估计结果如表5-6所示。

表5-6　　　　模型1和模型2个体固定效应模型估计结果

变量	模型1	模型2
常数项（截距）	-55375.19*** (0.0001)	19794966** (0.0469)
研发外包	0.048182** (0.0116)	16.05454* (0.0975)
企业吸收能力	0.005930*** (0.0001)	13.45149*** (0.0000)

注：***、**、*分别表示在1%、5%、10%的显著性水平下显著；括号里的数值为相应显著性水平下的P值。

由模型1的估算结果可以看出,研发外包的回归系数为0.048182,且在5%的显著性水平下显著,说明研发外包对企业创新能力的提升具有正效应,验证了假设1（H1-1）,研发外包投入强度越大,企业专利申请数越多,平均来说研发外包投入每增加1万元,专利申请数将增加0.048182个；企业吸收能力的回归系数为0.005930,且在1%的显著性水平下显著,表明企业吸收能力正向影响企业创新能力,验证了假设1（H1-2）,平均来说内部研发投入每增加1万元,专利申请数将增加0.005930个。企业吸收能力对企业创新能力的正向影响来源于两个方面：一方面是企业内部研发投入对企业创新能力的直接正向作用；另一方面是企业吸收能力的调节作用。外部研发投入对企业创新能力的影响大于内部研发投入的影响,即相对于内部研发,研发外包对企业创新能力的提升影响更大。

由模型2的回归结果可知,研发外包的回归系数为16.05454,

且在10%的显著性水平下显著,说明研发外包对创新绩效具有正效应,验证了假设2(H2-1);企业吸收能力的回归系数为13.45149,且在1%的显著性水平下显著,表明企业吸收能力正向影响企业创新绩效,验证了假设2(H2-2)。外部研发投入对创新绩效的影响大于内部研发投入的影响。

第六章 基于研发外包的国有企业外部化创新能力研究
——来自医药制造企业的微观证据

第一节 研究背景和提出问题

一 研究背景

(一) 医药产业的重要性

医药产业由生物技术产业和医药产业共同构成，融一二三产业为一体，是高科技产业，也是一种以传统文化与现代工业为一体的产业，它的发展状况将直接关系到人们的生命健康和国民经济的发展。制药工业在保障和提高人民健康、提升人民生活质量、救灾防疫、军需战备、推动经济、社会发展等方面属于重中之重。在新冠疫情继续笼罩全球和人口老龄化的双重背景下，与人民生命健康息息相关的医药产业的持续创新尤为重要，医药产业是国家战略性新兴产业，是国民经济的重要组成部分。2021年，医药卫生体制改革不断深化，创新环境持续改善，医药产业持续向转型升级、鼓励创新的高质量发展方向迈进。2020年，中国总人口数为141212万，其中65岁及以上人口数为19064万，约占总人口的13.50%，老龄化率[①]高达

[①] 老龄化率=65岁及以上人口年增长率/总人口年增长率。

50.46%，老龄化问题严重（见表6-1）。虽然2016年出台了鼓励生育的"二孩政策"，2021年出台了"三孩政策"，但实施效果有限，同时自2019年年底新冠疫情暴发，并持续反复，面临健康和经济等多重压力，适龄人群的生育意愿持续走低，人口老龄化趋势难以逆转，人群总体的医药需求将持续扩大。

表6-1　　　　　2010—2020年中国总人口和老龄化情况

年份	2010	2011	2012	2013	2014	2015	2016	2017	2018	2019	2020
总人口（万人）	134091	134735	135404	136072	136782	137462	138271	139008	139538	141008	141212
65岁及以上人口（万人）	11894	12288	12714	13161	13755	14386	15003	15831	16658	17767	19064
65岁及以上人口占比（%）	8.87	9.12	9.39	9.67	10.06	10.47	10.85	11.39	11.94	12.60	13.50
老龄化率（%）	10.81	6.90	6.98	7.13	8.65	9.23	7.29	10.35	13.70	6.32	50.46

资料来源：根据国家统计局相关数据整理所得。

2010—2020年，中国人均卫生费用从1490元增长至5112元，11年增长了约2.43倍，年均环比增长率达13.75%，远高于人均国内生产总值的增长速度。2020年，中国卫生总费用达72175亿元，占国内生产总值的比重为7.12%，且2010—2020年中国卫生总费用占中国国内生产总值的比重呈稳定增长状态（见表6-2）。

表6-2　　　　　2010—2020年中国卫生费用情况

年份	2010	2011	2012	2013	2014	2015	2016	2017	2018	2019	2020
卫生总费用（亿元）	19980	24346	28119	31669	35312	40975	46345	52598	59122	65841	72175

续表

年份	2010	2011	2012	2013	2014	2015	2016	2017	2018	2019	2020
国内生产总值（亿元）	412119	487940	538580	592963	641281	685993	740061	820754	900310	986515	1013567
占比（%）	4.85	4.99	5.22	5.34	5.51	5.97	6.26	6.41	6.57	6.67	7.12
人均卫生费用（元）	1490	1807	2077	2327	2582	2981	3352	3784	4237	4669	5112

资料来源：根据国家统计局和国家卫计委相关数据整理所得。

随着老龄化问题的日趋严重和人们对生活质量要求的提高，社会大众对医疗服务水平和药物质量的要求越来越高，需求越来越大，中国蕴含了庞大的医疗市场机会。医药产业的发展情况将决定医疗服务水平和药物质量，其发展不仅关系到国家和区域经济发展水平的提高、区域竞争力的加强，更是关系到人类的身体健康和生命安全。生物医药产业作为高科技产业之一，世界多数国家将其作为新的国家经济增长点，因此，生物医药产业被世界上许多国家誉为21世纪最具成长性和国际竞争力的新兴产业（崔华，2011；Bibby, et al., 2003；Ronald，2007；汪波，2010）。中国在《国家中长期科学和技术发展规划纲要（2006—2020年）》中明确指出将医药产业作为前沿和重点发展的产业之一。中国国内在医药领域的投资持续增加，中国医药市场规模不断扩大，已经位居全球第二名。2012—2018年医药产业增速持续较快，但由于新冠疫情，近两年中国医药制药业增长速度减缓。如表6-3所示，2012年中国医药制药业营业收入为12793亿元，2020年中国医药制药业营业收入达27960亿元，其间复合增长率达10.27%，同期（2012—2020年）国内生产总值的期间复合增长率为8.26%，我国医药产业一直以相对高于GDP的增长速度快速发展，成为全球药品消费增速最快的地区之一，发展潜力巨大。医药产业已成为中国经济增长的中坚力量。

表 6-3 2012—2020 年中国医药制药业情况

年份	医药制药业 营业收入（亿元）	增长率（%）	国内生产总值 GDP（亿元）	增长率（%）
2012	12793	20.10	537329	11.16
2013	15083	17.90	588141	9.46
2014	17059	13.10	642098	9.17
2015	18594	9.00	683391	6.43
2016	20435	9.90	737074	7.86
2017	22928	12.20	820100	11.26
2018	25840	12.70	896916	9.37
2019	26147	1.19	986515	9.99
2020	27960	6.93	1013567	2.74

资料来源：根据国家统计局和 Wind 数据库相关数据整理所得。

医药产业的快速发展源于国民需求的增大，以及对高质量的要求，医药企业只有不断进行新药研发才能满足国民需求，实现医药产业的持续快速发展，而创新研发是可持续发展的原动力。

（二）医药研发和研发外包

医药产业作为我国战略性新兴产业的重要组成部分，其发展对增强综合国力以及提高国民健康福利具有重要意义。加快培育生物医药产业，是我国全面建设创新型国家的重大举措（潘红玉等，2017）。从 2005 年年底国家提出建设创新型国家之后，我国医药研发面临着创新转型，新药研发从仿制到创新的步伐也在加速，我国的新药研发从此进入了高速发展的阶段（贺雪蓉，2010）。而且，中国政府已经开展了多轮政策改革，以促进医疗创新，特别是国务院于 2015 年推出了"中国制造 2025"的计划，确定了十大战略性发展领域作为政府持续支持的重点，其中包含生物医药及高性能医疗器械行业，旨在提高中国的创新速度以及制造业水平，提高创新能力和产业化水平，实现新技术的突破和应用。2017 年 10 月 8 日，中共中央办公厅、国务院办公厅印发的《关于深化审评审批制度改革鼓励药品医疗器械创新的意见》要求企业发挥创新主体的作用，增加研发投入，促进科技成果的转化（赵丹、颜建周、邵蓉，2018；陈颖、王广平、易八贤，2017）。创新对医药产业的可持续发展起着决定性作用（潘红玉等，2017），而中国医药创新的历史不长，概而言之，自中华人民共和国成立之初，人民群众面临缺医短药的局面，医药产业从零起步，经历了三个阶段：第一，以仿制药为主，解决临床的问题；第二，仿制药和创新药结合，经济的快速发展迫切需要药物的创新更迭，自2000年中国加入WTO，中国医药企业和国际医药企业的竞争越来越激烈，越来越多的医药企业开始投身于创新药行列，不仅让人民群众用上了更便宜的药物，而且促进了医药产业的整体发展；第三，创新药方兴未艾，国内创新药领域处于早期起步阶段，成长空间极大。创新药的研发不仅是医学、化学、生物技术、计算科学等高科技的集成，同时也是长周期、高投入、高风险、高技术、高回报的产业，高风险为创新药的突破创新和产业化带来了巨大挑战。医药产业作为知识密集型产业之一，创新研发活动所需的知识变得越来越复杂，研发成功率也越来越低，新药研发的成本正在以恒定的速度上涨（HU，Scherngell，Qiu，2015）。自1970年以来，药品的开发费用一直在增加。据Credit Suisse公司的相关调查显示，20世纪70年代，单一药品的研发费用约为1.79亿美金，而在21世纪初期，单一药品的研发费用高达25.58亿美元，这个研发费用在40年内增长了约13倍。许多制药公司寻求新的研发模式是为了降低研发成本，提高研发效率，因此，研发外包无疑是最好的选择（高丹，2010）。医药研发外包作为一种新的医药研发模式，具有提高资金运用效率、转移和分散研发风险、缩短研发和新药上市周期等优势（Piachaud，2002），在医药研发中被越来越多的医药企业重视。面对不断增长的研发费用和面临专利壁垒的压力,医药企业为降低产品研发费用会更倾向于研发外包,新药研发流程和研发外包服务的关系如图6-1所示。

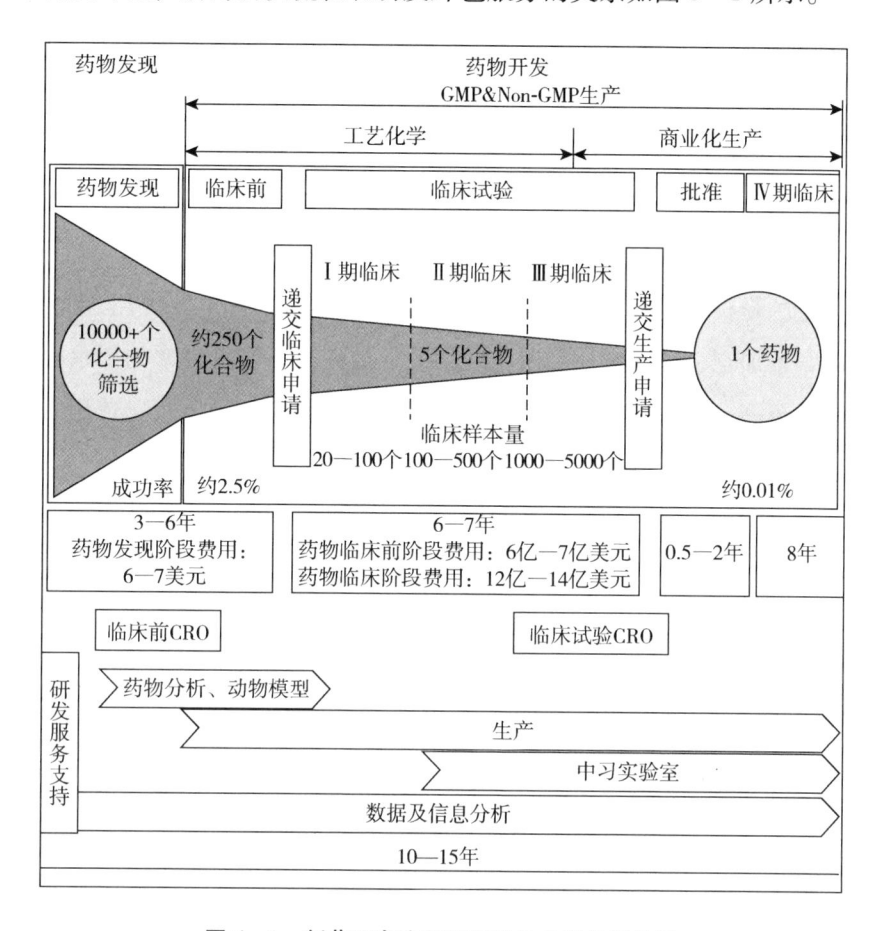

图6-1 新药研发流程和研发外包服务的关系

资料来源:康龙化成招股说明书,天风证券研究所。

药物开发是医药企业建立核心能力、实现可持续发展的重要环节,不仅需要投入大量的资本、时间等,还需要高技术设备、高技术人才等,但是,因其发展周期比较长,带来的风险也很高。以化学药物的开发为例,整个流程为:药物发现—药物研究—临床研究—临床审批—药品上市。德勤的研究发现,2010年新药研发平均花费 11.9 亿美元，2018 年已经达到 21.7 亿美元，从实验室发现到进入市场，平均花费 10—15 年，但研发失败的风险是非常高的，在 5000—10000 个能进入药物开发管道的先导化合物中，最后只有 1 个能够得到监管部门的批准；另外，新药通常只有 20 年的专利保护期，研发周期越长，研发费用越高，上市后的专利使用期也就越短，其收益也会随之降低。所以，医药企业必须在缩短研发周期、提高研发效率的同时，控制研发成本，降低风险。此外，研发药品数量的增长，以及美国 FDA 等全球新药的加速上市，使药品市场的竞争加剧，公司对药品研发费用的掌控和提高研发效率的要求也越来越高，因此，寻找外包服务是提高生产效率、降低研发费用的一种行之有效的方式。

鉴于此，对医药研发外包的研究是必要的，通过研发外包增强中国医药企业的创新能力，进而增强中国医药企业的国际竞争力，实现中国经济的创新驱动发展，建设创新型国家。

二 提出问题

学术界和企业界普遍把研发视为企业"核心竞争力"的关键，但研发外包现象却蓬勃发展起来，特别是在医药等高技术产业领域。而且大量实践表明，研发外包在短期内给企业带来创新能力和创新绩效提升的同时，也有利于企业培养长期的、最核心的自主创新能力。因此，很有必要综合地研究研发外包促进国有企业及其他所有制企业创新能力提升的现象。加之，全球正处在百年未有之大变局中，新冠疫情对全球社会经济政治产生深远影响，国有企业理应在推进国家现代化过程中发挥示范作用，必须勇担创新重任，强化自主创新，提升企业核心竞争力，主动引领和推动我国经济持续健康发展。国有企业作为创新驱动发展战略的主要执行者、国家创新体系的重要主体、经济社会发展的中坚力量、实现高水平自立自强的关键力量，其创新能力的提升将关系到国有经济和国有企业改革发展，乃至国民经济的高质量发展，对构建新发展格局、创新驱动发展、建设现代产业体系具有重要意义。同时，提升国有企业创新能力，对发挥国有企业在国家创新上的带动和引领作用，加速实现科技自立自强的战略目标，加速构建以国内大循环为主体、国内国际双循环的新发展格局，实现高质量发展，更好地实现"十四五"规划宏伟蓝图具有重要意义。

同时，在新冠疫情和人口老龄化的双重背景下，与人民生命健康息息相关的医药产业的持续创新尤为重要，医药产业是国家战略性新兴产业，是国民经济的重要组成部分。2021 年，医药卫生体制改革不断深化，创新环境持续改善，医药产业持续向转型升级、鼓励创新的高质量发展方向迈进。因此，在宏观角度综合地研究研发外包促进企业提升创新能力的基础上，以医药产业为例，基于中观行业角度和微观企业角度，全面系统地研究研发外包对国有医药企业及其他所有制医药企业创新能力和创新绩效的影响更具有实践意义。

三 文献综述

医药产业与国家和人民的生活息息相关，人们的生活品质与其发展有着密切的联系。医药消费关系到人们的生命和健康，产业的周期性特征并不显著。在人们健康意识不断提升、政府医疗卫生投资不断增加和人口老龄化不断深化的过程中，人们对药品的整体需求将会增加，从而促进药品产业的发展。作为一种高科技产业，医药研发是医药产业发展的原动力，而医药研发具有技术性强、研发周期长、资金投入高、成功率低等特点，是一项高风险的研发活动，因此，独立进行研发创新对医药企业并不是最优的选择。医药研发外包作为一种新的医药研发模式，具有提高资金运用效率、转移和分散研发风险、缩短研发和新药上市周期等优势（Piachaud，2002；高丹，2010），在医药研发中被越来越多的医药企业重视。

医药研发外包，即医药合同研究组织（contract research organization，CRO），其主要功能是通过合同研究的形式向制药企业提供新药研究服务，实质上是服务于医药企业研发端的外包行为。研发主体是为研发活动外部化的企业提供产品研发和服务的机构，承接外包是研发主体的主要经济行为之一（郭莹、钱珊珊、刘皓，2010）。我国《药品临床试验管理规范》将CRO定义为一种学术性或商业性的科学机构，申办者可委托其执行临床试验中的某些工作和任务。CRO萌生于20世纪70年代，80年代末在美国、欧盟等国家迅猛发展，90年代已成为医药产业链中的重要组成部分，近十几年的发展速度更为惊人，已渐渐渗透于发展中国家的制药行业中（蒋洪超，2013）。而且医药产业能够推动医疗、医药、农业以及工业等行业及产业的加速发展，同时我国各类科研机构和高校对生物医药产业的重视程度正在逐渐加深，一些相关问题更是成为国内学者研究的热点。

Griggs（1993）、Taafe（1996）、Vogel和Getz（1997）等指出驱动医药企业进行研发外包的八种因素：固定成本可转变为可变成本；可减少研发人员的雇佣；加速研发速度，缩短新药上市时间；终止弱势项目；企业研发能力不足；全球医药市场的发展需求；可通过CRO借助世界医药研发技术；获取研发医药技术的同时，不需要在医药研发所需的新设备上花费人力财力。CRO能够推动医药研发进程（Heather Fraser，Isabelle Pontille，1996）。Piachaud（2002）发现医药企业进行研发外包的三大因素：保持研发灵活性，专注核心能力，转移研发风险。

高丹（2010）指出CRO具有以下优势：提高资金运用效率，分担研发风险，缩短研发和新药上市周期，打破生物医药行业界限。黄洲萍（2008）认为在医药科技园区内建立CRO，不仅可为园区内的医药企业提供专业、高效的技术和服务，也可以推进中国医药产业的国际化进程。

邱家学、袁方（2006）则根据已有的有关外包的研究，将医药研发外包划分为三种模式：效率模式、能力模式、战略模式。阿丽塔、田玲（2008）将中国的CRO划分为三类，即符合药物非临床研究质量管理规范的新药安全评测中心、跨国CRO在中国的分支机构、合资型CRO等，并从生物医药研发外包模式角度进行研究。

梅健等（2004）表明中国具有CRO发展前景，而且CRO的发展将推动中国医药产业更好更快发展；王迪（2006）认为生物医药研发外包模式更加适合于中型医药企业；于龙君（2009）通过Logistic模型研究生物医药企业研发外包中的信任行为，并运用进化博弈论探究影响生物医药企业与CRO之间合作关系的因素。罗琪（2010）对发达国家将医药研发外包至中国的动因和中国CRO发展现状进行了研究。

以上文献对医药研发外包的优势、驱动因素、发展模式以及中国CRO发展现状等方面进行了研究，但多是基于一个角度进行的理论研究，并没有对医药研发外包做一个系统的理论论述，更缺少对医药研发外包的实证研究。因此，本章将首先从中观角度即产业角度，对中国CRO市场发展对中国医药产业的影响进行实证分析。其次，基于微观角度即企业角度，对研发外包是否影响国有企业创新能力和绩效进行实证分析。最后，通过Probit离散选择模型，对医药企业选择研发外包的影响因素，特别是国有属性对医药企业选择研发外包的概率问题进行分析。

第二节 医药市场和CRO市场现状

新时代给医药创新带来了前所未有的机遇和空间，也赋予了新的使命和课题。与国际主流相比，中国医药企业的发展差距与挑战依然存在。随着中国加入ICH以及市场开放的不断深入，市场竞争变得越发激烈。中国医药企业必须以前瞻的眼光和国际标准，不断提升研发能力和国际竞争力，在竞争中成长和成熟。包括政府和行业在内的利益各方，需要更紧密协作，共同创造更好的创新环境，携手不断提高创新药的可及性，从而更好满足患者日益增长的需求。

据世界银行数据，2020年，世界人口总计776393万人，65岁及以上世界人口总计72204万人；2020年，中国人口总计141212万人，占世界人口的18.19%，中国65岁及以上人口总计19064万人，占65岁及以上世界人口的26.40%（见图6-2）。2010—2020年，世界人口平均增长率为1.17%，65岁及以上世界人口平均增长率为3.09%；中国人口平均增长率为0.50%，65岁及以上中国人口平均增长率为4.40%。由此可知，世界人口增长率稳定但略有下降，65岁及以上世界人口增长率稳定上升，且大于世界人口增长率，世界人口老龄化加速。中国作为名副其实的人口大国，拥有世界约1/5的人口，更是名副其实的老龄化人口大国，拥有世界约1/4的65岁及以上的人口，人口老龄化问题严重。老年人是医疗需求最强烈的群体，人口结构的老龄化变化将致使医药需求和消费快速攀升，产业发展潜力大。

全球人口基数不断增大，且老龄化程度加剧，医药市场需求扩大，医药产业研发投入不断增大，驱动全球医药市场快速发展。

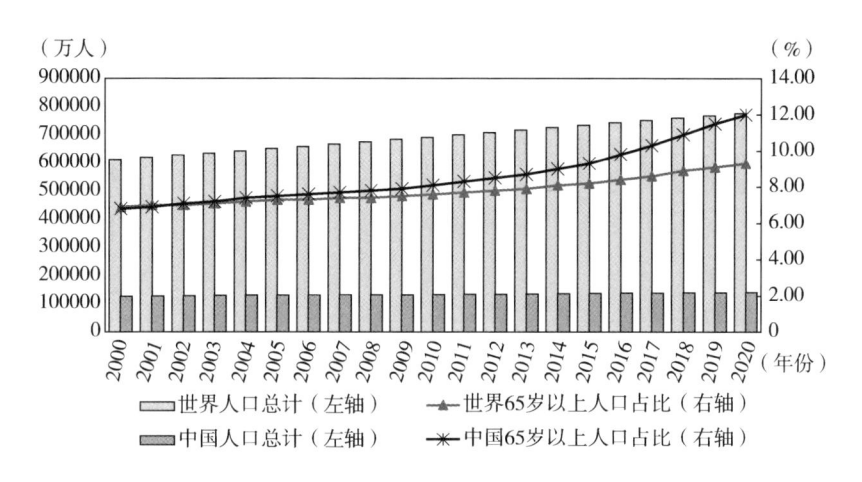

图 6-2　2000—2020 年中国和世界人口及老龄化情况

资料来源：根据世界银行相关数据整理绘制所得。

一　世界医药市场及医药研发概况

（一）世界医药产业市场潜力巨大，增长稳定；化学药占主导地位，但市场份额递减

主要受人口老龄化程度加剧及预期寿命延长、支付能力提高等因素的影响，世界医药市场规模不断扩大，据 Frost & Sullivan 数据显示，2012—2020 年，世界医药市场规模稳步增长，从 2012 年的 9620 亿美元增长至 2020 年的 12988 亿美元，复合增长率约为 3.82%（见图 6-3）。

世界医药市场由化学药和生物药两大板块组成，化学药由于服用便利、合成工艺稳定、价格相较于生物药具有明显优势，一直占据着医药市场的绝大部分。2012 年，世界化学药市场规模为 7978 亿美元，占世界医药市场规模的 82.93%；2020 年，世界化学药市场规模为 10009 亿美元，占世界医药市场规模的 77.06%。2012—

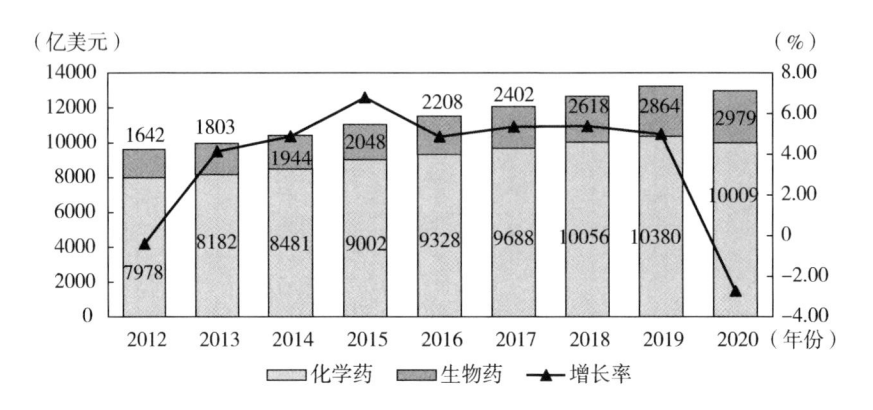

图 6-3 2012—2020 年世界医药市场规模

资料来源：Frost & Sullivan。

2020年，世界化学药市场规模复合增长率约为2.88%，未来化学药仍将保持长期稳定增长，但其占据世界医药市场规模的比重将随着生物药的快速发展而逐渐下降。2012—2020年，世界生物药市场规模复合增长率高达7.73%，增速大于世界医药市场规模以及世界化学药市场规模的增速。

（二）世界医药产业市场集中度高，美国仍是最大的世界医药市场，中国医药市场全球份额逐渐提升

世界医药产业市场集中度高，美国是世界上最大的医药市场。2012年，美国、欧盟5国、日本和中国占据同期世界医药市场的份额为66.91%，中国医药市场规模居世界第四位。2020年，美国、欧盟5国、日本和中国占据同期世界医药市场的份额为70.19%，市场集中度进一步增强，中国医药市场规模居世界第三位，市场份额从2012年的8.00%发展至2020年的11.34%（见图6-4）。

世界医药市场格局正在发生改变，美国和中国医药市场份额逐渐增大，欧盟5国和日本市场份额递减，2012—2020年，世界医药产业主要市场复合增长率如表6-4所示。随着经济增长以及老龄

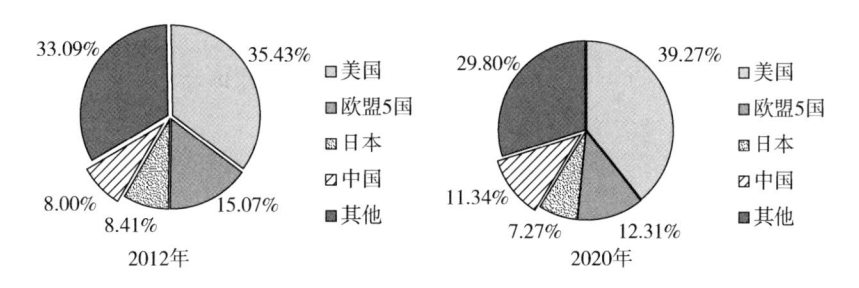

图 6-4　2012 年和 2020 年世界医药市场分布

注：因数据进行四舍五入处理，图中百分比相加可能不等于 100%。

资料来源：IMS Health、Frost&Sullivan。

化趋势增强，中国医药需求骤增，医药产业市场进入高速发展阶段，2012—2020 年，中国医药市场复合增长率为 10.91%，显著高于其他主要医药市场，发展势头迅猛。

表 6-4　2012—2020 年世界医药产业主要市场复合增长率

单位：%

2012—2020 年复合增长率	美国	欧盟 5 国	日本	中国	其他
	6.47	1.18	2.15	10.91	2.85

资料来源：IMS Health、Frost & Sullivan。

（三）世界医药研发投入不断攀升，但其增长速度不及世界医药市场发展速度

如图 6-5 所示，世界医药研发投入从 2012 年的 1322 亿美元增长至 2020 年的 1880 亿美元，复合增长率为 4.50%。世界医药研发投入随着医药市场的发展而不断增加，但其增长速度低于世界医药市场的发展速度，而且世界医药研发投入占世界医药市场规模的比重呈线性递减，其占比已从 2012 年的 13.74% 降至 2018 年的 11.90%。由于新冠疫情暴发并持续反复，近两年世界医药研发

投入迅速增加，其增长速度高于世界医药市场的发展速度。同时，世界医药研发投入占世界医药市场规模的比重增长，从2018年的12.51%增长到2020年的14.47%。

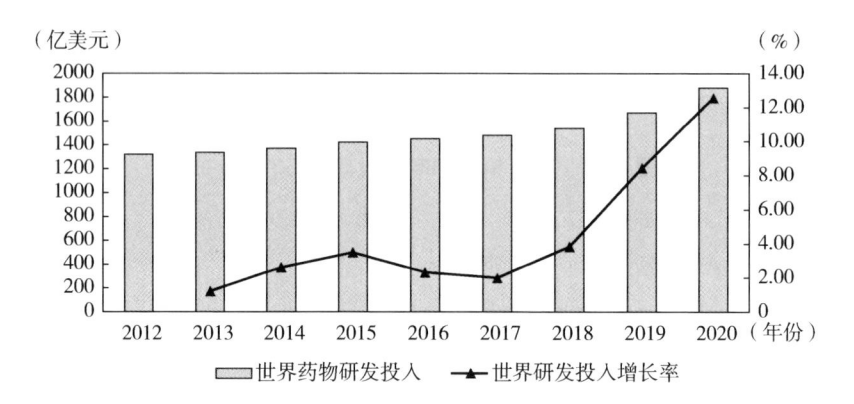

图6-5 2012—2020年世界医药研发投入

资料来源：Evaluate Pharma。

（四）世界 CRO 市场规模持续增长

伴随着研发成本增加、研发周期增长、研发成功率过低，以及专利悬崖和研发人才不足的多重压力，越来越多的医药企业在研发创新过程中选择借助外部资源，即通过研发外包来降低研发成本，提高研发效率。世界医药研发外包市场规模持续增长，2012—2020年，世界医药研发外包市场规模从260亿美元增长至575亿美元，复合增长率为10.43%，超过了世界医药研发投入增长率和世界医药市场发展速度（见图6-6）。

因为 CRO 不仅可以缩短药品研发的周期，还能降低成本，分散风险，所以它是药品研发中的一个关键环节。全球 CRO 的市场规模持续扩大，渗透率也稳步增加，基于 Frost & sullivan 的数据显示，随着制药企业研发投入的不断增加和外包意愿不断增强，全球 CRO 市场规模稳步增长。

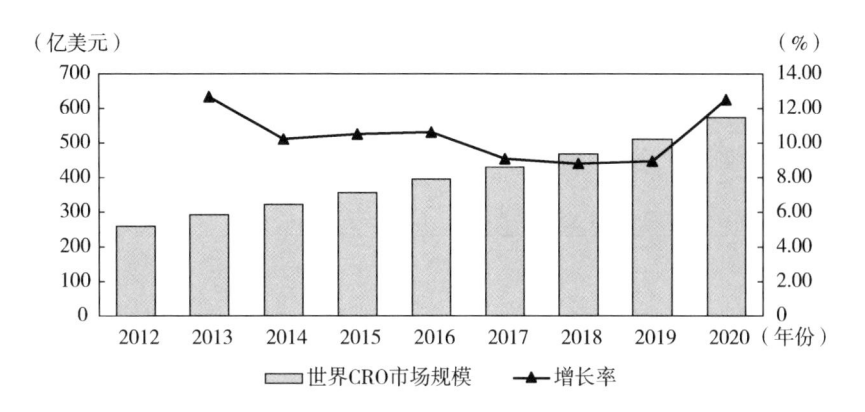

图 6-6　2012—2020 年世界 CRO 市场规模及增长速度

资料来源：Frost & Sullivan。

(五) 世界 CRO 产业结构分布

CRO 产业主要包括临床前 CRO 和临床 CRO，世界 CRO 产业发展成熟，CRO 企业能够提供全面的研究外包服务，基本涵盖了新药研发到上市的全过程。数据显示，2012 年临床 CRO 占 78.85%，2020 年临床 CRO 占比提升到 81.91%（见图 6-7）。

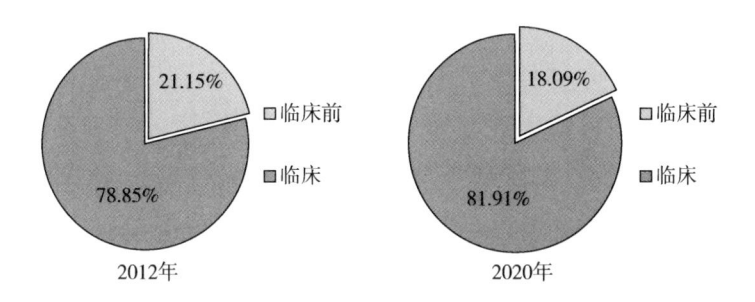

图 6-7　2012 年和 2020 年世界 CRO 产业结构

资料来源：Frost & Sullivan。

(六) 新药研发成本持续增大，研发成功率逐年降低

新药研发平均成本增大，研发成功率降低。新药从研发到批准上市的平均成本从 20 世纪 70 年代的 1.79 亿美元左右增长至 21 世

纪10年代的0.26亿美元左右(见图6-8)。新药研发成功却逐年下降,从20世纪80年代的21.5%左右降低到21世纪10年代的15.5%左右(见图6-9)。

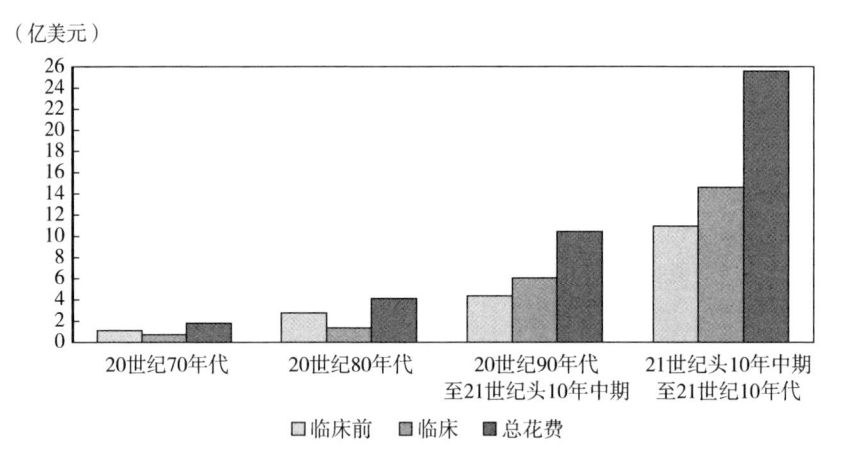

图6-8 新药研发一批准上市的平均成本

资料来源:Tufts Center for the Study of Drug Development。

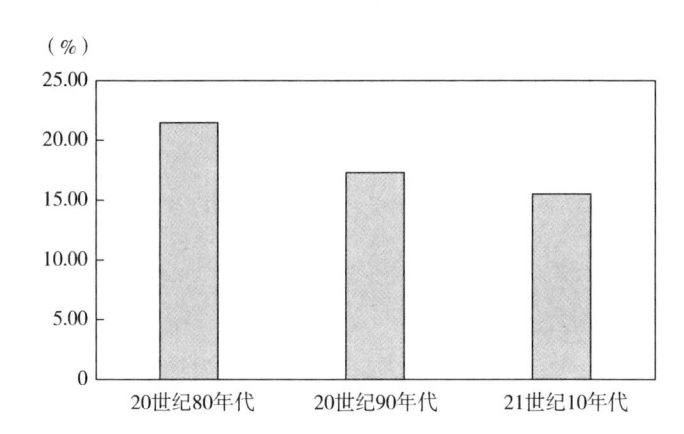

图6-9 新药研发Ⅰ—Ⅲ期累计成功率

资料来源:Tufts Center for the Study of Drug Development。

二 中国医药市场

（一）中国医药市场蓬勃发展

中国作为名副其实的人口大国，拥有世界约20%的人口，更是名副其实的老龄化人口大国，拥有世界约25%的65岁及以上的人口，2020年中国65岁及以上的人口约占总人口的13.50%，人口老龄化问题严重。老年人是医疗需求最强烈的群体，人口结构的老龄化变化将致使医药需求和消费快速攀升，产业发展潜力大。近年来，中国出台一系列政策，更是加速了中国医药市场的发展。2012年中国医药市场规模为770亿美元，2020年为1449亿美元，2012—2020年复合增长率达8.22%，成为世界医药市场中增长潜力最大的新兴市场（见图6-10）。

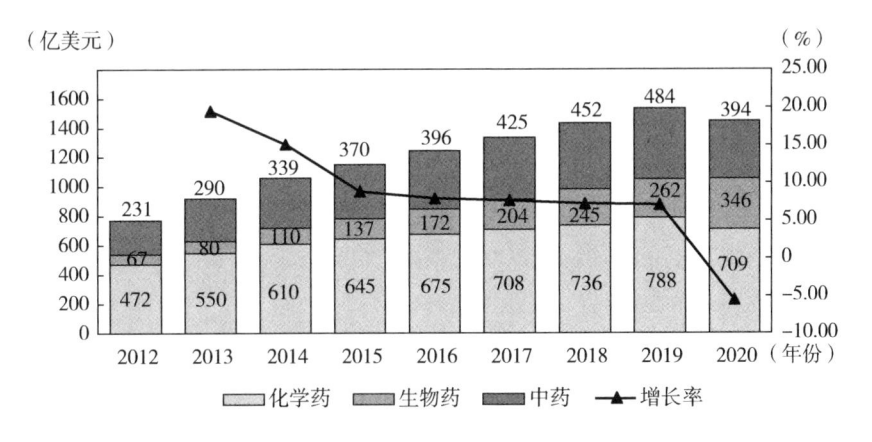

图6-10 2012—2020年中国医药市场规模

资料来源：Frost & Sullivan。

（二）化学药仍占据着中国医药市场较大的份额，中国医药市场结构正在改变

中国医药市场由化学药、生物药和中药三个板块构成，化学药

市场规模从2012年的472亿美元增长至2020年的709亿美元,复合增长率为5.22%;生物药市场规模从2012年的67亿美元增长到2020年的346亿美元,复合增长率为22.78%;中药市场从2012年的231亿美元增长至2020年的394亿美元,复合增长率为6.90%。2012—2020年,中国医药市场结构发生了很大的变化,虽然化学药一直占据着较大的医药市场份额,但由于生物药和中药的高速发展,化学药市场份额不断降低。在中国医药市场中,化学药、生物药、中药的市场比重从2012年的61.30%、8.70%、30.00%,逐渐转变为2020年的48.93%、23.88%、27.19%,生物药和中药的强劲发展,为中国医药市场的蓬勃发展注入强动力,促进了中国医药市场结构均衡发展(见图6-11)。

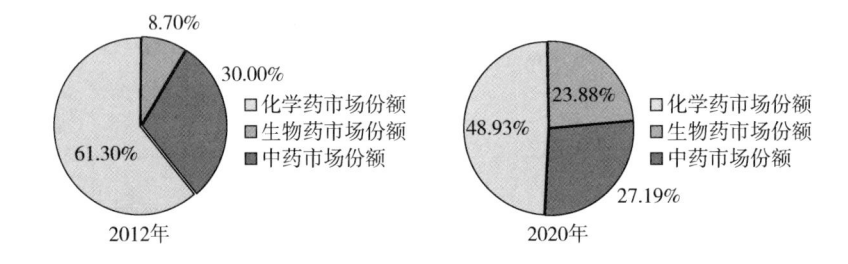

图6-11 2012年和2020年中国医药市场结构

资料来源:Frost & Sullivan。

(三)中国医药研发投入力度增大,但研发投入占市场规模的比重仍低于世界水平

如图6-12所示,中国医药研发投入从2012年的53亿美元增长到2020年的247亿美元,复合增长率为21.21%,研发投入力度大。2012—2020年,中国医药研发投入占中国医药市场规模的比重不断增大,从2012年的6.88%增长至2018年的11.37%,逐渐接近世界水平,2019年和2020年这一比重已增长至13.75%和17.05%,超过世界医药研发投入占世界医药市场规模的比重。

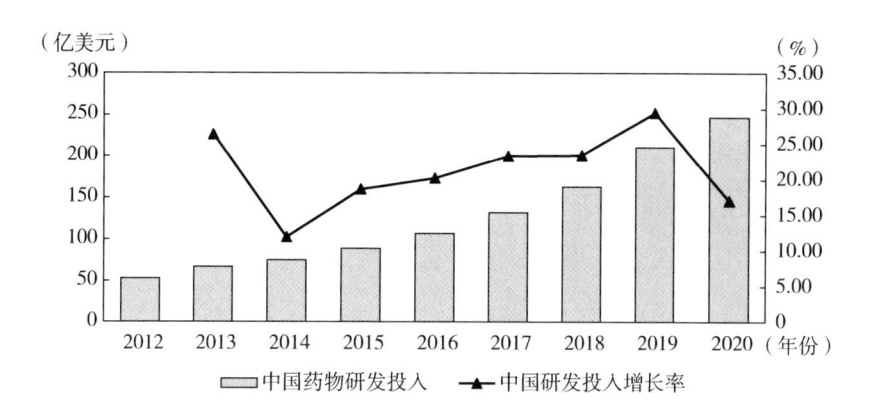

图 6-12　2012—2020 年中国医药研发投入

资料来源：Frost & Sullivan。

2012—2020 年，中国医药研发投入及医药市场规模占世界的比重整体呈现上升趋势（见图 6-13）。

图 6-13　2012—2020 年中国医药研发投入及医药市场规模占世界的比重

资料来源：Frost & Sullivan。

从医药上市公司层面看，中国医药企业的科研经费增长速度很快，但整体的研发投入强度仍然很低，所以有至少 1 倍的提高空间。在医疗改革的不断深入和新的医疗市场竞争规则的制定下，我国制药公司面临着技术革新的挑战。据国金证券数据显示，中国医药上市公司十年间，科研投资以 40% 的速度增长，到 2018 年已达到94亿美金。在医疗改革不断深化以及我国制药企业在创新和转型方面不断努力的过程中，2015年以来，我国医药企业的研发费用增速持续提升，2015—2018年同比增速分别为23%、24%、28%、43%。虽然我国的科研经费一直在快速增加，但是整体的研发投入强度很低，比如医药企业，2018年，国内医药企业的研发投入约为5%，远低于美国医药企业的19%，所以有至少1倍的提高空间。

（四）中国CRO产业呈奔腾式增长

中国CRO产业起步较晚，但在中国医药需求持续快速增长，医药行业细分化趋势加剧，一致性评价标准启动，各种其他医药相关政策的落定以及CRO产业国际化趋势加剧等背景下，中国涌现大量CRO产业，中国CRO产业呈奔腾式增长。南方医药经济研究所数据显示（见图6-14），中国CRO市场规模从2012年的12亿美元迅速增长至2020年的83亿美元，复合增长率达到27.35%。中国CRO产业发展速度不但猛超世界CRO发展速度，而且远远赶超中国医药产业的发展速度。2015年，中国CRO市场规模增长率高达29.41%，且自2015年起中国CRO市场规模高速且稳定增长，增长率均在28%左右。

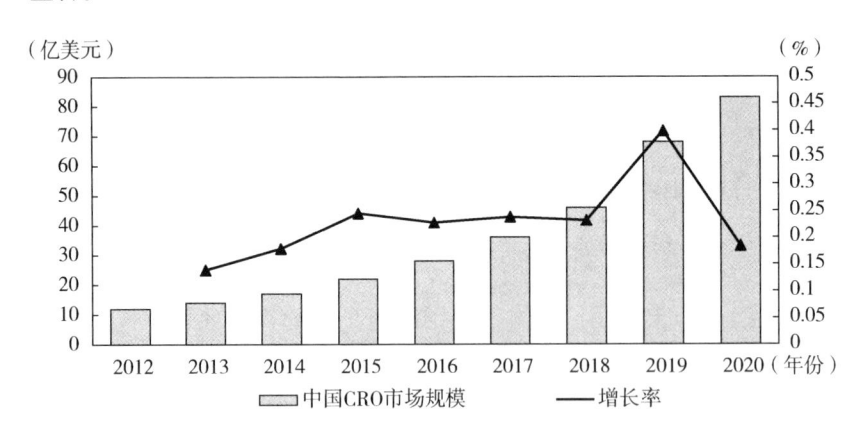

图6-14 2012—2020年中国CRO市场规模及增长率

资料来源：南方医药经济研究所。

(五) 中国 CRO 产业结构分布

中国 CRO 产业中临床 CRO 占主导地位，2012 年临床 CRO 占 58.33%，2020 年占 67.39%（见图 6-15），但均低于世界临床 CRO 占比。其原因在于目前中国 CRO 产业发展不成熟和中国医药企业仍主要是以非专利药物为主，更适用于临床前研究，如药学研究、药效评价等。但随着国家和制药企业对新药研发的关注，中国临床 CRO 市场占比将会稳步提升。

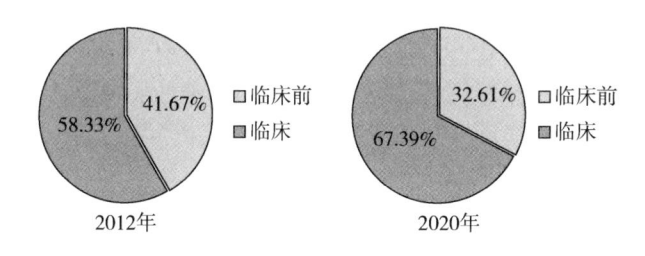

图 6-15　2012 年和 2020 年中国 CRO 产业结构

资料来源：南方医药经济研究所。

(六) 中国医药创新研发和医药研发外包相关政策

全球医药创新正在发生着日新月异的革命性进步。未来医药研发将进一步发生价值链重构和资源的全球配置。从实验室到临床研究，从药企到研发外包，从资本孵化到上市，将形成多方融合的创新生态系统。在中国，近几年政府出台了一系列鼓励医药创新的改革政策，推动行业深刻转型，加速与国际市场接轨。随着人口老龄化、居住城市化、人们健康意识增强以及疾病谱变化，医药需求将持续增长，今后 5—10 年将是行业发展的关键时期，也是大有可为的战略机遇期。

中国作为一个新兴的制药市场，正在向创新药的时代迈进，在国家扶持政策和专利保护体系上，其整体实力要比印度强。20 世纪 90 年代以来，世界范围内的制药研发活动发生了跨国转移。

国际医疗服务外包行业的市场总值每年以16%的增速发展。与国外先进国家相比，中国制药企业的研发外包尚处在起步阶段，但由于国家的政策、资金等方面的扶持，中国医药企业的发展受到了极大的推动。2010—2020年，中国医药研发外包相关政策如表6-5所示。

表6-5　　　　　　　　中国医药研发外包相关政策

发布日期	政策名称/会议	政策内容
2010年4月	《关于鼓励服务外包产业加快发展的复函》	同意进一步完善中国服务业外包示范城市（含杭州等20个城市），并加强财政扶持，以及加速服务外包的人才培训
2011年11月	《医学科技发展"十二五"规划》	突出重点疾病、人群、区域、技术、产品和环节，大力实施自主创新、重点前移、重心下移、强化转化和系统整合五大战略，为建设普惠的医疗和公共卫生服务体系、提高人民健康水平、保障人口安全、促进中国经济和社会可持续发展，提供更加有力的技术支持
2012年1月	《医药工业"十二五"发展规划》	明确鼓励发展合同研发外包服务，推动相关企业在药物设计、新药筛选、安全评价、临床试验及工艺研究等方面开展与国际标准接轨的研发外包服务，创新医药研发模式
2013年4月	《中国国际服务外包产业发展规划纲要（2011—2015）》	"十二五"时期要积极参与全球创新药研发服务，不断提升创新能力，完善医药外包服务链，拓展国际服务外包领域和产品。在基础研究、药物发现、临床前研究、临床研究的研发国际服务外包链条上，重点发展符合国际规范的新型药物安全评价、药理药效、新型制剂、临床试验等领域，着力向大分子药物、医疗器械、植物药、食品、农药等更多领域拓展。"十二五"时期末，初步形成较为完整的医药研发格局
2015年1月	《国务院关于促进服务外包产业加快发展的意见》	促进服务外包企业提高技术创新能力，并利用国家科技计划（专项、基金）对其进行引导和扶持
2016年1月	《服务外包产业重点发展领域指导目录》	制药、生物医药、医疗设备等是重点发展医药及生物科技研发服务外包的领域

续表

发布日期	政策名称/会议	政策内容
2016年3月	《化学药品注册分类改革工作方案》	对新登记类别下的化学品登记申请实施新的审查技术标准。在药品方面，首先要突出"创新性"，也就是要有"全新"的材料构成；其次在改进药物方面，重点在于"有效性"，也就是与改进前的药物相比，具有显著的临床优势；在非专利药物方面，要突出"一致性"，即被仿制药为原研药物，其质量和有效性必须与原研药物保持一致
2016年6月	《药品上市许可持有人制度试点方案》	改变了现行《中华人民共和国药品管理法》规定的上市许可与生产许可"捆绑制"的管理模式，有利于药品研发和创新，有利于优化行业资源配置，真正实现药品研发和生产的分离，有利于小型研发企业的发展和创新，有利于塑造良好的药物研发生态环境，同时促进药物研发外包行业的整体发展
2017年1月	《重大新药创制科技重大专项2017年度课题申报指南》	针对严重危害我国人民健康的10类（种）重大疾病研制一批重大药物，通过健全国家医药创新制度和提高自主创新能力，加快我国从仿制药向创新药、从医药大国向医药强国转变的步伐
2017年6月	中国加入国际人用药品注册技术协调会（ICH）	国际标准化组织的登记规定和技术指南是各成员国和非成员国广泛引用的。"ICH指导原则"适用于东南亚国家和韩国、南非、以色列等国家。加入ICH将改变中国医药工业以仿制药为主的状态，鼓励创新医药工业以及和创新相关的药物研发CRO服务行业
2017年10月	《中华人民共和国药品管理法修正案（草案征求意见稿)》	取消药品GMP、GSP认证等，对CRO和生产外包CMO产生了极大的推动作用
2017年10月	《关于深化审评审批制度改革鼓励药品医疗器械创新的意见》	落实党的十八大提出的建设创新型国家战略，激发医药产业创新发展活力，推进医药产业供给侧结构性改革，提高中国药品医疗器械质量和国际竞争力，更好地满足公众需求，推进健康中国建设，保障国家安全。
2018年6月	《关于组织实施生物医药合同研发和生产服务平台建设专项的通知》	重点扶持的领域包括生物医药合同研开发和生产服务平台建设
2018年9月	《财政部 税务总局 科技部关于提高研究开发费用税前加计扣除比例的通知》	2018—2020年，增加公司研发支出的税前加计扣除率，其中的费用率从50%提高到75%，资本化部分从原来的150%提高到了175%。这一举措激发了公司对科研投资的积极性，为科研机构的技术创新提供了有力的支持

续表

发布日期	政策名称/会议	政策内容
2019年1月	《国家组织药品集中采购和使用试点方案》	选取11个城市,在全国范围内选取符合质量和有效性一致性评价的仿制药,并在全国范围内组织药品集中采购、使用,以达到显著降低价格、减轻病人医药费负担的目的;减少交易费用、净化流通环境、提升产业生态;指导医院合理使用药物,支持医院改革;研究建立健全以市场为导向的药品集中采购和定价机制
2020年1月	《关于推动服务外包加快转型升级的指导意见》	推进重点领域的发展,如制药研发外包

资料来源:中华人民共和国中央人民政府网站,天风证券研究所。

通过深入分析以上政策可以发现,首先,我国对医药研发外包给予了大力支持;其次,从相关政策的公布来看,我国不仅鼓励民营企业通过研发外包来获得创新能力,更鼓励国有企业积极开展研发外包以提高自身创新能力,因此,国有医药企业进行研发外包是企业获取创新的重要途径(伍蓓,陈劲,吴增源,2009)。

第三节 研发外包对企业创新能力和绩效影响的实证分析

作为一种高科技产业,医药研发是医药行业发展的原动力,而医药研发具有技术性强、研发周期长、资金投入高、成功率低等特点,是一项高风险的研发活动,从而独立进行研发创新对医药企业并不是最优的选择(伍蓓、陈劲、吴增源,2009)。医药研发外包作为一种新的生物医药研发模式,具有提高资金运用效率、转移和分散研发风险、缩短研发和新药上市周期等优势(Piachaud,2002;高丹,2010),在医药研发中被越来越多的医药企业重视。医药研发外包产业能够推动医疗、医药、农业以及工业等行业的加速发展(Heather Fraser and Isabelle Pontille,1996;梅健等,2004)。首先,本节基于中观角度即产业角度,采用2012—2018年的时间序列数据,对中国CRO市场发展对中国医药产业的影响进行实证分析。其次,基于微观角度即企业角度,采用2015—2018年44家医药企业的面板数据,对研发外包是否影响企业创新能力和绩效进行实证分析。最后,通过Probit离散选择模型对影响医药企业选择进行研发外包的概率问题进行分析。

一 中国CRO产业对医药产业发展的影响

(一) 数据及模型

本书采用2012—2018年的时间序列数据,实证分析中国CRO与中国医药产业规模之间的关系。中国CRO产业和中国医药产业规模资料来源于 Frost & Sullivan 和南方医药经济研究所。本书通过取对数对各变量数据进行去趋势处理,并将CRO、中国医药产业规模分别记为 CRO、PM。建立模型为:

$$PM_t = \beta_0 + \beta_1 CRO_t + u_t \tag{6-1}$$

其中:PM 表示中国医药市场规模,CRO 表示中国CRO市场规模,β_0、β_1 表示回归系数,u 表示剩余项。

(二) 样本数据平稳性检验

因本章采用的数据均为时间序列,为了防止这种假回归,采用单位根检验方法检验时间序列的稳定性。检验结果如表6-6所示。

表6-6　　　　　　　　单位根检验结果

变量	检验形式 (c, t, k)	ADF 值	1%临界值	5%临界值	10%临界值	平稳性
CRO	(c, t, 1)	1.290994	-8.235570	-5.338346	-4.187634	不平稳

续表

变量	检验形式 (c, t, k)	ADF 值	1%临界值	5%临界值	10%临界值	平稳性
ln*CRO*	(c, t, 1)	-44.09899	-8.235570	-5.338346	-4.187634	平稳（1%）
PM	(c, t, 1)	-605.4830	-8.235570	-5.338346	-4.187634	平稳（1%）
ln*PM*	(c, t, 1)	-16.28212	-8.235570	-5.338346	-4.187634	平稳（1%）

注：检验形式（c, t, k）中 c, t, k 分别表示 ADF 检验中的常数项、时间趋势、滞后期数。

资料来源：根据 EViews 9.0 软件检验结果整理所得。

ADF 检验结果表明，在 1% 的显著性水平下 ln*CRO*、*PM*、ln*PM* 是平稳时间序列。现将模型形式调整为：

$$\ln PM_t = \beta_0 + \beta_1 \ln CRO_t + u_t \quad (6-2)$$

（三）实证分析

本书将从两个方面研究 CRO 与 PM 的关系：一方面是 CRO 与 PM 的因果关系，另一方面是 CRO 与 PM 是替代关系还是互补关系。

1. 格兰杰因果检验

通过格兰杰因果检验对 CRO 与中国医药市场规模的因果关系进行实证检验，检验结果如表 6-7 所示。

表 6-7　　　　　　　　　格兰杰因果检验结果

原假设	观测值个数	F 值	P 值
ln*CRO* 不是 ln*PM* 的格兰杰原因	6	6.89130	0.0787
ln*PM* 不是 ln*CRO* 的格兰杰原因	6	21.9222	0.0184

资料来源：根据 EViews 9.0 软件检验结果整理所得。

检验结果显示，在 10% 的显著性水平下 ln*CRO* 是 ln*PM* 的格兰杰原因，在 5% 的显著性水平下 ln*PM* 是 ln*CRO* 的格兰杰原因。

2. 回归分析

本书通过 EViews 9.0 软件，运用 OLS 方法对模型进行回归，实证分析中国 CRO 与中国医药市场规模的关系。回归结果如下：

$$\ln \widehat{PM} = 5.692787 + 0.423301 \ln CRO$$
$$(0.163845) \quad (0.052064)$$
$$t = (34.74500) \quad (8.130402)$$
$$R^2 = 0.929680 \quad \bar{R}^2 = 0.915616 \quad n = 7 \qquad (6-3)$$

回归结果显示，在 10% 的显著性水平下，常数项和解释变量 $\ln CRO$ 系数是显著的。

3. 结论

本章采用 2012—2018 年的时间序列数据，通过格兰杰因果检验和回归模型，实证分析了中国 CRO 产业对医药产业发展的影响。结果显示，$\ln CRO$ 与 $\ln PM$ 互为格兰杰原因，表明中国 CRO 产业和中国医药产业的发展之间相互影响、互为因果，即中国 CRO 产业的发展将影响中国医药产业的发展，中国医药产业的发展也将影响中国 CRO 产业的发展。通过回归分析显示，中国 CRO 产业的发展对中国医药产业的发展具有显著的正向影响，即中国 CRO 产业的发展将促进中国医药产业的发展。

二 研发外包对企业创新能力和绩效的影响

研发外包是企业在开放式创新环境下，整合外部技术资源、降低研发成本、提高研发速度的一种新型研发模式（伍蓓、陈劲、吴增源，2009）。作为开放式创新的重要方式，研发外包已成为高新技术企业驱动创新发展的战略选择（岳中刚，2014）。研发外包不但有益于我国制造业创新能力的提升，而且有助于制造业顺利完成转型升级（陈启斐、王晶晶、岳中刚，2015）。Nieto 和 Rodríguez（2011）通过西班牙 2004—2007 年的研发外包数据库发现，研发外包对流程创新的影响小于对产品创新的影响。岳中刚（2014）利用汽车上市公司2017—2012年的面板数据发现逆向研发外包可以显著提升企业创新绩效。本章通过构建2012—2018年中国医药企业研发外包的数据库，实证分析医药企业研发外包与企业创新能力的关系。基于企业和经济的角度，企业创新能力的提高最终要体现在经济效益上，要能促进经济的发展和社会的进步。本章进一步探究了研发外包对医药企业经济绩效的影响。

（一）样本选择与资料来源

本书首先通过Wind金融终端的经济数据库的行业经济数据板块检索到72家中国上市医药企业，其中包含西药类企业38家，中药类企业17家，生物科技类企业17家。其次，通过Wind金融终端、72家上市医药企业官网和巨潮资讯等平台，收集72家医药企业在2012—2018年的年度报告，并通过查阅年度报告整理获得所需要的数据。本书收集了2012—2018年医药类上市公司的研发外包、发明专利申请数、研发中心数量、研发投入、营业收入等企业数据，获得了一手的研发外包混合面板数据。为了保证数据的信度和效度，剔除了CRO产业、数据缺失的企业以及ST类企业，最终纳入样本的有44家企业，其中西药类企业18家，中药类企业14家，生物科技类企业12家。样本数据包括44家医药企业2012—2018年的308个观测值。

（二）研发外包与企业创新能力

1. 变量

第一，被解释变量：医药企业创新能力（$GreA$）。

创新能力指标包括创新投入指标、创新产出指标、创新支撑指标和创新共享指标，其中创新产出指标主要以专利的各项数据为指标，能够体现一个企业的创新能力（王玉梅等，2020）。在创新能力相关文献中，多采用专利申请数、人均专利申请数、研发投入占营业收入比重（岳中刚，2014；陈耀芳，2020）等指标衡量企业创新能力。根据数据和所研究问题的实际情况,本书采用发明专利申请数衡量医药企业创新能力。

第二,解释变量:医药企业研发外包($R\&Do$)。

根据医药企业在研发过程中是否采取研发外包设置虚拟变量,进行研发外包取值为1,没有进行研发外包取值为0。

第三,控制变量:企业研发中心数量($R\&Dc$)、政府补助($GovG$)、吸收能力($AbsC$)。

引入企业研发中心数量、政府补助、吸收能力作为控制变量,并根据Levin等(2011)、岳中刚(2014),控制变量吸收能力以代理变量——医药企业研发支出占营业收入的比重来表示。

2. 建立模型

为分析研发外包对医药企业创新能力的影响,本书建立模型为:

$$GreA_{it} = \beta_1 + \beta_2 R\&Do_{it} + \beta_3 R\&Dc_{it} + \beta_4 \ln GovG_{it} + \beta_5 AbsC_{it} + u_{it}$$

(6-4)

其中,i, t 分别表示企业和年份;β_1 为常数项;u_{it} 为随机扰动项;$\ln GovG$ 为政府补助($GovG$)数据的对数,采用对数化方法降低了数据的波动性。

3. 模型中变量统计性描述

根据变量的统计性特征可知,医药企业的创新能力的代理变量(发明专利申请数)的最大值和最小值分别为167和0,标准误差为23.66,说明医药企业的创新能力差异性较大。医药企业研发外包的代理变量均值为0.40,表明样本医药企业进行研发外包的程度一般。吸收能力的代理变量(研发投入占营业收入的比重)的最大值和最小值分别为52.61%和0.17%,表明医药企业间研发投入力度差异性非常大;均值为5.70%,平均来说医药企业的研发投入力度较大(见表6-8)。

表6-8　　　　　　　　　　变量的统计描述

变量	观测值	平均值	标准差	最小值	最大值
创新能力 $GrcA$（发明专利申请数，件）	308	13.20	23.66	0	167
研发外包 $R\&Do$（虚拟变量）	308	0.40	0.49	0	1
研发中心数量 $R\&Dc$（个）	308	1.67	1.63	0	11
政府补助 $\ln GovG$	308	7.31	1.50	0.69	10.23
吸收能力 $AbsC$（研发投入/营业收入，%）	308	5.70	0.06	0.17	52.61

资料来源：根据EViews 9.0软件统计分析结果整理所得。

4. 回归结果分析

面板模型中存在固定效应和随机效应分析，本书根据LR检验（Likelihood Ratio Test）和H检验（Hausman Test）结果选取模型分析形式。如果面板模型的随机效应模型在5%的显著性水平下通过了H检验，则选择对模型进行随机效应模型估计；如果面板模型的随机效应模型的H检验在5%的显著性水平下不显著，则选择对模型进行固定效应模型估计。

本书所建立的研发外包与企业创新能力关系的实证分析结果如表6-9所示。通过H检验，模型1、模型2均采用固定效应模式；模型3、模型4均采用随机效应模式。模型1中只包含解释变量研发外包 $R\&Do$，研发外包 $R\&Do$ 的系数为正，而且通过了10%的显著性水平检验，结果显示，研发外包对于提升公司的创新能力有明显的影响，也就是说，研发外包对公司的创新效果是非常明显的。模型2至模型4分别在模型1的基础上逐步引入了控制变量研发中心数量 $R\&Dc$、政府补助 $\ln GovG$、吸收能力 $AbsC$，且通过了5%的显著性水平检验。

表6-9　　研发外包与企业创新能力关系的实证分析结果

模型	被解释变量：创新能力 GreA			
	模型1	模型2	模型3	模型4
常数项	10.1278* (1.8798)	7.6067* (2.2134)	-6.5969 (6.9603)	-21.0396* (2.8242)
研发外包 R&Dc	8.1596*** (4.1713)	7.1488*** (4.1711)	5.8953*** (0.77514)	3.9148*** (1.6201)
研发中心数量 R&Dc		1.7594** (0.8293)	2.0438* (0.7751)	2.9607* (0.6977)
政府补助 lnGovG			1.9449** (0.8623)	3.3852* (0.4716)
吸收能力 AbsC				55.6366* (18.0730)
模型形式	固定效应	固定效应	随机效应	随机效应
LR检验的P值	0.0000	0.0000		
H检验的P值			0.3963	0.9438
样本量	308	308	308	308

资料来源：根据 EViews 9.0 软件回归整理所得。
注：***、**、*分别表示在1%、5%、10%的显著性水平下显著。

根据实证结果可以发现：第一，研发外包可以显著地提高医药企业的创新能力。当医药企业进行研发外包时，平均来说企业的发明专利申请数会增加4个。企业通过研发外包可以获取外部知识，并经过吸收和转化提升自身的知识存量（陈启斐、王晶晶、岳中刚，2015），进而实现创新能力的提高。研发外包对医药企业等技术密集型企业的创新能力具有促进作用。第二，企业研发中心数量对医药企业创新能力的提高具有显著的正向影响，验证了内部研发和外部研发协同发展的重要性。第三，政府补贴对医药企业创新能力的提高具有显著的激励作用。第四，吸收能力对创新能力的提高具有直接的正向影响。

（三）研发外包与企业绩效

在企业和经济的角度上，创新能力的提高最终要体现在经济效益上，要能促进经济的发展、社会的进步。

1. 模型建立

本章采用 2012—2018 年的 44 家医药企业的微观面板数据，对研发外包是否影响企业绩效进行实证分析。通过 Wind 金融终端以及纳入样本的 44 家上市医药企业官网和巨潮资讯等平台，收集 44 家医药企业 2012—2018 年的年度报告，通过查阅年度报告整理获得本章实证分析所需要的一手微观面板数据。样本数据包括 44 家医药企业 2012—2018 年的 308 个观测值，在此基础上建立一个研究 44 家医药企业绩效状况的 Panel Data 模型，即：

$$\ln income_i = \beta_0 + \beta_{1i} \ln R\&D_i + \beta_{2i} R\&Do_i(-1) + \beta_{3i} \ln staff_i + u_i, \quad (i=1, 2, \cdots, 44) \quad (6-5)$$

在式（6-5）中，企业标识数字为 1—44，分别表示 44 家医药企业。被解释变量 $income_i = (income_1, income_2, \cdots, income_{44})$ 分别是 44 家医药企业的营业收入（万元）变量的时间序列（反映企业绩效）。解释变量 $R\&D_i = (R\&D_1, R\&D_2, \cdots, R\&D_{44})$ 分别是 44 家医药企业研发投入（万元）变量的时间序列；$R\&Do_i = (R\&Do_1, R\&Do_2, \cdots, R\&Do_{44})$ 分别是 44 家医药企业是否进行研发外包的虚拟变量（进行研发外包取值为 1，否则取值为 0）的时间序列；$staff_i = (staff_1, staff_2, \cdots, staff_{44})$ 分别是 44 家医药企业在职员工数量（人）变量的时间序列（反映企业规模）。

2. 实证分析

通过 EView 9.0 软件对模型进行回归分析，首先对模型进行以下三种估计：混合模型、固定效应模型和随机效应模型；其次，根据 H 检验和 LR 检验结果，对该模型进行了固定效应模型估计，其结果为：

$$\ln \widehat{income}_i = 5.088148 + 0.464911\ln R\&D_i + 0.078825 R\&Do_i(-1)$$
$$(0.312155) \quad (0.030592) \quad (0.037065)$$
$$+ 0.467950\ln staff_i$$
$$(0.066558)$$
$$t = (16.30007) \quad (15.19720) \quad (2.126665)$$
$$(7.030739)$$
$$R^2 = 0.984966 \quad F = 309.0690 \quad T = 7 \quad N = 44 \quad TN = 308 \quad (6-6)$$

由回归结果可知 $R^2 = 0.984966$，表明所建模型整体上对样本数据拟合较好，即解释变量"研发投入""研发外包""企业规模"解释了被解释变量"企业绩效"差异的 98.4966%。$F = 309.0690$ 说明回归方程显著，即解释变量"研发投入""研发外包""企业规模"联合起来对被解释变量"企业绩效"具有显著性影响。$\widehat{\beta}_1$、$\widehat{\beta}_2$、$\widehat{\beta}_3$ 所对应的 t 统计量分别为 15.19720、2.126665、7.030739，表明在 5% 的显著性水平下都能通过 t 检验，也就是说，在其他解释变量保持不变的情况下，解释变量"研发投入""研发外包""企业规模"分别对被解释变量"企业绩效"具有显著性影响。平均来说"研发投入"每增加 1% 时，"企业绩效"将提升 0.4649%；"企业规模"每扩大 1%，"企业绩效"将提升 0.4680%；医药企业进行"研发外包"后，企业绩效将提升 7.8825%，且研发外包对企业绩效的影响具有显著的一期滞后效应。

3. 结论

本章采用 2012—2018 年 44 家医药企业的混合面板数据，对研发外包是否影响企业绩效进行实证分析。结果显示，"研发投入""研发外包""企业规模"是影响医药企业绩效的重要因素。医药企业是否进行研发外包对企业绩效具有显著的一期滞后影响，且进行研发外包对企业绩效具有显著的促进作用，即医药企业进行研发外包后，平均来说企业绩效是企业进行研发外包之前的 1.08 倍。

三 医药企业选择研发外包的概率分析

通过 Probit 离散选择模型对医药企业选择研发外包的概率情况进行分析，特别是医药企业性质对医药企业选择研发外包的影响。

（一）数据说明及模型建立

本书采用 2012—2018 年 44 家医药企业的混合面板数据，通过建立 Probit 离散选择模型分析医药企业研发外包的概率。通过 Wind 金融终端以及纳入样本的 44 家上市医药企业官网和巨潮资讯等平台，收集 44 家医药企业 2012—2018 年的年度报告，通过查阅年度报告整理获得本章实证分析所需要的一手混合面板数据。样本数据包括 44 家医药企业 2012—2018 年的 308 个观测值，在此基础上建立 Probit 离散选择模型，即：

$$Probit(outsource) = \beta_0 + \beta_1 nuture + \beta_2 \ln R\&D + \beta_3 R\&Dstaff + \beta_4 staff + u \quad (6-7)$$

其中：$outsource$ 为研发外包虚拟变量，发生研发外包取值为 1，否则取值为 0；$nuture$ 为企业性质虚拟变量，国有医药企业取值为 1，否则取值为 0；$R\&D$ 表示医药企业研发投入；$R\&Dstaff$ 表示医药企业研发人员数量；$staff$ 表示医药企业在职员工数量，以反映企业规模；β_0、β_1、β_2、β_3、β_4 表示参数；μ 表示残差项。

（二）实证分析

利用 EViews 9.0 软件进行回归，回归结果如表 6-10 所示。

表 6-10　　　　Probit 离散选择模型回归结果报告

$nuture$	-1.9262 *** (-3.39)
$\ln R\&D$	0.2161 * (2.15)

续表

R&Dstaff	0.0013*** (3.52)
staff	-8.01E-05** (-2.73)
N	308

注：***、**、*分别表示在1%、5%、10%的显著性水平下显著。
资料来源：根据EViews 9.0软件回归结果整理所得。

回归结果显示，解释变量都是统计上显著的，表明医药企业的性质、研发投入、研发人员数量和企业规模都是影响医药企业是否选择进行医药研发的重要影响因素。特别是当 *nuture* 取1时，因变量取1的概率显著减小。因此，当医药企业为国有企业时，在模型中的医药企业进行研发外包的可能性更小。

四 实证分析结论

本章分别基于中观角度即产业角度，采用2012—2018年的时间序列数据，对中国CRO市场发展对中国医药产业的影响进行实证分析；基于微观角度即企业角度，采用2015—2018年44家医药企业的面板数据，对研发外包是否影响企业创新能力进行实证分析；基于微观角度即企业角度，采用2015—2018年44家医药企业的面板数据，对研发外包是否影响企业绩效进行实证分析；通过Probit离散选择模型对影响医药企业选择进行研发外包的影响因素进行实证分析。

第一个实证分析，中国CRO市场发展对中国医药行业的影响实证结果表明，医药行业与医药研发外包行业息息相关、相辅相成、互成因果。医药研发外包行业的发展可以极大地促进医药行业的发展，医药行业的发展需要医药研发外包行业的支持，也会影响医药研发外包行业的发展。

第二个实证分析，研发外包是否影响医药企业创新能力回归结果显示，首先，研发外包可以显著地提高医药企业的创新能力。当医药企业进行研发外包时，平均来说企业的发明专利申请数会增加4个。企业通过研发外包可以获取外部知识，并经过吸收和转化提升自身的知识存量（陈启斐、王晶晶、岳中刚，2015），进而实现创新能力的提高。研发外包对医药企业等技术密集型企业的创新能力具有促进效应。其次，企业研发中心数量对医药企业创新能力的提高具有显著的正向影响，验证了内部研发和外部研发协同发展的重要性。政府补贴对医药企业创新能力的提高具有显著的激励作用。最后，吸收能力对创新能力的提高具有直接的正向影响。

第三个实证分析，研发外包是否影响企业绩效回归结果显示，"研发投入""研发外包""企业规模"是影响医药企业绩效的主要因素，医药企业进行研发外包对企业绩效具有显著一期滞后影响，且进行研发外包对企业绩效具有显著的促进作用，即医药企业进行研发外包后，平均来说企业绩效是企业进行研发外包之前的1.08倍。

第四个实证分析，Probit离散选择模型实证结果显示，医药企业的性质、研发投入、研发人员数量和企业规模都是影响医药企业是否选择进行医药研发的重要影响因素。特别是医药企业的企业性质显著影响着企业选择研发外包的概率，国有医药企业选择研发外包的概率相对于其他医药企业更小。

综合分析显示，在行业层面，研发外包行业的发展对医药行业具有显著的正向影响；在企业层面，企业进行研发外包可以显著提升企业创新能力和企业绩效。但目前国有医药企业选择研发外包的概率很小，基于行业层面和企业层面的分析，国有企业可以根据企业情况考虑通过选择研发外包来提升企业绩效。

在新冠疫情和人口老龄化背景下，国有医药企业应该勇挑科技创新的重担，在疫苗研发、原研药等方面，应该走在第一方阵。特别是当前新冠疫情对全球社会经济政治产生深远影响，全球正处在百年未有之大变局中，国有企业理应在推进国家现代化进程中发挥示范作用，必须勇担创新重任，强化自主创新，提升企业核心竞争力，主动引领和推动我国经济持续健康发展。但是，从本章来看，目前国有医药企业通过研发外包来获取创新能力的范围还比较小，应鼓励国有医药企业积极通过 CRO 来获取创新能力，在医药创新方面起到引领和示范作用。

第七章 企业研发外包的溢出效应分析

企业研发外包行为还与研发外包的溢出效应直接相关。本章在Chen（2011）的基础上，考虑了一个研发溢出的博弈模型，分析了在规模经济下，发包方（下游竞争企业）将研发业务发包给承包方（上游企业）所产生的溢出效应。结果发现，追求规模经济效应的研发外包有助于实现研发溢出的内部化（即在特定条件下，研发溢出对研发企业是有利的），而这又会进一步促使企业加大对研发的投入，从而有利于推动发包方和承包方的长期技术进步。

第一节 研发溢出的概念及方法

一 研发外包溢出效应的概念

一般而言，国际直接投资理论认为，跨国公司可以通过内部化扩张方式的对外直接投资（FDI）来实现其技术和研发转移。这种技术转让行为给东道国带来外部效应（externality），即溢出效应（spillover effect）。一项技术溢出是一个正的外部性的特定情况，它既不是在经济活动本身获得的利益，也不是由该活动的产品使用者获得的利益。换句话说，这种利益对于经济活动本身是外在的，对社会产生了外部经济。

然而外包，特别是研发外包行为是否会产生溢出效应？这种溢出效应如何测度？对此问题，以往的研究涉及的不多。本章引入了一个双头垄断的博弈模型，分析发包方（下游企业）和承包方（上游企业）为寻求规模经济，发包方将研究与开发业务发包给承包方完成。通过该博弈模型，本章试图分析这种研发外包行为所产生的溢出效应及其机制。

二　研发外包溢出效应的研究目的

许多学者都在关注研发外包对发包方和承包方的正负面影响，对于这一问题的研究才刚刚起步。[①] 尤其是当被发包的业务具有规模经济的特征时，研发外包对发包方研发投入的影响效应如何界定这一问题仍未解决。

本章通过引入一个双头垄断的博弈模型，研究当被发包的业务具有规模经济的特征时，研发溢出对发包方策略的主要影响。为解决这一问题，本章假定发包方除了具有生产最终产品的能力，还具有自主研发的能力，并且发包方有两种基本选择——将研发业务发包给承包方完成或自主研发。在上游市场，承包方只具有提供研发业务的能力（没有生产能力），[②] 且承包方之间也存在竞争。对于承包方与发包方而言，研发业务的外包活动具有规模经济的特征。因此承包方进行激烈的价格竞争，并且同质化的竞争使发包方拥有更大的讨价还价能力。[③] 发包方采取的策略对研发投入的影响效应取决于我们对承包方竞争的假定。另外，当发包方具有对外包业务

[①] Glass 和 Saggi（2001）、Marjit 和 Mukherjee（2008）已经有了初步的研究成果。

[②] 换言之，上游的研发承包方式纯粹的承包企业，不生产任何的最终产品。上下游市场都存在竞争。

[③] 很多中国制造业外包企业的同质化竞争恰恰符合这样的现实。他们作为承包方的整体竞争导致定价权归属于国外的发包方。

市场的操纵能力时，我们的定性结果仍然会成立。

本章采用 Chen 和 Sen（2011）的基本方法和思路，假定发包方不一定要将研发业务外包给承包方，并且从外包博弈入手，分析发包方以何种方式获得研发（自主研发或研发外包）是最优选择。本章的博弈是一个双头垄断模型，模型中存在两个承包方，都具有研发业务的承包能力，同时存在两个发包方，生产最终产品。首先，两个承包方会对研发业务的承包价格进行报价；其次，发包方会根据报价做出决定：自主研发或将业务外包给承包方；最后，做出选择后，每个发包方决定自己生产的最终产品的数量，以使利润最大化。通过分析和研究，本模型的均衡解是：为追逐规模经济效应，两个发包方均会将研发业务外包给承包方。由于承包方对产品进行价格竞争，承包方对研发的售价等于研发的平均生产成本。

分析这一外包博弈模型对研究外包影响发包方之间的竞争程度有着重要的意义。一方面，发包方生产的最终产品越多，所需的研发便越多，而承包方对研发的售价等于研发的平均生产成本；由于规模经济效应，发包方将研发外包给承包方可以降低生产成本。另一方面，发包方如果将研发外包，它的研发成本将由自主生产研发的成本（边际成本曲线是递减的）变为一个常数，企业会缺乏扩大生产的动力而去追寻规模效应，企业之间的竞争会减少，因此，外包同时还兼具缓和发包方之间竞争的效应。在此过程中，研发溢出起着非常关键的作用。

基于上述概念，本章运用发包方之间竞争的研发投入（对企业而言研发投入可以降低成本）模型，测度了研发外包的溢出效应对于发包方今后研发行为的影响。该模型包括两种形式：第一种形式是发包方将研发业务外包给承包方；第二种形式是研发业务不外包，企业自主进行研发。

在本章的模型中，发包方的研发投入具有溢出效应，即在研发投入上，发包方之间存在"搭便车"的现象，溢出效应的大小由溢出参数决定。最终产品单位成本降低的大小取决于两个数值：研发投入的多少与溢出参数。并且在做研发投入的决策时面临两种选择：一是在研发上进行竞争，选择研发投入的多少以实现自己利润的最大化；二是进行共同研发，实现共同利润的最大化。可想而知，后者的溢出参数值肯定不会小于前者的溢出参数值。

因此，可以在不同情况下，研究发包方之间研发支出的差异，探讨外包影响研发投入的机理。

当研发处于竞争状态时，由于研发的溢出效应，企业对研发的投入会使其竞争对手受益，每个企业均会减少对研发的投入。但是，在外包情形下，研发使对手受益的程度取决于研发溢出的大小，而研发溢出效应有降低外包产品价格的作用。因此，外包又有使研发溢出内部化的效应。也就是说，如果下游的每个企业都不在意研发溢出效应，研发的竞争反而会促进企业增加对研发的投入。因为比较大的研发溢出效应在使对手受益的同时，也会降低上游研发外包的价格，因此当研发溢出效应非常大，且企业在研发上处于竞争状态时，研发溢出效应不仅不会降低企业对研发的投入，反有会促进企业加大对研发的投入。另外，外包缓和竞争的效应又对企业研发投入有着截然相反的两种效应。研发外包使发包方之间的竞争得以缓和，从降低成本的角度看，企业的收益减少，此时企业对研发的投入激励变小。但竞争的缓和使研发溢出效应也变小，企业愿意增加对研发的投入。前一种效应与溢出效应不相关，而后一种效应与研发溢出效应息息相关。总体而言，只有当研发溢出值非常大时，外包才会促进企业对研发的投入。

当发包方之间在研发领域开展合作时，外包效应仍会对冲研发的外部效应，使研发收益内部化，从而使企业增加对研发的投入。另外，外包缓和竞争的作用也会促进企业增加研发投入。这是因为外包缓和了企业之间的竞争，使发包方丧失了扩大生产的激励，从而使整个行业获益。在此情况下，发包方的目标是使企业间的整体利润最大化，每个企业均会增加对研发的投入。上述两种效应均会增加企业对研发的投入，因此在这种状态下，外包对研发投入的激励毫无疑问是正的。

三 研发外包溢出效应的现有方法

从现有文献来看，除了 Glass 和 Saggi（2001）、Marjit 和 Mukherjee（2008），关于研发外包溢出影响效应的研究并不多，特别是关于研发溢出对发包企业研发投入的影响等相关问题研究，绝大多数针对这些问题的研究都属于实证分析的范畴，规范分析少之又少。Glass 和 Saggi（2001）通过产品循环模型指出，外包可以通过节约成本促进创新。Marjit 和 Mukherjee（2008）则认为外包和研发投入均可以降低成本，因此当市场容量足够大时，外包业务便会导致研发投入减少。这两项研究主要集中探讨了外包可以降低成本的非策略性特征，而忽略了研发的溢出效应。本章将规模经济和研发溢出这两个因素引入研发外包模型中，表明外包的策略性选择并不仅仅只会导致研发投入的减少，而是具有更加复杂的特点。

不少文献都研究了在研发溢出条件下研究企业的研发动机（Aspremont 和 Jacquemin，1988；De Bondt 和 Veugelers，1991）。[①] 与此类研究的不同之处在于，本章的结论是外包会在某种程度上削弱这种溢出效应，使研发内部化，因此进行外包的企业会增加对研发的投入。Barnerjee 和 Lin（2003）曾对垂直经济结构状态下的研发进行研

---

① 此类研究表明，当研发处于非合作的状态时，研发溢出会导致企业研发投入的减少。

究，并通过构造承包方完善垄断模型，指出在上游市场处于完全垄断时，发包方为降低上游研发的价格，会减少对研发的投入。但与此不同，本章构建的上游市场是双头垄断模型。Chen 和 Sappington（2010）对上下游一体化和上游创新之间的关系进行研究，指出上下游一体化的企业对研发投入的多少取决于下游市场企业之间的竞争。本章检验了上下游分散经营与下游市场创新之间的关系，主要结论与发包方之间进行价格或产量竞争的结果趋同。此外，Stefanadis（1997）曾指出上游市场间的排他性交易会减少承包方的研发投入；Milliou（2004）指出当存在研发溢出时，上下游一体化经营的企业会减少研发投入，而对于分属于上下游的企业而言，会增加对研发的投入。

刘绍坚（2008）认为，在跨国公司作为下游企业发包到上游企业的初期，可能存在某些对跨国公司不利的溢出效应，产生负外部效应，但是从长远来看，在有效提升本土承包企业的科研能力的同时，也促进着跨国公司自身研发能力的提高。

对企业外包进行研究的结果表明，多种因素影响着企业的外包策略。其中，Cachon 和 Harker（2002）曾指出当存在规模经济效应时，如果外包的业务具有规模经济的特征，外包会缓和发包方企业间的竞争，本章也考虑了这一点，并重点探讨了外包策略影响企业研发投入的机理。在对溢出效应进行分析时，本章还特别考虑了上下游企业之间的博弈互动。

第二节　研发外包溢出效应的博弈分析

一　模型设定

与 Chen（2011）类似，假设生产环节由研发和最终制造两个环节构成。假设上游市场仅有两家承包商 U 和 U' 承接研发外包业务，研发以希腊字母 η 表示，下游市场也仅有两家企业生产最终产品，标记为 α。发包方记为 $N = \{1, 2\}$，发包方之间对最终产品的生产数量进行竞争①。对于企业 i，$i \in N$，企业 i 所生产的最终产品量记为 q_i，最终产品的反需求函数为 $P = \max\{a - Q, 0\}$，其中，$a > 0$，$Q = q_1 + q_2$，发包方可以将一个单位的研发转化为一个单位的最终产品，转化过程中所需的平均成本为常数 m（$m > 0$）。各个发包方均可以自行开展研发。因此，对于研发，发包方有两种选择：自主开展研发或将其外包给承包方 U 或 U'。假定在规模经济下，承包方和发包方开展研发 η 的成本相同。对于 $j \in \{N, U, U'\}$，企业 j 的成本函数为：

$$C(q) = \begin{cases} bq - cq^2, & q \leq b/2c \\ b^2/4c, & q > b/2c \end{cases} \quad (7-1)$$

其中，$b > 0$，$c > 0$，$0 < q \leq b/2c$。企业 j 生产研发的平均成本为 $AC(q) = C(q)/q = b - cq$，边际成本 $MC(q) = b - 2cq$。二者都是关于 q 的严格单调递减函数，假定：

$$b/2c > a > b + m > 0 \quad (7-2)$$

式 (7-2) 保证了研发 η 具有递减的边际成本，且边际成本大于 0。式 (7-2) 还意味着 $c < b/2c < 1/2$。

因此，研发 η 的生产成本曲线并不会太凹，以确保古诺均衡解存在且唯一。

为了在外包或自主开展研发这两种不同的情形下，比较企业研发投入的差异，本章首先分析当研发处于非合作状态时，企业进行的外包博弈。在这一外包博弈模型中，假定企业生产商品 α 的单位成本为 m，然后对研发 η 的外包模型进行求解。结果表明，当发包方的发

---

① 换言之，潜在的各个发包方是最终产品市场上的竞争对手。

包价等于承包方完成研发 η 的平均成本时,此模型存在唯一的均衡解。

二 纯外包博弈

在博弈模型中,发包方将外包的研发转化为最终产品的平均固定成本为 m。记博弈为 G,博弈如下:

第一阶段:承包方 U 和 U' 同时对研发业务 η 进行定价,价格为 ω 和 ω'。

第二阶段:对于 $i \in N$,发包方 i 同时选择研发的外包模式 δ_i,如果企业(即发包方)i 将研发 η 外包给承包方 U(U'),则记为 $\delta_i = \mu$(μ')如果企业 i 自主研发则记为 $\delta_i = i$。

第三阶段:对于企业 i,$i \in N$,同时选择最终产品 α 的产量 q_i。

运用逆向归纳法求解此博弈的子博弈完美纳什均衡。对于企业 i,$i \in N$,在博弈 G 终点结上的利润为:

$\pi_i((\omega, \omega'), (\delta_1, \delta_2), (q_1, q_2)), ((\omega, \omega'), (\delta_1, \delta_2), (q_1, q_2)) =$

$$\begin{cases} P(Q)q_i - \omega q_i - mq_i, & \delta_i = u \\ P(Q)q_i - \omega' q_i - mq_i, & \delta_i = u' \\ P(Q)q_i - C(q_i) - mq_i, & \delta_i = i \end{cases} \quad (7-3)$$

在第三阶段,企业的外包策略有九种,记为 $\delta \equiv \delta_1 \delta_2 \in \{uu, u2, uu', 1u, 2u, 1u', u'2, u'u, u'u'\}$;如果给定第一阶段的 (ω, ω') 和第二阶段的 δ,在第三阶段便存在唯一的古诺均衡解,对于企业 i 记为 $q_i^\delta(\omega, \omega')$,对应的古诺利润为:

$$\pi_i^\delta(\omega, \omega') = \begin{cases} [q_i^\delta(\omega, \omega')]^2, & \text{若 } \delta_i = u, \text{ 或者 } \delta_i = u' \\ (1-c)[q_i^\delta(\omega, \omega')]^2, & \text{若 } \delta_i = i \end{cases}$$

$(7-4)$

当 $\delta \equiv uu$ 时,记 α 的最终产量为 $Q^{uu}(\omega) = qU^u(\omega, \omega') +$

$qU^{uu}(\omega, \omega')$。在此情形下,企业 U 的平均成本为 ω 的增函数,即 $AC(Q^{uu}(\omega))$。对 $\omega = AC(Q^{uu}(\omega))$ 求解,解值唯一,即:

$$\underline{\omega} = \frac{3b - 2c(a-m)}{3-2c} \quad (7-5)$$

式(7-5)中,$\underline{\omega} \in (0, b)$,很明显 $\underline{\omega} \overset{>}{\underset{<}{=}} \Leftrightarrow \omega \overset{>}{\underset{<}{=}} AC[Q^{uu}(\omega)]$,且 $\underline{\omega}$ 是 m 的递增函数,m 为发包方将研发转化为最终产品的平均成本。由此可见,在规模经济的条件下,发包方生产最终产品 α 的效率越高,承包方提供研发 η 的成本便越低。

在存在均衡时,由于上游市场存在激烈的价格竞争,使上游市场均衡价格达到最小值,记为 $\underline{\omega}$,而发包方必须从承包方环节进行外包,以便上游可持续地低价供应研发。为不失一般性,假定上游的供应企业为 U,便可得出从博弈 G 中的主要定理。

定理7.1:此外包博弈模型 G 存在一个唯一的子博弈完美纳什均衡,对于企业 i,在第二阶段将向企业 U 发包,在均衡时,$\omega = \omega' = \underline{\omega}$;在第三阶段企业 i 的产量为 $q^o \equiv q_i^{uu}(\underline{\omega}, \underline{\omega})$,$(\underline{\omega}, \underline{\omega}) = \frac{a-b-m}{3-2c}$,利润为 $\pi^o = \left(\frac{a-b-m}{3-2c}\right)^2$。

定理7.1的结论很容易理解。当承包方存在时,规模经济效应会使下游的两家企业将生产研发的业务外包给承包方,并且由于上游市场存在激烈的价格竞争,研发的价格等于其长期平均成本,因此,上游企业也可以承接研发业务。在本章中,外包或自主生产是指发包方的两种选择:将研发的过程外包给企业 U 或自己开展研发 η。

为更深入地探讨外包影响发包方的竞争机理,可以比较发包方在外包或自主生产两种情况下,它们的成本和产量。如果下游的两家企业均自主生产研发 η,则每家企业的古诺均衡产量和利润为:

$$q^I \equiv q^{12}(\omega, \omega') = \frac{a-b-m}{3-2c}, \quad \pi^I = (1-c)[q^I]^2 \quad (7-6)$$

推论 7.1：

推论 7.1（Ⅰ），$AC(q^I) > \underline{\omega}$；

推论 7.2（Ⅱ），$q_i^{uu}(\omega)|_{\omega = AC(q^I)} < q^I$；

满足，$\pi_i^{uu}(\omega)|_{\omega = AC(q^I)} > \pi^I, i \in N$。

推论 7.1 的两个内容表达了外包对发包方竞争的影响存在两种效应。第一，根据推论 7.1（Ⅰ），外包降低了企业的平均成本，因此提高了生产效率。第二，在推论 7.1（Ⅱ）中，当两家发包方均将研发的生产外包，并且发包价等于其自主生产的平均成本时，与自主生产相比，企业将减少产量以获取更大的利润。这一推论表明，与外包相比，自主生产的不利之处在于使竞争加剧，而将研发业务外包，会使企业递减的边际成本变为一个常数，即如果企业将产品外包获得研发的边际成本固定不变，企业便缺乏扩大生产的动力。因此，外包具有缓和发包方之间竞争的作用，对发包方利润的提高有促进效应。

本章假定发包方可以选择自主生产研发或外包，在此基础上，发展发包方的研发投入模型，探讨外包影响发包方研发投入的机理。

三 发包方的研发投入模型

这是一个两阶段博弈模型：

第一阶段为研发阶段：α 的单位生产成本为 m，为降低产品 α 的单位生产成本，企业 i，$i \in N$，自主决定研发投入的多少，记为 $x_i \geq 0$。

第二阶段为生产阶段：企业选择产品 α 的产量，记为 q_i。

在研发阶段，企业的研发会溢出，竞争对手也可以获益。假定在研发阶段下游两家企业具有两种选择：在研发上进行竞争，使自身利润最大化；在研发上进行合作，使两家企业的联合利润最大化。当企业选择竞争时，不可避免地存在研发溢出，溢出参数记为 β，$\beta \in [0, 1]$。当企业选择合作时，很明显溢出参数不会小于 β，记为 β_c，$\beta_c \in [\beta, 1]$。企业自主选择研发投入后，在第二阶段的生产中，企业自主选择最终产品 α 的产量 q_i。

企业的研发生产函数记为 $f(X_i)$（Kamien，1992），此函数表示企业 i 由于研发投入在生产产品 α 时降低的单位成本，X_i 表示企业研发投入有效性，其值由两家企业的投入值和研发溢出参数共同决定，即：

当企业在研发领域进行竞争时，$X_i = x_i + \beta x_j$；

当企业在研发领域进行合作时，$X_i = x_i + \beta_c x_j$ （7-7）

决定研发投入后，企业 $i \in N$ 将研发 η 转化为最终产品 α 的单位成本为 $m - f(X_i)$。我们要对研发生产函数做如下假设：

假定 7.1：函数 $f(X)$ 二阶可导，对于 $X \geq 0$，$f(0) = 0$，$f(X) \leq m$，$f'(X) > 0$，$f''(X) < 0$。

假定 7.2：函数满足 (i) $\lim_{x \to \infty} f(X) = (a - b - m)(1 - 2c)$；(ii) $f''' > \dfrac{(3 - 2c)^2}{2(a - b - m)(1 - c)}$。

假定 7.2 是为了确保发包方最终产品有正的最优生产产量解，假定 7.1 说明函数 $f(X_i)$ 是凹函数，假定 7.2 意味着 $\lim_{x \to \infty} f'(X) = 0$。这些性质是为了保证均衡解的存在。

为确保对称均衡解的唯一性，假定利润函数是单峰的。在垄断情况下，最优产量是研发投入 X 的函数，即 $q^M \equiv \dfrac{a - b - m + f(X)}{2(1 - c)}$；对应的垄断利润是 $\pi^M - X$，即：

$$\dfrac{[a - b - m + f(X)]^2}{4(1 - c)} - X \quad (7-8)$$

假定 7.3：当 $X \geq 0$ 时，$\pi^M - X$ 是严格凹的，即它的一阶导数 $[a - b - m + f(X)] f'(X)$ 是 X 的减函数。

若发包方将研发业务外包给承包方，承包方对研发 η 的定价等于产品的平均成本。假定发包方决定研发投入后，承包方才对研发进行定价。考虑下游两家企业对研发投入合作或竞争的选择，便有以下四种组合（N 指研发竞争，C 指研发合作，I 指自主生产研发，O 指研发外包）。

NI：研发竞争和自主生产，下游两家企业均选择在研发阶段进行竞争，在生产阶段自主开展研发 η，且对最终产品 α 进行产量竞争。

NO：研发竞争和外包，下游两家企业在研发阶段进行竞争，并将研发外包给承包方 U，外包价格等于企业 U 开展研发时的平均成本，然后下游两家企业在最终产品 a 上进行产量竞争。

CI：研发合作和自主生产，两家企业在研发阶段进行合作，最大化其联合利润，然后自主研发，并对最终产品 α 进行数量竞争。

CO：研发合作和外包，两企业在研发阶段进行合作，最大化其联合利润，并将生产研发的业务外包给承包方 U，外包价格等于企业 U 生产研发的平均成本，然后下游两家企业在最终产品 α 上进行产量竞争。

以下将重点探讨在每种情况下的对称均衡解。

第三节　模型分析

本节首先将逐一对上述四种情况求其研发的对称均衡解；其次，比较不同状态下研发投入的差异，探讨外包影响发包企业研发投入的机理。

一 NI：研发竞争和自主研发

下游两家企业均选择在研发阶段进行竞争，在生产阶段自主完成研发 η，产量为 $q=(q_1, q_2)$，在生产阶段，企业 i 的利润为：

$$\pi_i(x_1, x_2; q) = P(Q)q_i - C(q_i) - [m - f(X_i)]q_i - x_i \tag{7-9}$$

通过利润最大化求解，企业 i 的古诺均衡产量是：

$$q_i(x_1, x_2) = \frac{a-b-m}{3-2c} + \frac{(3-2c)f(X_i) - \sum_i f(x_i)}{(3-2c)(1-2c)} \tag{7-10}$$

古诺均衡利润为：

$$\pi_i(x_1, x_2) = (1-c)[q_i(x_1, x_2)]^2 - x_i \tag{7-11}$$

在研发阶段，企业 i 的目标利润为：

$$\max_{x_i} \pi_i(x_1, x_2) \tag{7-12}$$

式（7-10）、式（7-11）中利润 π_i 和产量 q_i 取决于 (x_1, x_2)，一阶必要条件为：

$$\frac{\partial \pi_j}{\partial x_i} = 2(1-c)q_j \frac{dq_j}{dx_i} =$$

$$2q_j \left\{ \underbrace{\frac{2(1-c)^2 \beta_c}{(1-2c)(3-2c)} f'(X_j)}_{\text{外部效应}} - \underbrace{\frac{(1-c)}{(1-2c)(3-2c)} f'(X_i)}_{\text{竞争效应}} \right\} \tag{7-13}$$

式（7-13）中的竞争效应指企业 i 的研发投入，通过降低成本增加企业利润的效应，且效应为正，即研发投入对企业利润的提高有正效应。外部效应指企业的研发投入会使竞争对手获益，从而影响企业自身利润的效应，这一效应对企业利润而言无疑是负的。从假定7.3可知，这一效应会减少企业对研发的投入。

将式 (7-5) 代入式 (7-7), 整理得出企业在 $x_i = x^{NI}$, $X = X^{NI}$ 的对称均衡解, 即:

$$[a - b - m + f(X^{NI})] f'(X^{NI}) = \frac{(3-2c)^2 (1-2c)}{2(1-c)[2(1-c) - \beta]}$$

(7-14)

均衡产量和利润为:

$$q_i^{CI} = \frac{a - b - m + f(X^{CI})}{3 - 2c}, \quad \pi_i^{CI} = [q_i^{CI}]^2 (1-c) - x^{CI}$$

(7-15)

其中, $i \in N$。

二 NO: 研发竞争和外包

下游两家企业在研发阶段进行竞争, 并将研发的生产业务外包给承包方 U。给定 (x_1, x_2) 和上游产品价格 ω, 在生产阶段, 企业 i ($i \in N$) 的目标是使自身利润最大化, 即:

$$\pi_i(x_1, x_2; \omega; q) = P(Q)q_i - \omega q_i - [m - f(X_i)]q_i - x_i$$

(7-16)

企业 i 的古诺均衡产量是:

$$q_i(x_1, x_2; \omega) = \frac{a - \omega - m + 2f(X_i) - f(X_j)}{3}, \quad j \in N, j \neq i$$

(7-17)

由定理 7.1 可知, 企业 U 关于研发的定价 ω 等于其生产产品的平均成本, 因此, $\omega = AC(\sum_i q_i(x_1, x_2; \omega))$, 即:

$$\omega \equiv \frac{3b - 2c(a-m) - c\sum_i f(X_i)}{3 - 2c}, \quad i \in N \quad (7-18)$$

式 (7-18) 是 $\sum_i f(X_i)$ 的减函数, 即承包方对研发的售价越低，发包方对研发的投入越多。

将 ω 代入 $q_i(x_1, x_2; \omega)$，企业 i 的产量和利润为：

$$q_i(x_1, x_2; \underline{\omega}) = \frac{(a-b-m)-(1-c)\sum_t f(X_i)}{3-2c} + f(X_i) \tag{7-19}$$

$$\pi_i(x_1, x_2; \underline{\omega}) = [q_i(x_1, x_2; \underline{\omega})]^2 - x_i \tag{7-20}$$

逆推到研发阶段，企业 i 最大化 $\pi_i(x_1, x_2)$，其一阶条件为：

$$\frac{\partial \pi_i}{\partial x_i} = 2q_i \left[\frac{\partial q_i}{\partial x_i} + \frac{\partial q_i}{\partial \omega}\frac{\partial \omega}{\partial x_i}\right] - 1 =$$

$$2q_j \left\{\underbrace{\frac{2f'(X_i)}{3}}_{\text{直接效应}} - \underbrace{\frac{\beta f'(X_j)}{3}}_{\text{外部效应}} + \underbrace{\frac{cf'(X_i) + c\beta f'(X_j)}{3(3-2c)}}_{\text{外包的上游效率增益}}\right\} - 1, j \in N, j \neq i \tag{7-21}$$

式（7-21）画线的三项中，第一项指企业 i 的研发投入对利润的直接效应，即研发投入通过降低成本影响利润的效应。第二项是外部效应，指企业的研发投入会使竞争对手获益，从而影响企业自身利润的效应。第三项为上游收益效应，指企业 i 对研发的投入，降低了上游产品的价格所获得收益的效应。产生这项收益的原因有两个：第一，企业 i 对研发投入得越多，其生产最终产品 α 的效率便越高，因此所需的研发越多，从而使上游产品的价格降低；第二，企业 i 的研发投入产生溢出，提高了企业 j 生产最终产品 α 的效率，因此企业 j 所需的研发越多，从而使上游产品的价格降低，即研发投入的溢出效应会降低上游研发的价格，外包的上游收益效应会对研发的外部效应产生抵消作用。

对企业 i $(i \in N)$ 求其研发投入的均衡解，在 $x_i = x^{NO}$，$X_i = X^{NO}$ 下对于式（7-21），有：

$$[a-b-m+f(X^{NO})]f'(X^{NO}) = \frac{(3-2c)^2}{2[2-c-\beta(1-c)]} \tag{7-22}$$

每个企业的均衡产量和利润为：

$$q_i^{NO} = \frac{a-b-m+f(X^{NO})}{3-2c}, \quad \pi_i^{NO} = [q_i^{NO}]^2 - x^{NO}, \quad i \in N$$

(7-23)

三 CI：研发合作和自主研发

两家企业在研发阶段进行合作，最大化其联合利润，然后自主完成研发，并对最终产品 α 进行数量竞争。在此情形下，在生产阶段时，均衡的产量与利润由式（7-10）和式（7-11）给定。研发阶段对于企业 i（$i \in N$），选择 x_i 最大化两家企业的联合利润，即：

$$T(x_1, x_2) \equiv \sum_{j \in N} \pi_j(x_1, x_2) = (1-c) \sum_{j \in N} [q_j(x_1, x_2)]^2 - \sum_{j \in N} x_j \quad (7-24)$$

式（7-24）的一阶条件为：

$$\frac{\partial T}{\partial x_i} = \frac{\partial \pi_i}{\partial x_i} + \frac{\partial \pi_j}{\partial x_i} = 0 \quad (7-25)$$

其中：

$$\frac{\partial \pi_j}{\partial x_i} = 2(1-c) q_j \frac{dq_j}{dx_i} = 2q_j \left\{ \underbrace{\frac{2(1-c)^2 \beta_c}{(1-2c)(3-2c)} f'(X_j)}_{\text{外部效应}} - \underbrace{\frac{(1-c)}{(1-2c)(3-2c)} f'(X_i)}_{\text{竞争效应}} \right\} \quad (7-26)$$

画线中的第一部分符号为正，指企业 j 的外部性收益，即企业 i 进行研发投入时，由于存在研发溢出效应，企业 j 从中获益，从而使自身的成本下降以获得收益的效应。第二部分指企业 i 的研发投入使其自身竞争力增大，影响企业 j 收益的效应。毫无疑问，对企业 j 而言，这一效应为负。考虑 $x_i = x^{CI}$，$X_i = X^{CI}$ 的对称解，其一阶条件为：

$$2q_i \left\{ \frac{1-c}{3-2c} + \frac{(1-c)\beta_c}{3-2c} \right\} f'(X^{CI}) - 1 = 0 \quad (7-27)$$

代入式（7-10），得：

$$[a-b-m+f(X^{Cl})]f'(X^{Cl}) = \frac{(3-2c)^2}{2(1-c)(1+\beta_c)}$$
(7-28)

每个企业的产量和利润为：

$$q_i^{Cl} = \frac{a-b-m+f(X^{Cl})}{3-2c}, \quad \pi_i^{Cl} = [q_i^{Cl}]^2(1-c) - x^{Cl}, \quad i \in N$$
(7-29)

四 CO 研发合作和外包

两家企业在研发阶段进行合作，最大化其联合利润，并将研发外包给承包方 U。在生产阶段，均衡产量和利润由式（7-19）和式（7-20）给出。在研发阶段，企业 i（$i \in N$），选择 x_i，即：

$$T(x_1, x_2; \underline{\omega}) \equiv \sum_{j \in N} \pi_j(x_1, x_2; \underline{\omega}) = \sum_{j \in N}[q_j(x_1, x_2; \underline{\omega})]^2 - \sum_{j \in N} x_j$$
(7-30)

联合利润最大化的一阶条件为：

$$\frac{\partial T}{\partial x_i} = \frac{\partial \pi_i}{\partial x_i} + \frac{\partial \pi_j}{\partial x_i} = 0$$
(7-31)

其中，

$$\frac{\partial \pi_j}{\partial x_i} = 2q_j \left\{ \frac{\partial q_j}{\partial x_i} + \frac{\partial q_j}{\partial \omega} \frac{d\underline{\omega}}{dx_i} \right\} =$$

$$2q_j \left\{ \underbrace{\frac{2\beta_c f'(X_j)}{3}}_{\text{外部效应}} - \underbrace{\frac{f'(X_j)}{3}}_{\text{竞争效应}} + \underbrace{\frac{cf'(X_i) + c\beta_c f'(X_j)}{3(3-2c)}}_{\text{外包的上游效率增益}} \right\}$$
(7-32)

式（7-32）画线的三项中，第一项指对于企业 j 而言，企业 i 对研发的投入对企业 j 有正的外部性。第二项指企业 i 的研发投入使其自身竞争力增大，影响企业 j 的收益效应。毫无疑问，对企业 j

而言，这一效应为负。第三项指企业 i 对研发的投入使上游产品价格下降，企业 j 也可从中获益，这一效应对企业 j 而言毫无疑问是正的。影响这一效应大小的因素有两个：企业 i 对研发的需求；由于研发溢出，企业 j 对研发需求的增加量。

当 CI 状况下的均衡解记为 $x_i = x^{CO}$，$X = X^{CO}$ 时，联合利润最大化的一阶条件为：

$$2q_i \left\{ \frac{1}{3} + \frac{\beta_c}{3} + \frac{2c(1+\beta_c)}{3(3-2c)} \right\} f'(X^{CO}) - 1 = 0 \quad (7-33)$$

与式（7-19）联立，得：

$$[a - b - m + f(X^{CO})] f'(X^{CO}) = \frac{(3-2c)^2}{2(1+\beta_c)} \quad (7-34)$$

均衡产量和利润为：

$$q_i^{CO} = \frac{a - b - m + f(X^{CO})}{3 - 2c}, \quad \pi_i^{CO} = [q_i^{CO}]^2 - x^{CO}, \quad i \in N$$

$$(7-35)$$

五 四种状态下的比较

由上述分析可知，我们可以对企业在不同状态下的研发投入进行比较。结论如下。

引理 7.1：

引理 7.1（Ⅰ）：$X^{NO} \overset{>}{\underset{<}{=}} X^{NI} \Leftrightarrow \beta \overset{>}{\underset{<}{=}} \bar{\beta}, \; \bar{\beta} \equiv \dfrac{1}{2(1-c)}$；

引理 7.1（Ⅱ）：$X^{CO} > X^{CI}$；

引理 7.1（Ⅲ）：$X^{CI} \overset{>}{\underset{<}{=}} X^{NI} \Leftrightarrow \beta_c \overset{>}{\underset{<}{=}} \dfrac{1-\beta}{1-2c}$；

引理 7.1（Ⅳ）：$X^{CO} \overset{>}{\underset{<}{=}} X^{NO} \Leftrightarrow \beta_c \overset{>}{\underset{<}{=}} (1-c)(1-\beta)$。

由引理 7.1（Ⅰ）可知，发包方在研发处于竞争时，只有研发溢出的程度足够大时，外包才会引起发包方增加研发投入。对式（7-13）与式（7-21）进行比较，可以更好地理解这一点。首先，当$\frac{2(1-c)^2}{(3-2c)(1-2c)}>\frac{2}{3}$时，企业$i$的研发投入对其利润的直接效应小于外包的收益。这是因为外包会缓和企业间的竞争，使成本降低对企业的吸引力变小，从而导致企业会减少研发投入。其次，当$\frac{\beta(1-c)}{(3-2c)(1-2c)}>\frac{\beta}{3}$，企业将研发外包时，企业$i$研发投入的负外部性也会变小。最后，与式（7-21）相比，式（7-13）中没有代表外部的上游收益效应。如将商品外包，研发投入可以降低研发的成本，导致发包方对研发投入的增加。在这三种效应中，第一种效应与β不相关，第二种效应和第三种效应与β正相关。只有当β足够大时，第二种效应和第三种效应之和才大于第一种效应，此时，发包方才会增加对研发的投入。

引理7.1（Ⅱ）表明，当企业在研发上选择合作时，外包总会促进企业增加研发投入。对式（7-27）与式（7-33）进行比较，可以更好地理解这一点。首先，因为$\frac{1}{3}>\frac{1-c}{3-2c}$，与式（7-27）相比，式（7-33）中的第一项和第二项更大。这意味着，当企业在研发上选择合作并最大化其联合利润时，外包缓和竞争的作用会促进企业增加研发投入。在寡头垄断模型中，每个企业都有扩大生产的动力，从而致使企业间的联合利润不能达到最大，企业间的合作失败。但当引入外包因素时，外包使企业不再具有扩大生产的动力，寡头之间会进行合作，以使其联合利润最大化。因此，外包缓和竞争的作用会促进企业增加研发投入。其次，式（7-33）中有外包上游收益这一项，且这一项影响研发投入的效应为正，而式（7-27）却没有。因此，当企业在研发上选择合作时，外包总会促进企业增加研发投入。

引理7.1（Ⅲ）、引理7.1（Ⅳ）说明了研发阶段的合作对发包方的研发存在激励作用。即无论发包方是否选择将生产研发的业务外包，当研发溢出的参数足够大时，研发合作总会使企业增加研发投入。例如在 $C=0$ 和 $\beta_c = \beta$ 情况下，当且仅当 $\beta > \frac{1}{2}$，有 $X^{CO} > X^{NO}$ 和 $X^{CI} > X^{NI}$（Aspremont and Jacquemin，1988）。研发合作促进研发投入的结论是：研发合作的研发溢出 β_c 大于研发竞争时的溢出 β，研发合作促进研发投入，而研发投入关于 β 是递减的。直观地看，一个比较大的 β 值，会使每个企业在研发投入上都想"搭便车"，从而减少对研发的投入。另外，当企业在研发上选择合作时，较大的研发溢出，即 β_c 较大时，研发溢出又可以使企业避免研发上的重复工作，使企业增加研发投入。因此，当溢出值较大时，研发阶段的合作对发包方的研发存在激励作用，即研发合作时，企业会对研发进行更多的投入。

接下来将在四种状态下，对企业的研发投入均衡解、最终产品 α 的价格、发包方的利润进行比较。首先讨论在什么情况下，发包方的研发投入最大；其次，在给出主要结论前，定义函数 $Z(\beta)$：$\left[\frac{2c^2}{1-c}, \frac{1-2c(1-c)}{1-c} \to [0, 1]\right]$，$Z(\beta) \equiv \frac{1-(1-c)(2c+\beta)}{1-2c}$。

定理7.2证明了作为 β 的函数 β_c，存在一个由 $Z(\beta)$ 给出的临界值。在这一值域上，在 CO（NE）状态下，与其他三种相比，研发投入最大（小）。

定理7.2：

如果 $\beta_c > Z(\beta)$，则 $X^{CO} > X^{\xi}$，$\xi = NO, CI, NI$；

如果 $\beta_c < Z(\beta)$，则 $X^{NI} > X^{\xi}$，$\xi = NO, CI, CO$。

根据定理7.2，我们可以对不同研发环境下外包策略影响发包方研发投入的机理进行更深入的探讨。引理7.1（Ⅲ）和引理7.1

(Ⅳ) 表明：与研发竞争环境相比，较大的研发溢出，在研发合作下会增加企业对研发的投入。我们可以从分析 CI 和 NI 开始。引理 7.1（Ⅲ）认为 β_c 的临界值，如 $\frac{1-\beta}{1-2c}$ 在研发合作时，企业对研发的投入更大。考虑当 CI 变为 CO 时，由引理 7.1（Ⅱ）知，由于外包缓和竞争的效应和上游收益效应，会导致企业增加研发投入。在此情况下，β_c 的值会变大，从而在 CO 下，研发投入会超过 NI 下的研发投入。另外，比较 CO 和 NO 两种情况可知，β_c 的临界值由引理 7.1（Ⅳ）给出，如（$1-\beta$）（$1-c$）；CO 状况下研发投入大于 NO 状况下的研发投入。通过 NO 与 NI 状况的比较，引理 7-1（Ⅰ）说明，对于相对小的 β（$\beta < \bar{\beta}$）值，与增加外包业务相比，减少外包业务对研发投入的影响更大。这是因为外包业务的减少通过缓和直接效应影响研发投入，而外包业务增加通过缓和研发的外部性和改变效率影响研发投入。这意味着与外包相比，当企业选择自主生产时，会对研发投入更多的资金。因此，对于一个较大的 β_c 的临界值，如 $Z(\beta) > (1-\beta)(1-c)$，与 NI 相比，CO 状况下研发投入更大。因此，$Z(\beta)$ 将 β_c 的值域分为两部分。如果 β_c 比 $Z(\beta)$ 大，则 CO 状况下研发投入最多；当 β_c 比 $Z(\beta)$ 小时，NI 状态下的研发投入最多。

通过对这四种状况下最终产品价格进行比较可以发现，当研发投入最多时，最终产品的价格最低，因为更多的研发投入会使企业生产出更多的最终产品，从而价格更低。因此，判断 CO 与 NI 状态下均衡价格的大小时，$Z(\beta)$ 是 β_c 的临界点。因为较大的研发投入会使企业生产更多的最终产品，从而最终产品的价格较低。

性质 7.1：

性质 7.1（Ⅰ）：如果 $\beta_c > Z(\beta)$，那么 $p^{CO} < p^{\xi}$，$\xi = NO, CI, NI$；

性质 7.1（Ⅱ）：如果 $\beta_c < Z(\beta)$，$p^{NI} < p^{\xi}$，$\xi = NO, CI, CO$。

最后，对发包方的利润进行比较。性质 7.2 指出对于任意一个发包方而言，CO 状态下的利润最大。

性质 7.2：$\pi^{CO} \geq \pi^{\xi}$，$\xi = NO$，CI，NI。

这是因为外包和研发合作均会使利润提高。外包除缓和下游竞争使发包方获益的作用外，还会使发包方从上游收益效应的提高中获得收益。除此之外，有效的研发合作使发包方在研发过程中，可以避免重复工作，从而获益。因此，在四种状态中，当在 CO 状态下，发包方的利润最大。

第四节　模型的扩展

通过以上博弈分析可以看到，研发环境和研发溢出的程度决定了研发外包是否会引起企业对研发投入的增加或减少。本节将讨论如果模型中的因素发生变动，我们的结论是否还一样成立。

一　存在两个以上发包方的情况

当模型中发包方数目 $n > 2$ 时，用引理 7.1 可以证明结论并不会改变。在引理 7.1（Ⅱ）至引理 7.1（Ⅳ）不会改变时，引理 7.1（Ⅰ）中 $\bar{\beta}$ 的值变大，且 $\lim_{x \to \infty} \bar{\beta} = 1$。给定发包方在研发上选择竞争，一个较大的企业数目会使外包影响企业研发投资的效应变小。其原因有两个：首先，外包具有缓和企业研发外部性和减少企业对研发投入的效应，而企业数目的增多，使外包的这两种效应变得更大；其次，企业数目的增多使竞争加剧，从而降低了企业的上游收益效应。因此，当发包方在研发阶段选择竞争时，一个竞争激烈的下游市场会降低外包促进企业增加研发投入的效应。另外我们还发现，对于 $Z(\beta)$ 临界值的变动，定理 7.2 仍然成立，$Z(\beta)$ 与 n 的关系依赖 β 值的大小。一般而言，当 β 相对大时，$Z(\beta)$ 关于 n 是递增的；当 β 较小时，$Z(\beta)$ 关于 n 是递减的。即当 n 值较大时，研发的投入在企业选择自主生产时较大；而在 β 值较大时，研发投入在企业选择研发合作时较大。而 $Z(\beta)$ 关于 n 的变动反映了这两种趋势。

首先，承包方先对研发进行定价。与决定研发投入的多少相比，承包方很容易对研发的价格进行调整。因此我们在上述分析中，当假定企业将业务外包时，先决定研发的投入，然后承包方才对研发进行定价。若这一假定改变，是否会影响结论的成立呢？为检验这一假定，在此我们讨论企业先对研发定价，然后发包方才决定研发投入的多少。在现实中，当发包方与承包方签订长期研发合约后，这一情况便会发生。即外包合同成立后，对发包方而言研发的价格不变，然后发包方再决定研发投入的多少和最终产品的产量。

其次，在先决定研发价格的情况下，发包方将研发的业务外包时，发包方获得研发的单位成本便是一个常数，研发投入不会降低研发的价格，对发包方而言，上游收益不复存在。从这一点来看，先决定研发价格的假设，会削弱外包刺激企业研发投入增多的效应。另外，外包缓和竞争的效应仍然存在，这一效应会使企业减少研发的投入。因此，在 $\bar{\beta}$ 的值域外，引理7.1（Ⅰ）才成立，外包才会促进企业增加对研发的投入。但假定条件的变动，并不会影响引理7.1（Ⅱ），因为外包缓和竞争的作用，在研发合作的状况下，会使企业利润增加，从而引致企业增加研发投入。假定条件的变化并不影响引理7.1（Ⅲ），因为在这一假定下，上游价格与发包方是否自主生产不相关。对于引理7.1（Ⅳ），我们有 $X^{CO} \gtreqless X^{NO} \gtreqless \Leftrightarrow \beta_c \gtreqless 1-\beta$。通过上述讨论，我们知道研发定价的次序决定了外包的上游收益是否存在，在 β_c 的区间上，研发合作会缩减研发投入。

最后，相对于 $Z(\beta)$ 的值域而言，在 β_c 更大的取值上，定理 7.2 依然成立。虽然对研发事先定价这一假定，在某种程度上削弱了外包促进研发投入增多的效应，但定性的结果仍然成立。

二 下游企业的伯川德竞争

假定发包方生产的最终产品具有异质性，并且企业间进行价格竞争，最终产品 a 的反需求函数为 $p_i = A - q_i - \gamma q_j$, $i, j = 1, 2$, $i \neq j$, $A > 0$, $\gamma \in (0, 1)$。其中，γ 表示产品异质的程度，γ 越大，最终产品的替代程度也越大。相应的需求函数为：

$$q_i = \frac{1}{1-\gamma^2}\left[A(1-\gamma) - p_i + \gamma p_j\right], \ i, j = 1, 2, \ i \neq j$$

$$(7-36)$$

我们发现，如果发包方进行伯川德竞争，并不影响企业外包的策略，我们的定量结果并不会发生改变。首先，发包方在研发上进行竞争时，当研发溢出非常大时，外包才会促进企业增加研发投入。其次，当发包方在研发上进行合作时，外包总会促进企业增加研发投入。再次，发包方的利润在研发合作与外包的状态下达到最大。最后，在研发合作时如果研发溢出程度非常大，四种状态相比较，在研发合作与外包状态下，发包方对研发的投入最多，最终产品的价格最低。

在以上分析中，我们假定上游市场两家企业对研发的售价一致。在这种假定下，如果研发的售价低于发包方的需求价格，则发包方将生产研发的业务外包会获益，即外包具有使研发溢出内部化的效应，这会使企业增加研发投入。如果假定上游两家企业进行价格竞争，在此假定下，研发的售价不会高于上游两家企业勾结时的售价，此时外包使研发溢出内部化的效应只会增强，不会减弱。即在这种情况下，外包仍具有使企业增加研发投入的效应，而且这种效应可能会更强。

根据上述讨论可以看到，发包国政府应当采取措施鼓励技术创新和技术进步，以消除研发外包的溢出效应对本国的不利影响。尤其要注意以下几个方面。第一，对于很少进行研发合作的发包企业，政府应当大力支持这些外包企业的创新。因为研究表明，当研发溢出程度较小时，竞争的企业很少进行研发合作（De Bondt and Veugelers，1991；Poyago-Theotoky，1999），本章的结果表明政府应当大力鼓励实行技术保护的外包企业进行研发合作，不鼓励企业进行技术封锁，因为从长期来看，技术封锁会导致长期成本的上升，进而丧失竞争力。第二，根据本章的结论可知，企业进行研发合作与技术交换时，外包不仅会使企业研发投入最大化，还会使社会福利最大化，因此，政府应当鼓励呈相互竞争关系的发包企业进行研发合作与技术共享，这有助于社会福利的最大化。[①]

发包方通常愿意承包方在外包领域内进行竞争，只有这样，他们才可能以更低的价格将生产研发的业务发包出去，获得更多的利润。以医药公司为例，他们在进行研发外包时，更喜欢以招标的形式进行，让承包商对其报价，价低者得。即便上游市场是垄断市场，但若进入市场的成本低，并有潜在进入者，承包方也不会获得垄断利润，只会以平均成本的价格对研发进行定价。所以长期来看，承包方的同质化竞争对于承包定价整体是很不利的。

本章只对发包方在市场中具有相同地位的情况进行了分析，如果这一假定发生变化，分析结果可能会改变。例如，假定在下游市

---

① 现实中，有很多案例支持这一观点。例如，在20世纪70年代末，呈竞争关系的Sony和Philips合作研发了CD唱机，使CD唱机在消费市场迅速普及，并进而在数据存储、音乐媒介等各领域给人们带来了革命性的享受。

场中，有某个企业处于领导地位，它占有更多的市场份额，这一领导者将生产研发的业务外包时，会降低竞争对手的成本，为了避免这一状况，它可能会选择自主生产研发。另外，本章假定研发溢出的大小是外生性的，若企业在某种程度上可以控制研发溢出①，企业又会如何决策；并且在外包情况下，溢出参数可能会变大；上述这些因素的变化对研发投入有何影响仍有待探讨。

第五节　本章结论

本章在规模经济和存在研发溢出的条件下指出，研发外包可以影响发包方的创新，并且在不同的条件下，外包对下游研发投入的影响效应并不相同。外包对下游研发投入的影响效果取决于两个因素：研发溢出的大小和企业对研发环境的选择（竞争或合作）。本章发现，发包方成本的下降会带来承包方成本的下降，而发包方增加研发投入的策略，不仅会降低自身成本，在存在研发溢出的条件下，也会降低竞争企业的成本，这一效应又进一步促进了承包方成本的降低。因此从这一点上看，以往的研究结论通常认为研发外包会导致强的溢出效应，也就是存在外部效应。与以往研究不同的是，本章的研究结论认为，发包方可以从研发溢出上获益，即研发溢出效应内部化，这一效应又会促进发包方进一步增加研发投入。另外，在研发合作的情况下，外包毫无疑问会促进企业研发投入的增加；而在研发竞争的条件下，外包对研发的效应取决于研发溢出参数值的大小，当研发溢出值非常大时，外包具有增加企业对研发投入的效应。

在微观方面，本章有如下的结论：第一，在服务外包高速发展

---

① 事实上，关于研发溢出的可控性问题，目前相关学者还没有很好的研究成果。

的时代，研发溢出是影响外包企业研发投入的一个重要因素。当发包方在研发上处于竞争时，一般情况下，外包不会影响企业对研发的投入，只有当研发溢出非常大时，外包才会促进企业对研发的投入。第二，如果企业在研发上进行合作，外包会促进企业增加研发投入。第三，当企业在研发上合作并且将研发外包时，只要研发溢出不是非常小，企业对研发的投入便会达到最大值，即在此情形下，企业的生产成本和最终产品的价格最小。并且无论研发溢出值为多少，在这种情形下每个发包方都会实现利润最大化。

总而言之，研发外包对发包方的竞争具有以下效应：提高了生产效率以及缓和了发包方间的竞争。这些效应会修正发包方对研发投入的配置，研发上的合作或竞争决定了这种效应的大小。

从宏观角度看，本书有如下建议：第一，由于研发溢出的客观存在，发包国政府应鼓励发展研发的战略联盟，并可按照投入比例分配的方式激励联盟成员，以增强研发外包的溢出内部化效应，带动发包企业的研发投入，从而增强发包国的整体研发竞争力。第二，承包国政府应鼓励本国研发承包企业的差异化经营战略，多渠道扩充研发企业的经验范围，从而在短时间内利用研发外包的溢出效应，缩短与发包国的技术水平差距。

第八章　中国 CRO 产业承接研发外包的溢出效应和影响因素分析

第一节　研究背景和提出问题

一　研究背景

自从 Henry Chesbrough（2003）提出"开放式创新"概念以来，越来越多的企业通过利用外部知识和技术实现产品和服务创新并提高其业绩。开放式创新实施的一个有效途径就是研发外包。大量研究表明，研发外包的开展伴随着大量高新技术的转移和溢出，研发外包的技术溢出能够通过各种渠道对东道国产生影响，承包企业通过对技术知识的消化吸收和转化学习，进而提升自主创新能力。具体到医药行业，由于国外医药研发成本激增、回报率降低、药品安全性与监管日益规范化、临床试验需求提升、医药企业对新药研发的投入不断加大、中国政府政策红利和增加资金投入等因素驱动，医药研发外包（contract research organization，CRO）在中国高速发展，医药研发外包企业凭借规模化与专业化优势，能够为大型医药企业提供药物研发的支持，这极大地提升了医药企业的研发效率，使医药企业更快推出高科技产品，进一步吸引资本投入到医药研发领域。

随着经济全球化的发展，全球药物研发需求强劲，我国的医药研发外包不仅已经成为全球药物研发价值链中的一个重点领域，也是国家"十四五"规划中服务外包的重点领域之一。由于目前经济发展迅速，部分国家逐步进入老龄化社会，全球医药市场受到更广泛的关注。2019年，全球医药市场的规模达到13285亿美元，增长迅速；中国医药市场规模也在2019年达到了2316亿美元。这意味着全球各个医药企业的研发需求呈井喷式增长，对医药研发外包的需求也不断上升。

中国的CRO产业是一个以离岸市场为主的产业，在商务部发布的相关年份《中国服务外包发展报告》中可见，我国CRO产业历年离岸合同执行额都比在岸合同执行额高出两倍左右。我国CRO产业发展离岸外包业务，可以减少我国的服务贸易逆差，也可以提升自身研发水平，提高生产效率，提升整个行业的国际竞争力。近年来全球CRO产业发展迅速，但基于某些发达国家高昂的人力成本、物力成本，CRO产业正在向劳动力成本较低的发展中国家转移，跨国医药企业都在追寻更低的成本和更高的效率，中国和印度成为被国际发包方选择最多的承包国，CRO产业增长迅速。

如表8-1显示，中国研发外包占比增长速度由2013年的25.8%上升到了2017年的30.6%，欧洲研发外包占比增长速度由2013年的35.0%上升到了2017年的40.3%，美国研发外包占比增长速度由2013年的36.9%上升到了2017年的41.8%，这意味着各国都越来越看重新药研发，对其投入也越来越多，全球新药研发外包占比预计会从2013年的32.2%上升到2022年的45.8%，这表明对于CRO产业而言将拥有更大的市场和机遇，中国CRO产业的离岸外包业务量可能将高速提升。

表 8-1　2013 年、2017 年、2022 年全球新药研发外包占比情况及预测

单位：%

年份	全球	美国	中国	欧洲
2013	32.2	36.9	25.8	35.0
2017	36.5	41.8	30.6	40.3
2022	45.8	51.0	40.3	50.7

资料来源：安信证券研究所。

根据商务部 2019 年发布的《中国服务外包发展报告》数据显示，我国 CRO 产业 2019 年承接的外包离岸执行额达 57.8477 亿美元，同比增长 12.96%，相比 2019 年知识流程外包离岸执行额的增长率 5.33%，增速要高出很多。在全球新冠疫情背景下，中国是首个恢复到日常水平的国家，由于各个国家新冠疫情带来的线上业务需求和远程医疗需求等，中国 CRO 产业发展离岸外包带来了结构性的机会。中国作为劳动力资源充沛、人才储备丰富的大国，在制药外包成本方面具备了与国外 CRO 产业相比较强的优势，进而承接了较多的离岸外包。

在经济全球化背景下，国际分工细化，这是全球各个国家行业发展机遇的开始，不同企业能够通过自身优势承接适宜的外包项目，在国际分工中占据一席之地，从而能够取得各方面的发展。我国政府层面正在大力倡导离岸服务外包产业的发展，并且出具各种鼓励政策。其中，CRO 产业在商务部 2019 年发布的《中国服务外包发展报告》被列为重点领域，CRO 产业医药离岸外包的开展伴随着技术溢出，并且能够与发包方进行技术沟通，这为承接方获取先进技术和经验，提升其研发效率创造了良机。因此，本章将以 CRO 产业为研究对象，探讨承接离岸外包的溢出效应与影响因素，以期对 CRO 产业未来的离岸外包业务发展提供相关借鉴和参考。

二 提出问题

许多学者已经通过实证研究分析,验证了在软件业、高技术产业、制造业、生产性服务业等领域的外包存在技术溢出,并且通过有效学习和转化吸收,提升了行业的技术创新能力和全要素生产率。本章将通过理论和实证分析,解决以下问题:在医药制造业领域,医药研发外包在二十余年的发展过程中是否产生了技术溢出效应?如果产生了技术溢出效应,对我国技术创新能力有何影响?研发外包技术溢出和本土企业技术吸收能力有何关系?如果没有产生技术溢出,可以采取哪些手段和政策诱导技术溢出的产生?中国CRO产业承接国际研发外包主要的影响因素有哪些?这些问题对中国医药行业创新发展和未来决策都有一定的参考价值。

第二节 文献综述

一 外包

(一) 外包

根据牛津英文词典注解,1979 年皇家艺术协会杂志(*Journal of Royal society of Arts*)上的一篇文章首次提到外包概念。外包(outsourcing),最直接的解释是"向外部寻求资源"。虽然西方学者对外包的研究已有时日,从文献搜索的角度看,Hamel 和 Prahaoad 发表于1990 年的学术论文中首次使用了"outsourcing"这个词。由于外包在全球各个行业里的广泛应用,外包的概念和含义在不同领域中存在些许差异。如今在学术界,多是从战略管理角度对外包进行定义,Heywood(2001)对外包做出的定义被引用较多,认为外包是一种管理模式，是企业有意识地利用内部资源发展核心业务，而将其余价值链中价值较低的业务交给企业外机构进行处理，从而保持企业主营业务的核心竞争力。Siems Ratner（2003）认为，外包的本质就是做最擅长的事，把其他的外包出去。美国外包问题专家 Michael Corbett 认为，"外包指大企业或其他机构将过去自我从事（或预期自我从事）的工作转移给外部承包商"[①]。经济学家 Besanko 等（1996）把外包定义为"很多传统（内部）功能由外部承包商来完成"。于是组织不仅通过内部协调方式，还可以通过维持长久联系纽带的承包商和销售商等外包协调方式。通俗地说，就是"做你认为最好的，而把其他非核心的业务及服务交给更专业的公司去做"。本书对外包的定义是：企业为了追求成本效率和竞争优势，以外部化的手段寻求资源。

（二）外包的数学定义

很多学者从不同的出发点对外包进行了定义，笔者认为其中比较有代表性的定义是："价值链的切片"（Krugman，1995），"生产的分散化"（Feenstra，1998），"多阶段的生产"（Dixit and Grossman，1982），"产品内专业化"（Arndt，1998）。近年来比较流行的定义是："生产和服务的垂直型环节细分"（Vertical Fragmentation and Deardorff，2001）；Jones and Kierzkowski，2001b）和"（国际）外包"（Feenstra，1998；Feenstra and Hanson，1996；Kohler，2001；Grossman and Helpman，2002），尽管"环节细分"（fragmentation）和"外包"（outsourcing）这两个词往往是作为同义词使用的，但这两个词有着本质的区别，"环节细分"这个词仅仅指的是生产和提供服务过程的切割，而不在乎这种切割是完全在企业内部完成，还是有外部组织参与完成；"外包"这个概念的特点是指涉及外部交易的生产过程分

[①] 该定义在外包行业从业者中拥有较广的认同度。

割。我们用 Q 来代表所有的生产和服务要素，用 $X^M = x_1 \times \cdots \times x_m$ 表示所有中间产品的集合，于是生产和服务的"环节细分"可以做如下定义。

定义 8.1（生产和服务的环节细分）：令 $F(q)$，$q \in Q$ 为商品 Y 的生产函数，同时令 $x = (x_i(q_i))$，$i = 1, \cdots, m$，$q_1, \cdots, q_m \in Q$ 为中间产品生产函数的一个向量，于是当存在一种替代技术 $G(q_0, x)$，满足条件 $q \in Q$，$F(q) - G(q_0, x(q_1, \cdots, q_m))$ 时，该向量 x 即为生产函数 F 的一个环节细分。其中，替代技术 G 包含协调各个环节细分的研发、组织和管理等服务外包的环节和因素。需要注意的是，从整合式的生产变换为环节细分式的生产并不一定会形成外包，因为各个环节细分 x 也可能是由企业的内部组织完成的。环节细分的出现，为包括研发、信息处理、物流、财务等服务外包形式的发展提供了保证。环节细分是服务外包的必要但不充分条件。

定义 8.2（外包）：假设 x 是替代技术为 G 的生产函数 F 的环节细分。则企业将 $j \in \{1, \cdots, m\}$ 的中间产品外包给企业外部的其他组织［购买 $x_i(q_i)$］来完成；此时，企业实际上是用 G 替代了生产函数 F。如果 $x_i(q_i)$ 是从国外购入的，则称中间产品 j 是通过离岸外包（offshore outsourcing）而获得的。

（三）离岸医药外包

医药外包是指将医药企业的药品研发、生产、销售等环节通过外包的方式交由专业化的企业进行操作。离岸医药外包是指 CRO 产业与国际上各个医药公司合作，承接这些公司的药物发现、临床前研究、临床试验等业务环节。

从国内文献看，徐稳、刘永军（2018）对 CRO 发展的历史进行介绍，并阐述了 CRO 的现状和趋势。张铭慎（2017）分析了如今中国 CRO 产业的良好机遇，作为发展中国家的中国在承接全球医药外包产业转移方面具有强大优势，我国拥有大量高素质技术人才、较低的劳动力成本和庞大的市场。廖成娟（2018）综合当前国际形势，总结了全球离岸医药外包是如何发展起来的，中国CRO产业如何承接离岸外包，我国CRO产业目前发展的现状分析，并结合各类问题对中国离岸医药外包产业提出各类建议。鲁菁（2012）将中国CRO产业进行了分类，按照所有制性质将其主要分为三类，一是外资所有机构，是国外的CRO巨头公司设立在中国的分公司或者研发机构，如科文斯、昆泰等国际CRO头部企业设立中国分部；二是内资所有CRO机构，是本土市场上成长起来的中国企业，本土CRO产业近年来数量增长较快，但是占据市场份额比较小，大部分企业规模较小，头部企业不多，发展水平强弱不一，总体而言，对比国际CRO产业竞争力还不足；三是合资CRO机构，是国外资本与国内机构合作成立的，例如中日合资CRO机构润东医药公司等，合资机构的专业化水平、服务质量较高，但是收费比较高。高丹（2010）对生物医药研发外包进行总结后，指出医药研发外包能够降低新药研究开发的风险、加快新药上市等。

从国外文献研究看，Min Zhang等（2013）选取了4个承接离岸医药外包的CRO产业为例，分析在CRO产业承接能力角度上如何选择承包方。Mokrini等（2016）提出判断医药企业承接离岸外包的风险的标准，提出了6种风险类型和7个风险评价标准。Henry Adobor（2012）分析了CRO产业承接离岸外包业务后，在进行临床试验中可能会出现的伦理问题，认为对此而言发包企业和承包企业之间应加强沟通与合作。Elis Wilson等（2003）提出项目运作是非常重要的，医药研发组织需要重视项目完成效率。Lee.（1998）分析了CRO产业是如何产生的，在1970—1980年，全球新药研发成本不断增加，导致各类药品价格上涨，这引起公众不满，在医药行业出现新药研发危机当头，CRO产业诞生了，专为承接医药行业的新药研发业务而生。Shoibal Mukherjee（2012）基于承接方印度的角度，分析了印度的医药研发外包产业的动因和发展潜力，对印度的 CRO 产业充满信心。Dieter Zimmer（2014）认为国际上的医药企业对 CRO 承包方的选择，可能和企业能力、企业内员工素质、临床研究相关经验、较低的员工流动率有关，这些都是跨国发包企业选择承接方的重要影响因素。

二 研发外包

（一）研发外包定义

研发外包（R&D outsourcing），从契约理论的角度出发可以被定义为"一方提供资金以契约方式委托另一方如外部研究机构提供'技术'成果，包括新产品、新工艺或新思路"（Chiesa and Manzin，1998）。也有学者从跨国公司竞争力的角度将研发外包定义为"企业将产品的部分或全部研发工作交给比自己更有效率、更有成功率完成该任务的外部技术源供给者，由他们提供'技术'成果，包括新产品、新工艺或新思路；从而集中精力培育和提升企业的核心能力，实现自身的竞争性发展"（伍蓓，2008）。

研发外包的发展历史比离岸研发的历史要长。在 20 世纪初，由于很多企业研发资源匮乏，大量的研发工作，甚至是应用性研究工作都是委托给大学或是科学专家完成。第二次世界大战后，企业才开始逐渐发展自己的研究机构（Jules，2006）。随着全球技术的发展，研发外包开始了本质性的变化。在技术革新时代，企业可以通过努力掌握新技术或者咨询企业外部的专业技术人员来应对市场技术的变化。然而在当前知识革新迅猛发展的条件下，技术发展的高速性和综合性令企业很难独自掌握并完成技术革新和企业创新所需具备的全部技能（Howells，1999）。因此，越来越多的企业开始以外包的方式向企业外部寻求研发资源，而不是单纯依靠自己的研发机构（Quelin and Duhamel，2003）。

（二）离岸研发与研发外包的模式

近二十年，离岸研发取得了突破性的进展（Gerybadze，1999）。离岸研发通常可分为两种具体的模式，即离岸研发控制（R&D captive offshoring）与离岸研发外包（R&D offshore outsourcing）（Unctad，2004）。离岸研发控制（也称离岸内包，offshore insourcing）指的是企业通过国外的联署部门完成研发工作。离岸研发外包则是指研发活动由东道国境内的组织完成。当然，这个组织可能是东道国本国的企业，也可能是另一家跨国公司设在国外的联署机构。

近年来，离岸研发的脚步有加快的趋势。虽然很多跨国公司（MNCs）仍然主要是通过其在海外发展自己的研发机构的方式来实现离岸研发的，但通过纯粹外包的方式来完成离岸研发的企业正逐年增长。[①]

当前，对离岸研发外包还没有统一的定义，结合已有的相关文献和业界实务，我们可以把离岸研发外包理解为：公司将自己的部分或者全部研发工作交给位于国外的非控股的外部研究组织，并由这些组织提供"技术"成果（包含新工艺、新产品或新创意）。

虽然都是将研发转移到国外，但离岸研发控制和离岸研发外包这两种模式是存在明显区别的。首先，离岸研发控制发生在企业内部，由企业在国外发展一家独立的或自己控股的研发机构，或在公司内部设立某个研发部门来从事研发工作。而离岸研发外包是将研发活动委托给国外的第三方组织来完成。两者的根本差异是企业对研发活动的控制程度和可能遭受的风险程度不同。其次，企业投入的研发资源和管理资源有差异。对于离岸研发控制而言，跨国公司

[①] 见 Paju（2007）关于离岸研发外包的实证研究部分。

实际上是以 FDI 的方式在国外设子公司,是一种"内部化"的行为,其主要问题是投入多、进入和退出机制不易控制。最后,企业还要承担繁杂日常的管理和支出。然而,这种方式下跨国公司可以较好地控制其技术研究与开发活动,能有效地进行技术和研发溢出(spillover)。对于离岸研发外包而言,跨国企业对研发的控制能力虽然在减弱,但可以在投入较少资源的情况下有效地获取自己所需的研发成果(Cantwell and Janne,2000)。

跨国企业拥有丰富的研发资源,有实力在国外进行内部研究与开发(即开展离岸研发控制)。而中小企业(SMEs)虽然愿意在海外实施研究与开发,但却缺乏有效的组织资源来设立和管理分散的研究机构。所以,离岸研发外包在跨国的中小企业中非常普遍(Atkinson,2007)。

长期以来,研究外包问题的学者普遍认为,企业将原来位于企业内部一体化生产的业务外包的目的是突出核心业务并增强市场竞争力,因而外包的业务仅应该是那些企业的非核心业务。然而,由于不同行业具备不同的技术特征和市场结构特征及特点,于是国际服务外包的促成因素也各不相同,张辉(2006)根据外包的促成原因的不同将其区分为三种不同的驱动类型:生产者驱动型、采购商驱动型和两者混合驱动型。

三 研发外包溢出效应

(一)技术溢出效应的概念

技术溢出效应,是指作为先进技术拥有者的跨国公司在各种经济活动中无意识地转让或传播他们的技术,这种技术转让行为会给东道国带来外部经济。1962 年,阿罗在《边干边学的经济含义》中提出"干中学"模型,用外部性解释了溢出效应对经济增长的作用。罗默提出了内生经济增长模型,认为知识是一个独立的可以对经济增长产生影响的因素。1990年,他又提出了第二个模型——引入人力资本后的内生增长模型。在该模型中,他将社会生产部门划分为研究部门、中间产品部门和最终生产部门,并列入了资本、劳动、人力资本、技术水平等要素,系统地分析了知识溢出对经济增长的作用。卢卡斯的人力资本溢出模型认为:当一个人具有较高人力资本(具有经济价值的知识、技能和体力等因素之和)时,他对周围的人产生积极的正向影响,他人通过向他学习而使自身生产效率得到提升。技术溢出效应具有外在性、非自愿性和互动性三个特点。

孙兆刚(2006)认为,技术溢出(知识溢出)包含以下几层含义:一是在开展服务外包项目中所用到的技术和知识与本活动的成本和收益没有直接联系;二是技术溢出一般不是故意引起的,是无意的、非自愿的;三是技术溢出并不仅限于某个人或某个企业的利益活动对他人的影响,而是使整个产业获得收益。

(二)研发外包技术溢出效应对承包国技术创新的影响

随着国际外包市场的不断扩大,东道国通过承接跨国公司的外包项目参与到全球性的出口竞争中,国际外包技术溢出效应也逐渐显现。跨国公司拥有更为先进的技术,当跨国公司在全球进行研发外包时会造成技术溢出,承包国有机会以更少的研发成本接触更先进的技术,进而影响创新产出。

我国有许多学者也针对外包技术溢出以及外包对本土企业技术创新的影响进行实证研究。徐毅和张二震(2008)基于投入产出数据表,分析了外包对本土技术创新的影响,实证结果表明,外包对科技人员有正向促进作用,行业科研人员占比随着外包比例的增大而增大,这说明外包有利于本土技术创新。郎永峰、任志成(2011)实证检验了承接国际软件外包过程中技术溢出的存在,技术溢出的效应使本土软件业的劳动生产率有效改进。樊秀峰等（2013）实证指出，承接服务外包可以提升我国制造业的全要素生产效率，服务外包通过前向技术溢出效应提高劳动和技术密集型制造业生产效率，通过后向技术溢出效应提高资本密集型制造业生产效率。王俊（2013）认为，跨国外包可能通过进口贸易、出口贸易和面对面交流三种方式发生技术溢出，并且认为，相对于进口贸易溢出和出口贸易溢出这两种渠道，面对面交流发生的纯知识溢出更能够激励当地企业技术创新，跨国外包的每条技术溢出渠道示范模仿效应、竞争效应以及人力资本流动效应和产业间集聚效应是相辅相成的。曾菊凡（2015）实证分析表明，一国的外包承接度与全要素生产率也呈现正相关关系。林春燕、孔凡超（2016）研究表明，技术创新和技术引进能够使本地区产业结构更加合理，并且技术创新和技术引进过程中存在技术溢出效应，模仿创新对产业结构升级有促进作用。

具体到医药研发外包领域是否存在技术溢出效应，目前尚未发现有专门的研究成果，但是，现有研究已经涉及软件业、制造业、高技术产业，因此，本书结合文献提出假设：承接医药研发外包存在技术溢出效应，并且将对中国医药制造业技术创新能力产生影响。本书将通过实证分析检验医药研发外包的技术溢出效应。

四 承接离岸服务外包的影响因素研究

关于离岸服务外包的影响因素研究，国内外学者都有相关成果。部分学者从理论研究出发，采用定性分析方法，探讨可能的影响因素；也有部分学者利用定量分析方法，收集具体数据做实证研究来探讨不同影响因素的影响效果。由于截至目前暂无研究CRO产业承接离岸服务外包影响因素的相关文献，本章将综合各类承接离岸服务外包的影响因素进行分析，并分别从国外和国内的角度梳理相关文献。

(一) 国家角度分析

本书通过梳理，从以下几个角度整理了各国承接离岸服务外包影响因素的研究。

第一，从发包国的角度出发。Yeats（2001）认为，发包方更注重承包方的基础设施、对外开放程度、劳动力成本、本国汇率、政治稳定性、商业环境。Altomonte 和 Bonassi（2004）认为，发包国更愿意选择法律制度完善的承包国。Aubert 等（2004）认为，国际发包方在选择承包方时，比较注重承包企业的能力水平和临床经验。Grossman 和 Helpman（2005）的研究表明，发包国选择承包国的影响因素诸多，从宏观角度看，包括承包国的基础设施水平、国内市场规模以及服务贸易开放度；从企业角度看，注重企业的技术能力水平等因素。Boardman 等（2006）对跨国公司选择发包方考虑的因素进行分析，认为完善的基础设施、低成本、政府对服务外包的扶持力度、人力资源禀赋是优先考虑的。Kshetri（2007）认为，承包方所在国家的文化、对外开放度、法律制度是影响发包方决策的重要因素。Weinert 等（2008）研究德国向俄罗斯进行离岸服务外包的原因，发现时差、语言与文化等因素相较成本节约和人力资本而言更加重要。Mary Gayathri（2008）表明，一个发包企业将自己的某些业务环节外包时，主要是为了降低成本、提高利润，因此，可以提高企业利润、降低研发成本的相关因素就是发包企业所考虑的，比如企业的个别生产率、社会生产率、劳动力水平等。

第二，从承包国的角度出发。《2004 年世界投资报告》提出，一国承接离岸服务外包应具备的要素包括熟练且低成本的劳动力、合适的基础设施、IT 产业集群、地理位置、良好的经济发展水平、完善的法律制度等，但是，这些要素的重要性根据承接的服务外包类型而变化。Mehta 等（2017）指出，当前服务外包战略重点已转变为承包商与发包商通过资源共享并与离岸合作伙伴建立长期关系，从而建立承接优势。Mary Gayathri（2008）指出，经济发展水平和贸易开放度等因素会影响一国承接离岸服务外包。Khan 等（2009）指出，服务供应商只有更关注培育熟练劳动力、建立合适的基础设施、产品和服务的质量、有效的外包关系管理和项目管理，才能更好吸引服务外包。Eugene（2010）等发现，低风险规避的国家能够吸引更多的服务外包项目。Khan 等（2011）认为，一国的服务外包企业应该提高自身人才储备，提高服务外包质量与效率，提高发包方的满意度，这样才能提升企业的声誉，也能节约相关成本。Vitasek 等（2012）认为，长期稳定的合作关系对外包的影响是巨大的，对于承包方而言提高了效率，对于发包方来说保证了业务环节的满意度，这对双方都有很大好处，如果双方持续完善合作机制，就可以实现双赢目标，提高双方的竞争力。Wang（2014）发现，一个服务外包企业承接服务外包的能力受各方面因素影响，包括企业的营销能力、项目管理能力、高素质人才数量。在企业的初创时期，需要大力提升这些能力，尽管人才结构对初创时期的软件外包企业影响不大，但人才储备、合理的人才结构和较小的文化差异是未来企业发展的重要基础和保证。Wickramasinghe（2015）研究了斯里兰卡软件企业，认为在发展中国家的软件企业要想承接更多离岸服务外包业务，企业内部要注重知识的分享，提高创新能力。Hee Joon Son 和 Yong-Mi Kim（2001）认为，信息技术服务外包的影响因素是企业相关战略、企业组织形式以及企业技术能力。Huyskens 和 Loebbecke（2006）则认为，企业的研发效率和生产效率影响了企业的承包，需要提高企业创新能力以大力发展离岸外包业务。Amiti 和 Wei（2004）把各国差异化的劳动力成本视为外包产生的最主要因素。

(二) 研究方法角度分析

本书通过梳理,从以下几个方面总结了我国各产业承接服务外包的影响因素。

第一,通过实证分析研究影响离岸服务外包的显著性因素。吕延方等(2010)研究了1997—2007年世界众多服务出口国承接离岸服务外包业务的重要因素,发现互联网普及率、高素质劳动力、经济自由度对发达经济体和不发达经济体均有影响,不发达经济体更容易受到汇率和通货膨胀的影响。高书丽等(2012)通过实证方式研究承接离岸服务外包产业发展环境的影响因素,发现知识产权保护水平、实际汇率、服务业发展水平、互联网普及率、劳动力成本、人才质量等因素与承接离岸服务外包正相关。朱福林等(2015)认为,影响中国承接离岸服务外包的因素分为国家层面和企业层面,国家层面有基础设施完善程度和本国的经济政治环境等,企业层面有研发人员数量和研发效率等。施锦芳等(2016)将"金砖国家"1999—2013年的面板数据作为研究样本,结果表明良好的知识产权保护体系、较高的贸易开放度、人才资源充足、经济发展水平高有助于一国承接离岸服务外包规模的扩大。黄琴琴和李钧(2016)对上海地区服务外包企业进行研究发现,企业拥有的知识和行业经验影响承接离岸服务外包。

第二,通过理论分析、定性分析或对比分析方法总结影响服务外包的因素。吕智等(2007)比较分析了中东欧和亚洲的主要离岸服务外包承接国,认为印度在英语和地理位置方面更具优势,承接了更多来自英联邦和中国的离岸服务外包,中东欧国家具有的语言和文化优势使其承接更多来自欧洲国家的离岸服务外包。宋晓东(2009)对比中国和印度的资源禀赋、政策条件、商业环境等方面,发现中国的劳动力素质、英语语言能力、知识产权保护仍需提升,这样才能更好地培育服务外包企业,承接离岸服务外包。田爱国等

（2013）运用SWOT分析法比较影响中印承接离岸服务外包的因素，发现中国存在技术资源匮乏、知识产权保护水平低等劣势。

第三，综合定性定量分析承接离岸服务外包的影响因素。宋丽丽等（2009）认为，企业IT设施投入程度、成本优势、拥有国际业务经历、品牌声誉可靠、包容的文化、一体化服务能力等因素对在华服务承接离岸服务外包企业有显著正影响。李含婷（2009）认为，承接离岸服务外包的企业具备跨文化沟通和理解能力、拥有涵盖多语言的商务应用，有助于降低沟通成本，提升承接离岸服务外包的竞争力。官华平（2016）在进行实证分析后认为，政府层面的利好政策和税收优惠等措施促进了广东省离岸服务外包承接额的增加。杜鹤楠（2016）将分析视角转向天津，认为影响天津承接离岸服务外包的因素包括人力资源与基础设施水平等要素禀赋因素、汇率和政策法规等制度环境因素、经济发展水平与服务贸易开放度等经济环境因素。徐姗和李容柔（2020）研究长三角地区，发现良好的商业环境、较高的对外开放度和服务外包产业发展水平、政策支持有利于服务外包示范城市提升承包能力。

五 文献评述

从上述文献来看，国内外学者分别对研发外包技术溢出、技术吸收能力、技术创新能力、承接离岸服务外包的影响因素等的相关理论和现状进行了大量研究，对高技术产业、制造业、软件业服务外包的技术溢出效应进行了分析，为本书的研究奠定了基础。

但是，现有文献仍存在不足。首先，针对技术溢出效应的研究有很多，但是大部分研究集中分析软件业服务外包的技术溢出，对于医药制造业技术溢出并没有很多研究涉及；其次，对于医药制造业技术创新能力的分析，部分研究基于国内研发投入角度，综合考

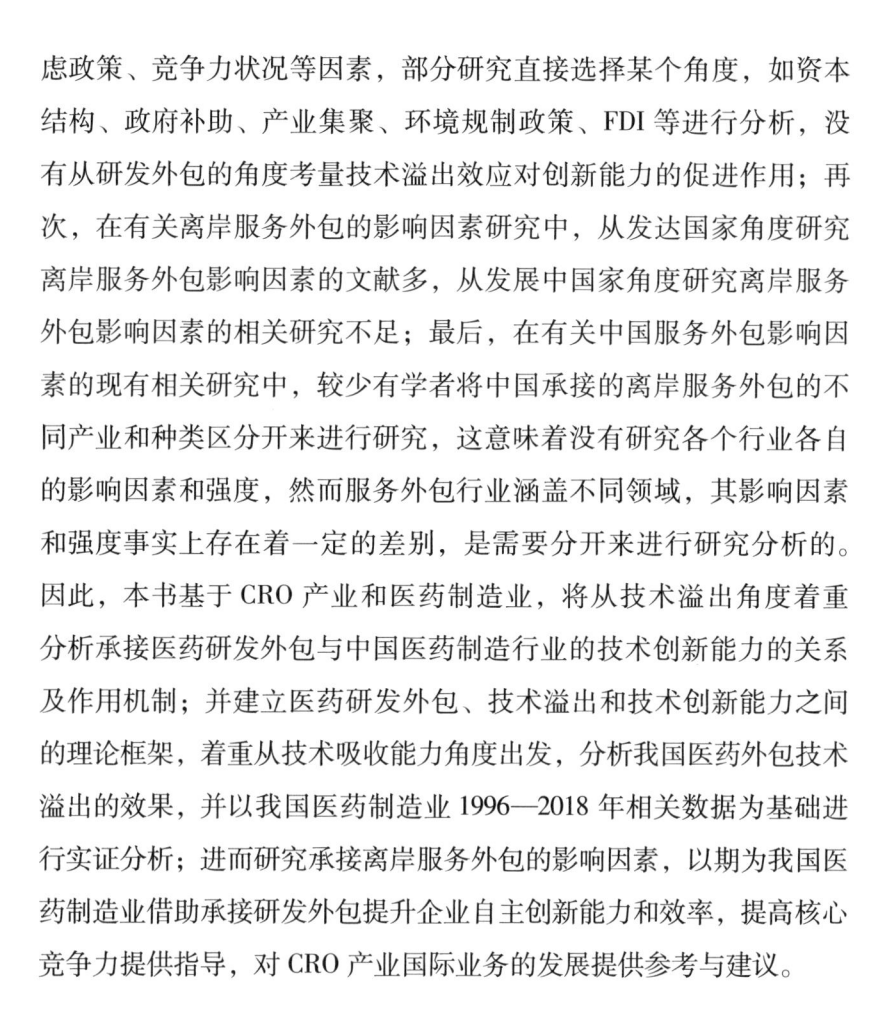

虑政策、竞争力状况等因素，部分研究直接选择某个角度，如资本结构、政府补助、产业集聚、环境规制政策、FDI等进行分析，没有从研发外包的角度考量技术溢出效应对创新能力的促进作用；再次，在有关离岸服务外包的影响因素研究中，从发达国家角度研究离岸服务外包影响因素的文献多，从发展中国家角度研究离岸服务外包影响因素的相关研究不足；最后，在有关中国服务外包影响因素的现有相关研究中，较少有学者将中国承接的离岸服务外包的不同产业和种类区分开来进行研究，这意味着没有研究各个行业各自的影响因素和强度，然而服务外包行业涵盖不同领域，其影响因素和强度事实上存在着一定的差别，是需要分开来进行研究分析的。因此，本书基于CRO产业和医药制造业，将从技术溢出角度着重分析承接医药研发外包与中国医药制造行业的技术创新能力的关系及作用机制；并建立医药研发外包、技术溢出和技术创新能力之间的理论框架，着重从技术吸收能力角度出发，分析我国医药外包技术溢出的效果，并以我国医药制造业1996—2018年相关数据为基础进行实证分析；进而研究承接离岸服务外包的影响因素，以期为我国医药制造业借助承接研发外包提升企业自主创新能力和效率，提高核心竞争力提供指导，对CRO产业国际业务的发展提供参考与建议。

第三节　中国CRO产业承接离岸外包现状

一　全球CRO产业发展现状

20世纪70年代，美国出现了第一家CRO机构，是一家为企业提供医药研究服务的机构。这就是早期CRO的产生，一开始是部分研究机构提供服务，旨在帮助医药企业进行药物分析相关的研究。20世纪80年代，各发达国家出台了更完善的药品管理法规，而各个企业的新药研发过程也越发复杂，越来越多的医药企业开始将自身业务中的部分研发工作承包给 CRO 公司。1990 年后，CRO 产业在日本、美国和欧洲都开始迅速发展，涌现出一批头部企业，率先占据市场份额。20 世纪 90 年代后，各个跨国医药企业开始拥有全球化视野，基于成本等原因，为了提升自身效率，把目光投向发展中国家并进行离岸外包业务的合作，自此推动了发展中国家 CRO 产业的发展。

CRO 是医药产业链精细化分工的必然产物。近年来由于医药企业的业务体量不断增长，全球医药行业竞争加剧，监管也趋于严厉，产业链、价值链趋于复杂，企业部分业务环节效率下降，大型医药企业开始专注于自身盈利能力较强、具有核心竞争优势的业务环节，而将价值较低、效率较低的业务环节外包给相关公司或机构，这助推了 CRO 产业的发展。CRO 产业具有低成本、高速度的竞争力优势，既能有效降低企业研发成本，也能加快研发进度。根据国泰安证券相关报告，CRO 产业人力成本比大型医药企业低 20%—30%，当 CRO 产业参与承接药品研发部分业务环节时，医药企业的研发周期能够缩短 25%—40%。全球 CRO 市场规模随着医药研发投入的增加而快速壮大。Frost & Sullivan 预计，2019—2023 年全球 CRO 市场规模将持续扩大，2023 年规模将达到 951 亿美元（见图 8-1）。

在全球 CRO 产业的三个业务阶段里，临床 CRO 阶段的市场规模仍旧占据最大比例；其次是药物发现 CRO 阶段，在如今医药外包逐渐步入价值链高端阶段时，药物发现 CRO 的比例一直在扩大；最后是临床前 CRO，这是技术含量最高的一部分，近年来市场规模也处于稳定上涨中。CRO 产业按研发流程可以细分为药物发现 CRO、临床前 CRO 和临床 CRO。数据显示全球药物发现 CRO 产业规模从 2014 年的 78 亿美元增长到 2018 年的 115 亿美元，增长了 37 亿美元。临床前 CRO 产业规模从 2014 年的 63 亿美元增长至

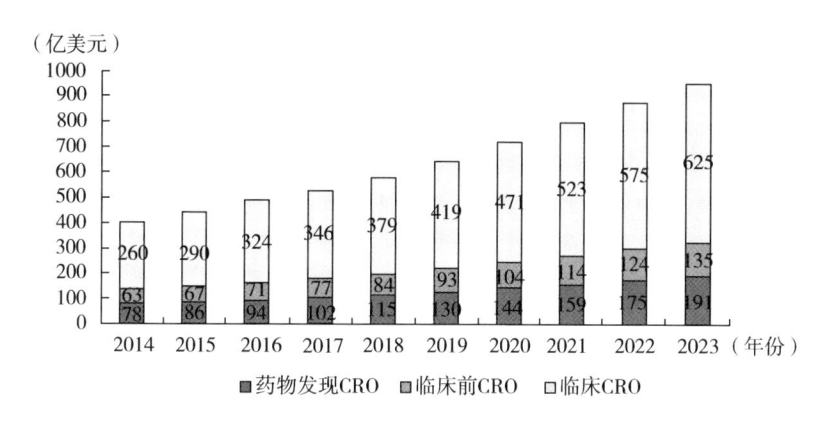

第八章 中国CRO产业承接研发外包的溢出效应和影响因素分析

```
(亿美元)
1000
 900
 800                                                    625
 700                                             575
 600                                      523
                                   471
 500                        419
                     379                         135
 400          346                  104   114  124       191
     260  290 324              93
 300      67  71  77  84          144  159  175
      63              115  130
 200  78  86  94  102
 100
   0
     2014 2015 2016 2017 2018 2019 2020 2021 2022 2023 (年份)
         ■药物发现CRO  ■临床前CRO  □临床CRO
```

图 8-1 2014—2023年全球CRO产业规模及预测

资料来源：弗若斯特沙利文咨询公司。

2018 年的 84 亿美元，增长了 21 亿美元。临床 CRO 产业规模从 2014 年的 260 亿美元增长至 2018 年的 379 亿美元，增长了 119 亿美元。目前而言，全球 CRO 产业中临床 CRO 占据比例还是最大的，但药物发现和临床前 CRO 也处于不断增长中。

二 中国 CRO 产业发展情况

（一）中国 CRO 产业规模快速壮大

全球 CRO 市场规模随着医药研发投入的增加而快速壮大，中国也是如此，CRO 产业的发展深受医药研发投入的影响，但是早期中国的医药研发非常落后，随着经济全球化的发展，中国经济腾飞的同时也带动了医药行业的兴起，近年来中国医药研发受到政府层面的支持，取得较快发展。2014—2018 年，中国医药研发支出年均增速高达 16.1%，高于同期全球医药研发支出增速。2018 年中国医药研发支出规模达 171 亿美元，比 2014 年的 94 亿美元增长了 77 亿美元。其中，药物发现研发支出从 2014 年的 11 亿美元增长到

2018年的22亿美元，增长了11亿美元；临床前研发支出从2014年的19亿美元增长至2018年的33亿美元，增长了14亿美元；临床研发支出由2014年的64亿美元增长至2018年的116亿美元，增长了52亿美元。根据弗若斯特沙利文咨询公司预计，2019—2023年中国医药研发支出增速将进一步提高，预计到2023年中国研发支出将接近500亿美元（见图8-2）。

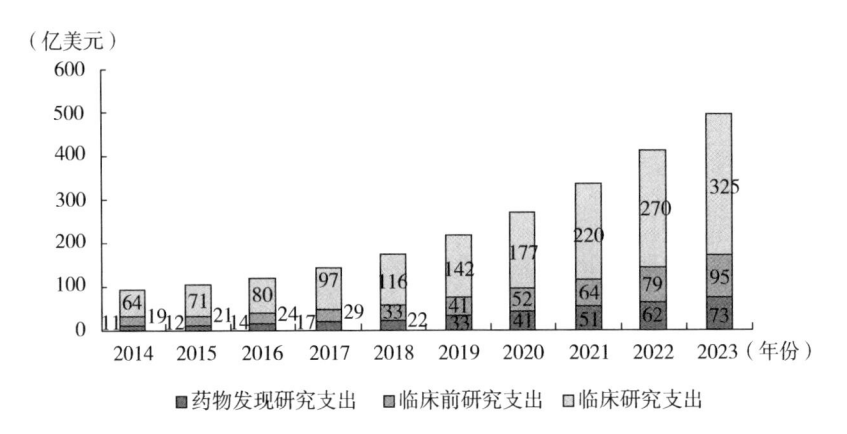

图8-2　2014—2023年中国医药研发支出规模及预测

资料来源：弗若斯特沙利文咨询公司。

2014—2018年，中国CRO产业规模的增长十分迅速。图8-3数据显示，2014年中国CRO产业规模是20亿美元，到2018年，中国CRO产业规模已经增长至58亿美元，总的来说增长了将近2倍，增长率远远高于世界水平。中国药物发现CRO产业规模从2014年的3亿美元增长到2018年的11亿美元，增长了8亿美元。2014年，我国临床前CRO产业规模是6亿美元，2018年增长至15亿美元，增长了9亿美元。我国临床CRO产业规模从2014年的11亿美元增长至2018年的32亿美元，增长了21亿美元。我国临床CRO产业规模是增长最快的，主要原因是成本优势CRO产业逐渐向中国转移。中国CRO产业处于重要发展期，预计2019—2023

年，中国 CRO 产业规模也会每年递增，到 2023 年中国 CRO 产业规模将超过 200 亿美元。

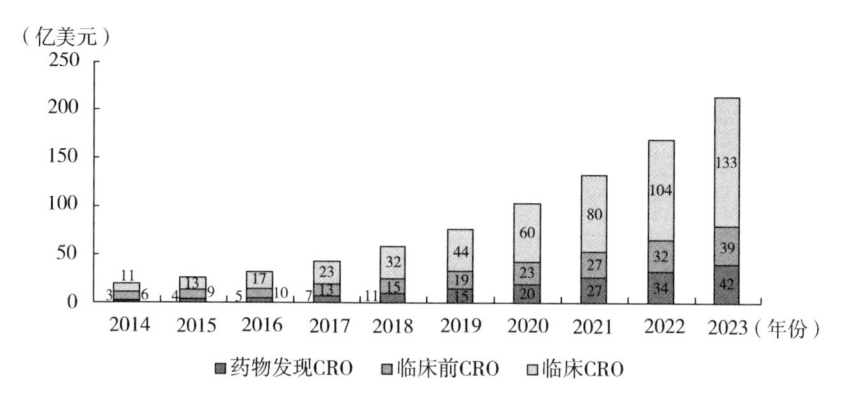

图 8-3 2014—2023 年中国 CRO 产业规模

资料来源：弗若斯特沙利文咨询公司。

（二）龙头集聚，但产业集中度仍然较低

由于 CRO 业务规模效应显著，产业出现明显的分层竞争格局。具有平台化优势和一站式服务能力的龙头公司优势逐步显现，拥有较大业务量的同时仍能保持收入和净利润的快速增长，目前已形成一超（药明康德）多强（药明生物、泰格医药、凯莱英、康龙化成等）的格局。CRO 产业龙头企业药明康德不仅在规模上超过其他 CRO 产业，而且在市场份额和营业能力上也是全国第一。2018 年全球 CRO 公司排名中，药明康德排名第九。据药明康德企业年报显示，2019 年，药明康德实现总营业收入 128.72 亿元，比上一年增长 33%。根据火石创造数据显示，截至 2018 年 12 月底，我国共有 1520 家从事医药外包（CRO/CMO）的公司，除了龙头企业，数量众多的中国中小型 CRO 产业由于技术、资金、管理、知识产权保护等方面的严重不足导致其市场集中度较低。

（三）中国 CRO 产业承包持续增长

我国的医药和生物技术研发服务承包保持两位数增长。据商务部统计，2019年，中国CRO产业共承接医药和生物技术研发外包合同额71.3亿美元，比2014年的31.0亿美元增长了40.3亿美元。其中，我国CRO产业离岸合同执行额由2014年的24.6亿美元，上升到2019年的57.8亿美元，增长了33.2亿美元（见图8-4）。

图8-4 2014—2019年中国CRO接包规模

资料来源：中国商务年鉴。

由商务部公布数据可知，中国医药和生物技术研发服务承包以离岸为主。2019年，离岸医药和生物技术研发服务外包执行额占全部医药和生物技术研发服务外包执行额的81.1%。

（四）大型CRO产业海外收入占比较高，国内收入占比逐步上升

根据2019年7月15日全国药店周暨中国医药创新发展大会公布的榜单，2018年度中国CRO产业TOP10依次为以下企业：药明康德、药明生物、泰格医药、康龙化成、凯莱英、金斯瑞、睿智化学、药石科技、昭衍新药、九洲药业。

如表8-2所示，2017—2018年，CRO产业龙头企业药明康德无论是境内收入还是境外收入都位居全国第一，2017年，境内收入为15.27亿元，占总营业收入的19.78%，境外收入达到61.93亿元，占总营业收入的80.22%；2018年，境内收入为24.32亿元，同

比增长了59.27%,境外收入增长了9.76亿元,达到71.69亿元,占总营业收入的74.67%,比上年低5.55个百分点。泰格医药境内收入在2017年为7.22亿元,境外收入占比在7个企业中最低,占比为57.20%,2018年,境内收入超过境外收入,说明企业更多地承接了来自我国国内医药企业的研发外包业务。凯莱英的境外收入占比最高,2017年为91.91%,2018年有小幅度降低,比例为90.46%。

表8-2 中国CRO TOP10部分企业2017—2018年境内外营业收入情况

单位:亿元,%

企业	2017年			2018年		
	境内收入	境外收入	境外收入占比	境内收入	境外收入	境外收入占比
药明康德	15.27	61.93	80.22	24.32	71.69	74.67
药明生物	5.52	10.67	65.90	9.80	15.55	61.34
泰格医药	7.22	9.65	57.20	12.34	10.67	46.37
康龙化成	1.97	20.81	91.35	3.76	33.81	89.99
凯莱英	1.15	13.07	91.91	1.75	16.60	90.46
药石科技	0.79	1.95	71.17	1.13	3.65	76.36
九洲药业	5.35	10.62	66.50	6.58	11.02	62.61

资料来源:药明康德、泰格医药、康龙化成、药明生物、凯莱英、药石科技、九洲药业企业年报。

表8-2反映了以下两点:一是2017—2018年我国大型CRO产业来自境外收入的占比基本都高于境内收入占比,最低为46.37%(泰格医药),最高达到91.91%(凯莱英),说明我国大型CRO产业的主要收入来自于跨国公司,主要承接国际新药创新业务,为跨国医药企业提供研发外包服务。二是除药石科技外,其他6个CRO产业2018年境外收入占比都比上一年低,说明国内CRO产业在不断开拓国内医药企业客户,国内收入比例上升。

(五)中国CRO产业进入黄金发展期

中国CRO产业比美国等发达国家起步晚,在21世纪以后才开始发展，2003年国家出台关于CRO产业的规范，拉开了我国CRO产业发展的帷幕。国内CRO产业的发展具有低廉的成本优势、国家层面积极出台政策支持CRO产业发展、资本市场看好生物医药类企业，正是这些影响因素使全球CRO产业向中国转移，我国CRO产业进入黄金发展期。政府层面在近些年出台诸多政策推动我国CRO产业的发展。根据国家统计局数据，2014—2018年，中国创新药市场规模也大有增长，由1065亿美元增长至1286亿美元，增长率高于全球创新药市场规模，创新药市场的规模的扩大意味着各类医药企业对CRO的需求也在不断增长，我国巨大的人才储备带来成本优势，因此，大部分跨国医药企业都将目光投向中国的CRO产业。从新药研发不同阶段成本支出来看，根据上海医药临床研究中心数据，在化合物筛选阶段，中国试验成本仅占西方发达国家的30%—60%；在毒理试验阶段，中国试验成本仅占西方发达国家的30%；在动物试验阶段，中国试验成本仅占西方发达国家的30%；在Ⅰ期临床阶段，国内试验成本仅有发达国家试验成本的30%—60%；Ⅱ期到Ⅲ期临床阶段，国内试验成本同样仅有发达国家试验成本的40%—60%（见表8-3）。这表明，选择在我国进行离岸外包能够节约研发支出，这也预示着我国CRO产业在未来将获得国际发包方更多青睐。

表8-3　　　　　　　　外包产业各阶段成本中外对比

试验阶段	试验项目	中国试验成本占西方发达国家比例
临床前阶段	化合物筛选	30%—60%
	毒理试验	30%
	动物试验	30%
临床阶段	Ⅰ期临床	30%—60%
	Ⅱ期到Ⅲ期临床	40%—60%

资料来源：上海医药临床研究中心。

三 中国CRO产业离岸外包的发展现状

(一) 中国离岸医药外包服务起步晚

中国的CRO业务开始于20世纪90年代末。MDS医药服务公司在北京创办了我国第一家CRO企业。1996年,世界CRO巨头昆泰也瞄准了中国市场,在中国香港设立了办事处。随后科文斯、肯达尔等国际CRO产业巨头都开始瞄准我国北京、上海等大型城市进行分公司的布局。1999年CFDA实施了《新药审批办法》,要求新药申请和批准必须提供相应的安全性和有效性证明。各个跨国企业为了中国市场需要适应《新药审批办法》,即研发新药不仅需要大大提升效率,也需要贴合本土情况,这对我国本土CRO产业而言是个机遇,推动了本土CRO产业的出现和迅速发展。2003年8月,我国出台《药品临床试验质量管理规范》,其中明确列出主办方和合同研究机构可以合作研发,由合同研究机构来承担临床试验、临床后反应等部分工作和任务,这导致我国CRO市场开始迅速发展。2014—2018年,我国CRO产业销售额由140亿元增长至379亿元,高于同期全球CRO产业销售额的增长速度。

(二) 承接离岸医药外包业务范围广,形成有特色的市场业务格局

截至2019年9月,国内CRO产业共有578家,上市企业有34家。从2000年成立第一家内资CRO企业以来,二十多年的发展使我国CRO产业的产业链趋于完善,离岸外包的业务范围涵盖医药外包服务链的各个环节,包括药物发现、临床前研究、临床研究等。在发展初期,跨国企业的离岸CRO业务主要集中在基础市场的临床前试验和新药注册代理等业务,附加值较低。而如今,离岸CRO业务范围已经扩大到医药研发、药物发现等方面,涵盖了各个阶段的不同环节。据中国行业信息统计,在中国

CRO市场各个阶段的规模中，临床阶段的规模占据比例是最大的，其次是药物发现阶段的规模，临床前阶段的规模是最低的，我国CRO产业正在不断提高技术能力、研发效率以承接更高端的研发外包业务。

第四节 中国承接医药研发外包技术溢出效应的实证研究

基于研发外包技术溢出效应的作用机制，本章将选取1996—2018年医药制造业相关数据进行分析，实证检验承接医药研发外包是否存在技术溢出，以及研发外包技术溢出对医药制造业技术创新能力有何种程度的影响。

一 模型选择

VAR（向量自回归）模型将系统中每一个内生变量作为系统中所有内生变量的滞后值来构造模型，它可以用来预测相关联的经济时间序列系统，并分析随机扰动对变量系统的动态冲击，进一步解释经济冲击对经济变量所产生的影响。VAR模型的一般表达式为：

$$Y_t = A_1 Y_{t-1} + A_2 Y_{t-2} + \cdots + A_p Y_{t-p} + BX_t + \mu_t$$

其中，Y_t为k维内生变量向量；X_t为d维外生变量向量；μ_t是k维误差向量；A_1，A_2，$\cdots$，A_p，B是待估系数矩阵。

二 变量说明

第一，技术创新能力（P）。创新产出的衡量标准一般有专利申请数和新产品销售收入，但是由于技术创新不仅包含开发新技术、创造新产品，还包括对已有的技术进行应用创新，而这一部分创新无法通过新产品销售收入反映出来。专利申请数则可以很好地衡量企业创新产出。基于本章的研究目的和数据的可获得性，我们选择医药制造业专利申请数作为技术创新能力的衡量指标。

第二，R&D经费投入（RDF）。本章选用医药制造业R&D经费内部支出来表示研发资金投入水平，用来代表行业创新强度和内部的创新能力，单位为万元。

第三，R&D人员投入（RDP）。本章选取医药制造业R&D人员全时当量来表示研发人员投入水平，单位为人。

第四，研发外包。关于国际离岸外包程度的度量，表8-4总结了一些学者的衡量指标。

表8-4　　　　　　　　离岸外包衡量指标

资料来源	指标选取
徐毅、张二震（2008）	进口的中间投入品/总的中间投入
徐志成等（2010）	国际服务外包执行额/第三产业增加值
仇旭东（2011）	软件业外包额
郎永峰等（2011）	行业出口额
赵囡囡（2012）	垂直专业化VSS系数
冯倩（2012）	服务业生产总值
曹春花（2014）	服务业出口额
曾菊凡（2015）	中间商品出口与全部商品出口
肖志浩（2016）	调整后的服务外包行业出口额
朱旭东（2017）	直接消耗系数乘以中间产品的进口比率
杨慧梅（2018）	垂直专业化系数

从表8-4可以看出，现有文献对国际外包的度量指标选取有三种：第一种是直接选取行业服务外包额，这些数据可以从相关统计年鉴中查询到，比如全国31个服务外包示范城市的服务外包出

口额可以从相关城市的统计年鉴中查询，软件业外包额可以从"中国外包网"和相关年份《中国电子信息产业统计年鉴》获得。第二种是通过"投入产出表"计算我国制造业各部门参与垂直专业化的 VSS 系数，该系数由 Hummels 等（2001）提出，关键是要考虑进口中间投入品在出口产品中所占的比例，即：

$$VS_i = \left(\frac{M_i}{Y_i}\right)X_i = \left(\frac{X_i}{Y_i}\right)M_i \qquad (8-1)$$

相应的，

$$VSS_i = \frac{VS}{X} = \frac{\sum VS_i}{\sum X_i} = \frac{\sum \left(\frac{VS_i}{X_i}\right)X_i}{\sum X_i} = \sum \left[\left(\frac{X_i}{X_i}\right)\left(\frac{VS_i}{X_i}\right)\right]$$

$$(8-2)$$

其中，X_i 表示行业 i 的总出口，Y_i 表示行业 i 的总产出，M_i 表示行业 i 的进口中间投入品。总出口和总产出相关数据可以从相关年份《中国统计年鉴》中获得，进口中间投入品数据需要从"投入产出表"获得。第三种是直接用行业产品出口额代替服务外包额。

本章在选择医药研发外包衡量指标时，一方面，由于医药研发外包相关统计数据很少，目前能找到的数据只有中国 CRO 行规规模，即医药外包行业销售额，但是数据年限较短，难以满足论文写作需要；另一方面，由于"投入产出表"不是每年都会公布，并且在投入产出表部门分类中，医药制造业包含在化学工业大类之中，只统计了化学产品进出口中间投入品，没有细分的医药制造业相关产品情况，所以找不到医药制造业产品进出口中间投入品的相关统计数据。因此，本章参照上述第三种情况选择医药行业医药品出口额来衡量医药研发外包规模。在相关年份《中国统计年鉴》中找到的医药品出口额统计单位为万美元，本章以当年人民币兑美元的平均汇率换算为本国货币值，单位为万元人民币。

第五，购买国内技术（GN）。即本地企业购买国内其他单位科技成果的经费支出，用医药制造业购买国内技术经费支出表示，单位为万元。

第六，引进国外技术（YJ）。即国内企业用于购买国外技术及关键设备等的费用支出。技术引进后能否直接促进技术创新，这与引进后的消化吸收密切相关。因此，本章选择技术引进经费支出与消化吸收经费支出总和来衡量技术引进，单位为万元。

回归变量的分类和说明具体如表8-5所示。

表8-5　　　　　　　　回归变量的分类和说明

变量类别	指标	符号	说明
被解释变量	技术创新能力	P	专利申请数
解释变量	R&D经费投入	RDF	R&D经费支出
	R&D人员投入	RDP	R&D人员全时当量
	研发外包	CRO	医药品出口额
	购买国内技术	GN	购买国内技术经费支出
	引进国外技术	YJ	技术引进经费支出与消化吸收经费支出之和

三　数据的来源及数据处理

本章数据来源于1997—2017年《中国高技术产业统计年鉴》《中国科技统计年鉴（2018）》和1997—2017年《中国统计年鉴》。所有数据均可以从中直接获得。

在时间维度上，本章数据年限范围为1996—2018年，因为中国医药研发外包业务最早始于1996年，所以数据选择从1996年开始分析。

本章所使用的分析软件为 Eviews 9.0。同时为避免共线性和异方差问题，所有指标都进行了取对数处理，在模型中分别用 ln$P$、lnRDF、lnRDP、lnCRO、lnGN、lnYJ 表示。

四　基于 VAR 模型的实证分析

（一）单位根检验

本章采用 ADF 检验法对各变量（ln$P$、lnRDF、lnRDP、lnCRO、lnGN、lnYJ）的平稳性进行检验，检验结果如表 8-6 所示。

表 8-6　　　　　　　　　回归变量的检验结果

变量	ADF 值	临界值	结论
ln$P$	-1.771585	-2.642242**	不平稳
D(ln$P$)	-4.376220	-3.012363*	平稳
lnRDF	-0.987406	-3.254671**	不平稳
D(lnRDF)	-3.481547	-3.012363*	平稳
lnRDP	-1.690374	-3.254671**	不平稳
D(lnRDP)	-4.323652	-3.644963*	平稳
lnCRO	-0.443856	-2.642242**	不平稳
D(lnCRO)	-3.376749	-3.012363*	平稳
lnGN	-1.561104	-2.655194**	不平稳
D(lnGN)	-5.927286	-3.012363*	平稳
lnYJ	-2.182573	-2.642242**	不平稳
D(lnYJ)	-3.352564	-3.0123630*	平稳

注：**、* 分别代表 5% 和 10% 的显著性水平下显著。

对 ln$P$、lnRDF、lnRDP、lnCRO、lnGN、lnYJ 原序列的平稳性进行检验，在 Eviews 9.0 中进行检验时分别选择三种模式（有截距项、有截距项和趋势项、无），当所有变量原序列在这三种模式下都显示不平稳时，继续进行一阶差分序列平稳检验，结果显示为：$\ln P \sim I(1)$，$\ln RDF \sim I(1)$，$\ln RDP \sim I(1)$，$\ln CRO \sim I(1)$，$\ln GN \sim I(1)$，$\ln YJ \sim I(1)$，即所有变量都为一阶单整，可以进一步对 $\ln P$、$\ln RDF$、$\ln RDP$、$\ln CRO$、$\ln GN$、$\ln YJ$ 进行协整检验。

（二）协整检验

本章是多变量检验，因此采用 Johanson 检验。首先确定最优滞后阶数，结果如表 8-7 所示。

表 8-7　　　　　　　　各准则下的滞后阶数

Lag	LogL	LR	FPE	AIC	SC	HQ
0	-9.363631	NA	1.74e-07	1.463203	1.761638	1.527971
1	116.4541	167.7569*	3.93e-11*	-7.090862	-5.001817*	-6.637486
2	159.7170	32.96226	5.88e-11	-7.782573*	-3.902919	-6.940589*

注：*表示各准则下的最佳滞后阶数。

确定滞后阶数的方法一般采用 AIC 准则和 SC 准则，当 AIC 和 SC 的值同时较小时，则选择的滞后阶数为最佳滞后阶数；当 AIC 和 SC 准则结果不一致时，则采用 LR 检验法结果。表 8-7 显示，AIC 在滞后二阶为最优，而 SC 在滞后一阶为最优，因此根据 LR 值来判断。LR 值显示最优阶数为 1，判定 VAR 模型的最优滞后阶数为 1，因此建立 VAR（1）。模型参数估计结果如表 8-8 所示。

表 8-8　　　　　　　　VAR 模型参数估计结果

		$\ln P$	$\ln RDF$	$\ln RDP$	$\ln CRO$	$\ln GN$	$\ln YJ$
$\ln P(-1)$		0.058844	0.062022	0.148006	-0.098186	-0.472969	-0.311793
		(0.29607)	(0.19588)	(0.27674)	(0.13729)	(0.64088)	(0.39972)
		[0.19875]	[0.31663]	[0.53483]	[-0.71520]	[-0.73800]	[-0.78004]

续表

	ln$P$	lnRDF	lnRDP	lnCRO	lnGN	lnYJ
lnRDF(-1)	0.634569 (0.39254) [1.61657]	0.593441 (0.25971) [2.28505]	-0.233954 (0.36691) [-0.63764]	0.244313 (0.18202) [1.34224]	1.210058 (0.84970) [1.42409]	0.242093 (0.52996) [0.45682]
lnRDP(-1)	-0.164804 (0.22382) [-0.73632]	0.044576 (0.14808) [0.30102]	0.670214 (0.20921) [3.20361]	-0.244293 (0.10378) [-2.35385]	-0.314190 (0.48449) [-0.64849]	-0.094822 (0.30218) [-0.31380]
lnCRO(-1)	0.578760 (0.26510) [2.18316]	0.412789 (0.17539) [2.35353]	0.584845 (0.24779) [2.36025]	0.985074 (0.12293) [8.01355]	-0.133081 (0.57385) [-0.23191]	0.189635 (0.35791) [0.52984]
lnGN(-1)	-0.017380 (0.15619) [-0.11128]	0.153547 (0.10334) [1.48589]	0.039416 (0.14599) [0.26999]	-0.000992 (0.07242) [-0.01370]	0.129938 (0.33810) [0.38432]	0.008333 (0.21087) [0.03952]
lnYJ(-1)	0.417785 (0.16815) [2.48467]	-0.007901 (0.11125) [-0.07102]	-0.080595 (0.15717) [-0.51281]	0.048386 (0.07797) [0.62059]	0.215803 (0.36397) [0.59291]	0.957995 (0.22701) [4.22009]
C	-12.28782 (3.67347) [-3.34502]	-3.176392 (2.43038) [-1.30695]	-2.877132 (3.43358) [-0.83794]	-0.121389 (1.70337) [-0.07126]	0.221979 (7.95171) [0.02792]	-2.205912 (4.95945) [-0.44479]
R-squared	0.991495	0.996117	0.981750	0.992521	0.901991	0.872614
Adj. R-squared	0.988093	0.994564	0.974450	0.989529	0.862787	0.821660
Sum sq. resids	0.419140	0.183465	0.366186	0.090120	1.963936	0.763966
S.E. equation	0.167161	0.110594	0.156245	0.077511	0.361841	0.225679
F-statistic	291.4495	641.4100	134.4871	331.7649	23.00776	17.12540
Log likelihood	12.34987	21.43785	13.83556	29.25754	-4.639638	5.746373
Akaike AIC	-0.486352	-1.312532	-0.621415	-2.023412	1.058149	0.113966
Schwarz SC	-0.139202	-0.965382	-0.274265	-1.676262	1.405299	0.461116
Mean dependent	8.102188	13.51960	10.57511	15.23078	11.11994	11.16520
S.D. dependent	1.531920	1.500064	0.977487	0.757490	0.976833	0.534400
Determinant resid covariance (dof adj.)	1.18E-11					
Determinant resid covariance	1.18E-11					

续表

	lnP	lnRDF	lnRDP	lnCRO	lnGN	lnYJ
Log likelihood		114.7852				
Akaike information criterion		-6.616838				
Schwarz criterion		-4.533938				

注：小括号内为各回归系数的标准差，中括号内为各回归系数的t统计量。

其次，由于协整检验的最优滞后阶数等于VAR模型最优滞后阶数减1。因此，协整检验最优滞后阶数为0，运用Johansen检验方法对模型变量进行协整检验，迹检验与最大值检验结果如表8-9、表8-10所示。

表8-9　　　　　　　　迹检验结果

假定的协整方程数	特征值	迹统计量	0.05的临界值	概率
None**	0.859610	97.92861	95.75366	0.0351
At most 1	0.668879	54.73528	69.81889	0.4301
At most 2	0.580126	30.41931	47.85613	0.6974
At most 3	0.249733	11.32768	29.79707	0.9528
At most 4	0.166381	5.006499	15.49471	0.8081
At most 5	0.044566	1.002962	3.841466	0.3166
迹检验表明在5%显著性水平下存在1个长期协整关系				

注：** 表示5%的显著性水平下显著。

表8-10　　　　　　　　最大值检验结果

假定的协整方程数	特征值	最大值统计量	0.05的临界值	概率
None**	0.859610	43.19333	40.07757	0.0216
At most 1	0.668879	24.31597	33.87687	0.4327
At most 2	0.580126	19.09163	27.58434	0.4075

续表

假定的协整方程数	特征值	最大值统计量	0.05 的临界值	概率
At most 3	0.249733	6.321181	21.13162	0.9757
At most 4	0.166381	4.003537	14.26460	0.8590
At most 5	0.044566	1.002962	3.841466	0.3166

最大值检验表明在5%显著性水平下存在1个长期协整关系

注：**表示5%的显著性水平下显著。

最后，经过迹检验和最大值检验，当显著性水平为5%时，两种检验方法同时拒绝不存在长期协整关系的假设，并且两种检验都显示在5%的显著性水平下存在一个长期协整关系。这表明研发资金投入、研发人员投入、研发外包、购买国内技术、技术引进与技术创新能力之间存在长期协整关系。可以进行下一步分析。

（三）模型稳定性检验

应用 Eviews 9.0 对 VAR 模型的稳定性进行检验，结果如表 8-11 所示。

表 8-11 VAR 稳定性检验

单位根	模
0.974370	0.974370
0.783697	0.783697
0.728762 − 0.277667i	0.779867
0.728762 + 0.277667i	0.779867
0.381395	0.381395
−0.201479	0.201479

由图 8-5 可知，全部单位根都落在单位圆内，说明 VAR（1）

模型是一个稳定的系统。

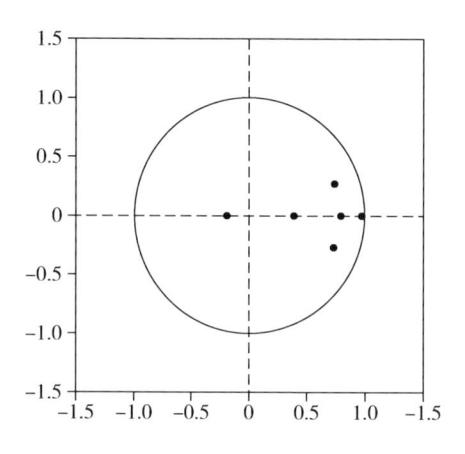

图 8-5 VAR 稳定性检验

第五节 中国 CRO 产业承接离岸外包的影响因素分析

从已有研究来看，研究离岸外包的影响因素需要考虑一个国家或地区的政治、经济、文化因素。本章将采用波特的"钻石模型"作为理论模型，对我国 CRO 产业承接离岸外包的影响因素进行定性分析。

一 钻石模型

（一）"钻石模型"理论介绍

迈克尔·波特在 1990 年提出"钻石模型"理论，具体理论是对竞争优势分析后的结果。波特认为分析企业或国家的竞争优势就是对影响因素进行梳理，他利用钻石模型来分析这一理论。张卫山（2016）认为钻石模型可以较全面地对产业承接离岸外包影响因素进行分析，本章借鉴张卫山（2016）的做法，利用钻石模型研究CRO产业承接离岸外包的影响因素。迈克尔·波特综合考虑了各种因素对国际贸易的影响，并利用以下几种因素构建了钻石模型，如图8-6所示。

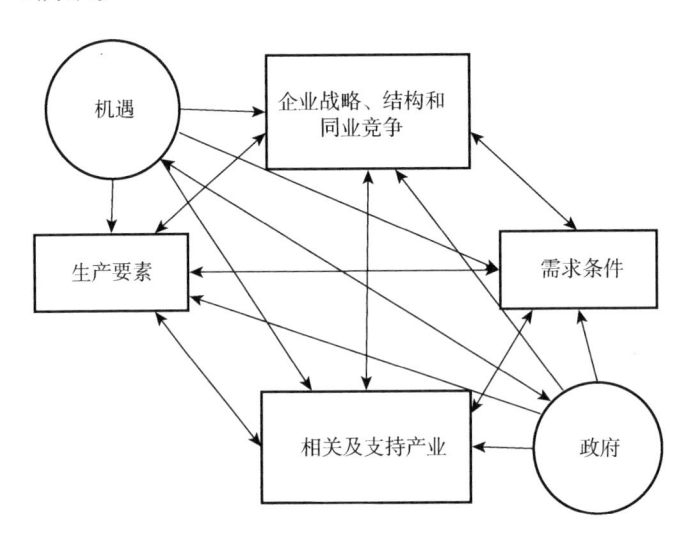

图8-6 迈克尔·波特的钻石模型

生产因素是指一个国家或地区的生产要素状况，包括自然资源、劳动要素和技术等。需求因素是指海外市场和国内市场的需求。企业战略、结构和同业竞争因素归根结底就是企业的发展目标、企业结构和企业的竞争力。政府和机遇因素是指外部因素，机遇是指某些有利于企业发展的突发事件；政府因素是指政府在发展过程中发挥的作用。政府层面可以引导和规范行业健康发展，也可以出台相关税收优惠政策或是发展政策来帮助行业发展，从而达到占领更多市场份额的目的。

（二）基于钻石模型的医药研发外包分析框架

1. 钻石模型下医药离岸外包的生产要素条件

基于全球不同地区的劳动力成本、研发成本、管理成本之间的

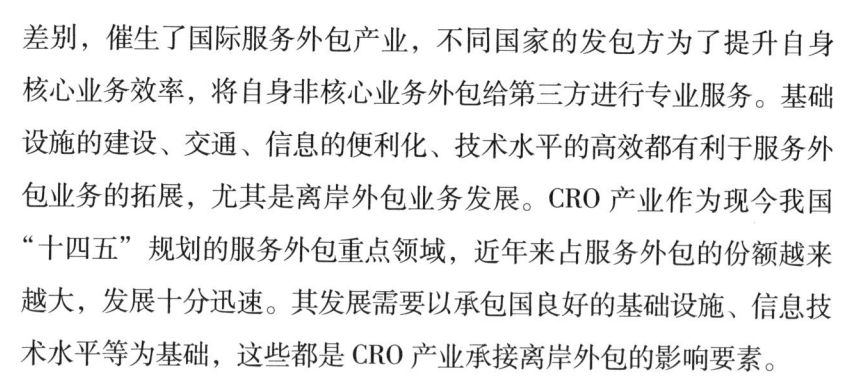

差别，催生了国际服务外包产业，不同国家的发包方为了提升自身核心业务效率，将自身非核心业务外包给第三方进行专业服务。基础设施的建设、交通、信息的便利化、技术水平的高效都有利于服务外包业务的拓展，尤其是离岸外包业务发展。CRO产业作为现今我国"十四五"规划的服务外包重点领域，近年来占服务外包的份额越来越大，发展十分迅速。其发展需要以承包国良好的基础设施、信息技术水平等为基础，这些都是CRO产业承接离岸外包的影响要素。

2. 钻石模型下医药离岸外包的需求条件

CRO产业发展的内在动力除了离岸市场的需求，其在岸外包的需求也是动力之一。现阶段我国服务外包行业处于急速发展中，不断涌现出各种新技术，促进各个企业不断提升创新能力，市场运作效率不断加快，新的产品不断更新换代，服务外包产业因为广泛的需求而高速发展。伴随着ICT（信息通信技术）、物联网等技术的发展，以及"互联网＋"商业模式的推动，我国各产业对信息化的需求都逐年增多，也带动了部分产业的发展，其中各行各业服务外包的需求表现得越发明显。需求可以反作用于外包行业的发展，从而增强这些外包行业的国际竞争力，推动这些企业在离岸市场的发展。

3. 钻石模型下医药离岸外包的相关与支持性产业

产业集群是推动区域经济发展的一种模式，在产业集群角度下，产业竞争力的主要影响因素是产业集群，一个成熟的产业集群对企业乃至行业的影响都是非常大的。CRO产业的发展需要全线布局产业链，各个产业链之间必须达到鼎力合作，和相关与支持性产业也需要互相配合、和谐发展，CRO产业才能够长久地发展，从而提升自己的竞争力。因此，相关与支持性产业是非常重要的影响因素，CRO产业必须和其相关与支持性产业和谐互助，才能够立足于竞争越来越激烈的市场中，否则这些产业可能会成为其发展路上的绊脚石。

4. 钻石模型下医药离岸外包的企业战略、结构与同业竞争

CRO产业的发展深受企业战略、结构和同业竞争的影响。在承接离岸外包时，通常需要与其他国家或地区或本国的同类型企业进行竞争。在我国CRO产业中存在着一个缺陷，即研发水平不高，研发水平直接决定着这些CRO产业能否承接到规模较大或技术性含量较高的离岸外包业务。如果有的企业研发水平比业内其他公司弱，在承接跨国类的医药外包项目时就没有竞争力，业务范围只能瞄准国内的一些技术性含量低的项目，无法和国际上水平较高的医药企业相互交流学习，容易被市场淘汰。

5. 钻石模型下医药离岸外包的机遇与政府

近年来，随着经济全球化与全球市场细分，这可能将成为我国CRO产业发展离岸外包的巨大商业机会。如今我国针对CRO产业的发展出台了各项保障政策，CRO产业的快速健康发展也离不开政府支持。CRO产业作为一个知识流程外包中的新兴产业，是需要政府层面的支持与扶助的。政府的扶持能够使我国CRO产业发展更加通畅，在离岸外包市场也会拥有更强的竞争力。因此，国家层面的政府扶持是我国CRO产业承接离岸外包的重要影响因素之一。机遇对于企业也拥有巨大影响，对于CRO产业而言，全球药品市场的专利悬崖期就是一个很好的发展机遇。

二 中国CRO产业承接离岸外包的影响因素定性分析

(一) 生产要素分析

1. 劳动力成本

劳动力成本是中国CRO产业承接离岸外包的一个重要影响因素。国际上各个发达国家都是全球医药外包的主要发包方，其原因是发达国家的老龄化问题导致劳动力成本大大提高，而像中国、印

第八章 中国 CRO 产业承接研发外包的溢出效应和影响因素分析

度等人力成本较低的国家就承接了 CRO 产业的转移。

把国际 CRO 产业与中国 CRO 产业进行对比发现，三家发达国家的企业的人均营业成本都非常高，均比中国企业高出四五十万元，其中 Lab Corp 人均营业成本为 84 万元，IQVIA 人均营业成本为 80 万元，Syneos Health 人均营业成本为 98 万元，三家均值约为 87 万元。而在中国企业中，药明康德人均营业成本为 31 万元，康龙化成人均营业成本为 30 万元，泰格医药人均营业成本为 35 万元，凯莱英人均营业成本为 28 万元，九洲药业人均营业成本为 43 万元，博腾股份人均营业成本为 45 万元，药石科技人均营业成本为 40 万元，七家企业均值为 36 万元，比三家国际企业均值低约 51 万元（见图 8 - 7）。由如上数据可以得知，国内 CRO 产业的成本优势非常显著，比国外 CRO 产业的成本低很多，这也解释了为什么近年来 CRO 产业不断向中国转移。

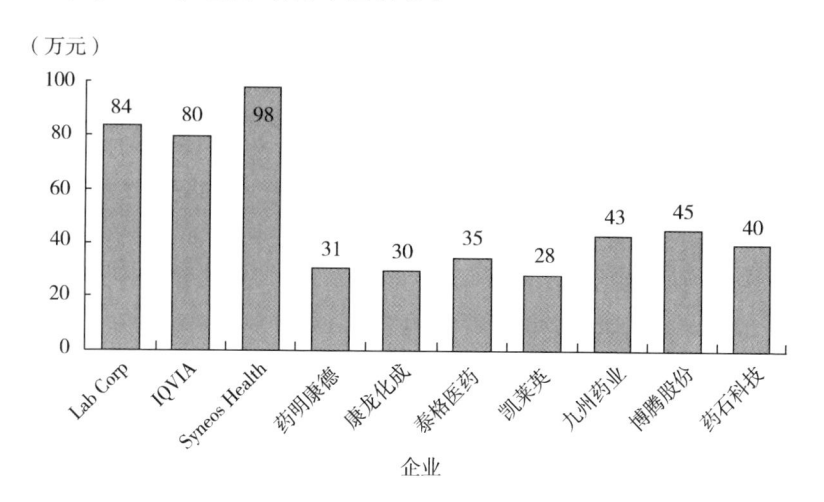

图 8 - 7 国内主要 CRO 产业人均营业成本对比

资料来源：相关企业年报。

2. 人才培养与储备

医药外包行业是集劳动密集、技术密集、知识密集为一体的现代新兴服务业，人才的培养与储备是非常重要的，人才是一个竞争力极强的重要影响因素。医药外包涉及的业务范围包括药物发现、临床前和临床等阶段，不同阶段的业务对人才的素质有着不同的要求。CRO产业的运作可能在临床试验阶段需要大量廉价的劳动力资源，但在更重要的研发阶段需要高水平人才，这样才能更好地完成离岸外包业务。劳动力的素质在一定程度上代表了一个行业或企业的自主创新能力，也代表了其国际竞争力。

我国是人口大国，每年国内毕业的高校（包括研究生和本科、专科）学生数量都在不断增加，从2010年的614万增长到2019年的833万人，平均每年增长高校毕业生20万人左右（见图8-8）。这就是我国强大的人才储备，能够为各行各业的发展带来人才红利，也能够为我国CRO产业发展提供大量优质人才。

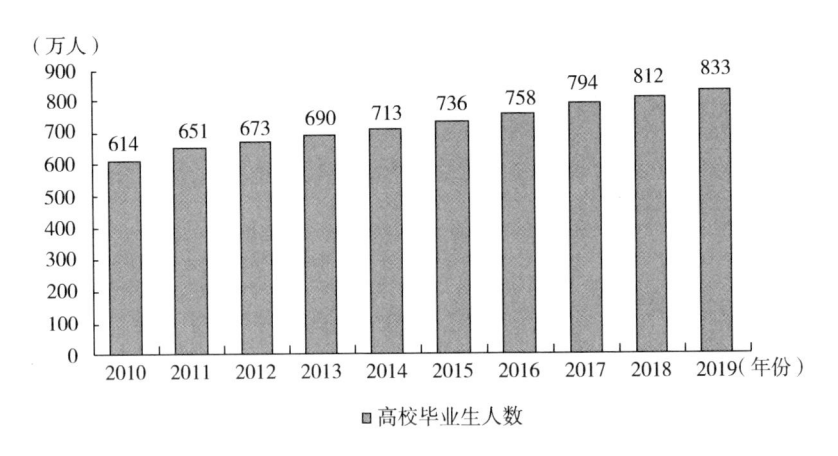

图8-8　2010—2019年高校毕业生人数

资料来源：国家统计局。

2018年的《中国科技人才发展报告》阐述，经过我国各方的不懈努力，我国科技人力资源、全社会研发人员数量，都排在世界先列。我国的创新能力和国际影响力逐步扩大，对人才的吸引力不断增强，这也直接催生了我国最大规模的外国留学人才的"归国潮"。我国政府一直倡导科技人才引领创新发展，人才的充裕有力地推动了我国 CRO 产业的发展。

3. 基础设施水平

对于 CRO 产业而言，我国的基础设施水平需要包括交通、软件、通讯等方面的完善，发包方和承包方之间需要进行即时的信息沟通，这就需要通信方面的基础设施是完善的。交通方面也需要有良好的基础设施，在国内承接离岸外包必然会需要便捷的交通。一国的基础设施水平已经成为衡量服务外包商业环境的重要指标。因此，我国的基础设施水平也是我国 CRO 产业承接离岸外包的影响因素之一。

（二）需求因素分析

CRO 产业发展的内在动力除了离岸市场的需求，其在岸外包的需求也是动力之一。现阶段我国服务外包行业处于急速发展中，不断涌现出各种新技术，促进各个企业不断提升创新能力，市场运作效率不断加快，新的产品不断更新换代，服务外包产业因为广泛的需求而高速发展。需求可以反作用于外包行业的发展，从而增强这些外包行业的国际竞争力，推动其在离岸市场的发展。通常情况下，用 GNP（国民生产总值）和人均国民收入代表一个国家或地区对服务贸易的需求。

从表 8-12 可以看出，我国的国民生产总值近年来稳步上升，人均国民收入总值也随之上升，这与我国 CRO 产业离岸合同执行额成正相关，即随着 GDP 水平的增加，CRO 离岸外包也随之增加。

表 8-12 中国国民生产总值和人均国民收入总值

年份	人均 GNP （美元，购买力平价计）	GNP （美元计）
2019	16790	14.56 万亿（14.555,441,979,424）

续表

年份	人均GNP （美元，购买力平价计）	GNP （美元计）
2018	15530	13.37万亿（13,371,980,315,793）
2017	14330	12.11万亿（12,111,244,823,474）
2016	13520	11.4万亿（11,398,879,076,651）
2015	12930	10.89万亿（10,894,017,914,379）
2014	12570	10.25万亿（10,246,603,763,271）

资料来源：国家统计局。

（三）相关与支持性产业分析

产业集群是推动区域经济发展的一种模式，在产业集群角度下，产业竞争力的主要影响因素是产业集群，一个成熟的产业集群对企业乃至行业的影响都是非常大的。CRO产业的发展需要全线布局产业链，各个产业链之间必须鼎力合作，和相关与支持性产业也需要互相配合、和谐发展，CRO产业才能够长久地发展，从而提升自己的竞争力。因此相关与支持性产业是非常重要的影响因素，CRO产业必须与其相关与支持性产业和谐互助，才能够立足于竞争越来越激烈的市场中，否则这些产业可能会成为其发展路上的绊脚石。

（四）企业战略、组织结构和同业竞争分析

我国CRO产业目前的企业战略主要体现在创新能力、研发水平的提升上。我国CRO产业的离岸外包正处在由临床阶段外包延伸向药物发现阶段外包的阶段。因此，对于承接离岸外包的要求也越来越高。发包企业会重点关注承包企业的技术能力与研发效率，CRO产业必须提高自身创新能力。还有行业整体的科研水平需要提高，只有这样，才能保证我国CRO产业承接离岸医药外包业务向高端业务链攀升，提升自己的服务质量，从而提高竞争力，吸引海外发包方。另外，组织结构的合理也是影响企业承接离岸外包的重要因素之一，企业需要搭建能够达到最高效率的业务组织结构。我国 CRO 产业目前正处在一个飞速发展的时期，为了探索更大的国际市场，我国 CRO 产业也在不断加大研发投入，提升研发效率，提高自身的科研水平以承接更多离岸外包。

（五）机遇与政府因素分析

1. 机遇因素

机遇和政府这两个辅助性的因素对于我国 CRO 产业承接离岸外包也是十分重要的。这里的机遇指的是突破性随机事件给各个行业或企业带来有利方面的激励。CRO 产业是一个相对新兴的行业，于 20 世纪 70 年代起源于美国。1962 年美国食品药品监督管理局（FDA）通过"科沃夫—哈里斯修正案"，这一法案对药品的临床研究做出严格要求，在药品上市前的研究变得十分复杂，需要耗时很长，费用也大幅上升。各个医药企业在该法案后都致力于缩短药品的研发时间，降低成本，尽量保证能够应对发展迅速的市场。因此，CRO 产业开始进入发展期，经过国外近三十年的发展后，我国 CRO 产业也因同样的政策原因迎来了发展期。但由于国内医药企业创新药发展的低速，国外医药行业的成熟，我国 CRO 产业主要以承接国际外包为主。

对于 CRO 产业的发展，还有一个重要机遇即世界医药史上两次专利悬崖，在 2001—2010 年和 2011—2015 年，世界有许多大型医药企业的药品专利陆续到期。因此各个制药企业面对仿制药的巨大挑战，需要进行新药的研发，并加速各个环节的发展，在临床研究方面制药企业将更有意愿与 CRO 产业合作，这都为 CRO 产业的繁荣奠定了基础，也是我国 CRO 产业承接离岸外包量增长迅速的重要原因。

2. 政府因素

就政府层面而言，主要作用就是出台税收优惠等利好政策帮助行业发展，促进行业内小微企业发展，保障行业内中大型企业发展，从而提高产业国际竞争力。我国 CRO 产业近年来被商务部列为服务外包重点领域，受到政府的重视。CRO 产业作为一个服务外包的新兴产业，是需要政府扶持的。政府的扶持能够使我国 CRO 产业发展更加通畅，在离岸外包市场也会拥有更强的竞争力。因此，国家层面的政府扶持是我国 CRO 产业承接离岸外包的重要影响因素之一。

对于我国 CRO 产业的初期发展，政府因素是 CRO 产业承接较多国际外包的重要原因。CRO 产业的市场增量依赖于医药行业研发活动的繁荣度，我国 CRO 产业自 2000 年以来的发展依托于 CFDA 在 2003 年 9 月 1 日制定的《药物临床试验质量管理规范》与 2004 年 4 月 1 日制定的《药品进口管理办法》，对于境外已上市但境内未上市的外企出品药物，想要进入中国市场必须经过中国的药物临床试验，因此，早期中国 CRO 产业的国际外包业务承接主要源于我国政策红利的释放。

第六节 中国 CRO 产业承接离岸外包影响因素的实证分析

一 变量的选取

通过波特的钻石模型已经全面分析了 CRO 离岸外包的影响因素。对影响因素的指标体系构建，张卫山（2016）把承接离岸外包的影响因素分为宏观与微观两个角度。宏观包括基础设施的完善、经济的快速发展和社会的稳定，微观包括劳动力、成本要素等。朱福林等（2015）则将影响中国承接离岸服务外包的因素分为国家层面和企业层面，国家层面有基础设施完善程度、经济发展水平和本国的科研水平等，企业层面有研发人员数量和研发效率等。诸多学者都采用了基础设施、经济发展水平等宏观影响因素对各离岸外包产业进行分析。

钻石模型包括四个主要条件与两个辅助条件，由于其中包括的因素比较多，部分因素不可量化，为了便于对影响因素的定量分析，本章参考已有研究，选取上述分析的影响因素中的主要因素，剔除了一些无法从权威机构直接获得或无法通过整理得到数据的因素，从钻石模型的生产要素条件中选取人力资源、劳动力成本、科研水平、基础设施水平四个因素，从相关与支持性产业条件中选择服务贸易开放度因素，从需求因素条件中选择经济发展水平因素，将这六个影响因素作为解释变量，CRO产业离岸外包合同执行额作为被解释变量。CRO产业的离岸外包合同执行额相关数据在每年的《中国商务年鉴》中都进行了明确列出，可以用来代表CRO产业承接离岸外包的情况。本章选取2013—2019年的各指标数据，一方面基于CRO产业是新兴产业，近些年数据相较而言更具有参考价值；另一方面是由于商务部从2013年开始出具服务外包行业按合同类别（离岸/在岸合同额）分类情况统计的数据。本章数据均来源于国家统计局与相关年份《中国商务年鉴》。

（一）经济发展水平

一国的经济发展水平体现了一国的经济实力，一个拥有强大的经济实力的国家代表着有稳定的经济环境、光明的市场前景和强大的抵御风险的能力，这对中国的CRO产业承接离岸外包是非常重要的影响因素之一。而海外发包方对于选择中国CRO产业承接外包业务的首要考虑也是中国的经济发展水平，本章用国民生产总值GDP来代表中国的经济水平。

（二）人力资源

CRO 离岸外包对承接离岸外包国家的人力资源需求很大。中国的 CRO 产业离岸服务外包虽然是新兴产业，但有越来越多的企业不仅仅承接低附加值的、非核心的简单业务，而开始承接涉及核心、临床前研发的高端业务。人力资源成为中国 CRO 产业承接离岸外包的重要因素，参考已有相关研究，本章用中国近年来的高校毕业人数（包括研究生和本科生、专科生）来代表中国的人力资源要素。

（三）劳动力成本

能够反映一国劳动力成本最直观的指标就是一国的工资。一国的工资水平会大大影响离岸外包的发包国对区位的选择。中国的劳动力成本与国际上众多发达国家相比较低廉，在近年来受很多国际发包企业的青睐。本章用城镇集体单位就业人员平均工资来表示离岸服务外包行业的劳动力成本。

（四）基础设施水平

一国的基础设施建设主要包括交通、通信、信息技术等。基础设施水平的高低会直接影响中国 CRO 产业承接离岸外包的能力，对发包企业而言，选择基础设施水平高的中国企业进行外包更有利。这里选用邮电通信业、交通运输及仓储业的基础建设投资额的结果来表示基础设施水平。

（五）科研水平

一个国家的科研水平能影响这个国家的某个产业所承接的服务外包的质量和水平。尤其是高附加值、具有知识密集特性的 CRO 产业，受国家科研水平的深刻影响，本章选用中国历年研究与试验发展经费支出来衡量这一指标。

（六）服务贸易开放度

服务贸易开放度也是发包国选择合作方时考虑的因素之一，反

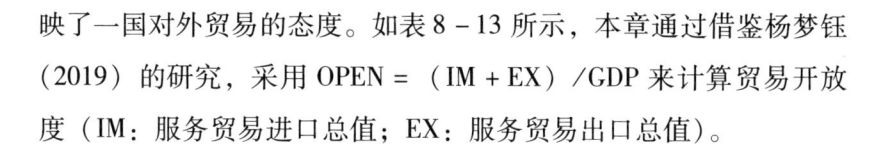

映了一国对外贸易的态度。如表8-13所示，本章通过借鉴杨梦钰（2019）的研究，采用 OPEN =（IM + EX）/GDP 来计算贸易开放度（IM：服务贸易进口总值；EX：服务贸易出口总值）。

表8-13　　　　　　　　　影响因素的预期假设

假设	解释变量	代理变量	数据来源	预期符号
1	X_1 经济发展水平	国民生产总值 GDP（亿元）	《中国统计年鉴》	+
2	X_2 人力资源	高校毕业人数（包括硕博研究生与本科生、专科生，人）	《中国统计年鉴》	+
3	X_3 劳动力成本	城镇集体单位就业人员平均工资（元）	《中国统计年鉴》	−
4	X_4 基础设施水平	邮电通信业及交通运输及仓储业的基础建设投资额（亿元）	《中国统计年鉴》	+
5	X_5 科研水平	研究与试验发展经费支出（亿元）	《中国统计年鉴》	+
6	X_6 服务贸易开放度	$OPEN = (IM + EX)/GDP$（IM：服务贸易进口总值、EX：服务贸易出口总值，%）	《中国统计年鉴》	+

资料来源：作者实证结果。

二　模型构建

根据波特的钻石模型理论分析各个影响因素的结果，加上对权威学者挑选指标的参考，笔者挑选了经济发展水平、人力资源、劳动力成本、基础设施、科研水平、服务贸易开放度作为解释变量来研究 CRO 产业承接离岸外包的影响程度，得出拟合回归方程，即：

$$Y = \beta_0 + \beta_1 X_1 + \beta_2 X_2 + \beta_3 X_3 + \beta_4 X_4 + \beta_5 X_5 + \beta_6 X_6 + \varepsilon_i \quad (8-3)$$

其中 β_0 是截距项，X_1—X_6 是各个解释变量，Y 是因变量，β_i 是各解释变量的回归系数，ε_i 是随机干扰项。

对原始数据取对数，调整后的模型为：

$$\ln Y = \beta_0 + \beta_1 \ln X_1 + \beta_2 \ln X_2 + \beta_3 \ln X_3 + \beta_4 \ln X_4 + \beta_5 \ln X_5 + \beta_6 \ln X_6 + \varepsilon_i$$

(8-4)

三 模型估计与检验

本章将使用 EViews 9.0 对 CRO 产业离岸外包合同执行额进行计量分析,通过平稳性检验测度从 $X_1—X_6$ 的各个影响因素是否具有长期均衡关系,然后通过协整检验的结果得出 $X_1—X_6$ 各个解释变量间的长期均衡关系,最后得出回归结果。

(一) 平稳性检验

我们在计量分析中做出的假定是"时间序列数据是平稳的",在现实生活中是可能存在误差的。需要通过对数差分的方式,来帮助其平稳。平稳性检验是协整关系检验和序列波动持续性分析的基础。ADF 检验结果如表 8-14 所示。

表 8-14　　　　　　　　ADF 检验结果

变量	ADF 检验统计量	P 值	结论	变量	ADF 检验统计量	P 值	结论
$\ln Y$	-15.563	0.0000	平稳	$\ln Y^{**}$	-16.873	0.0000	平稳
$\ln X_1$	-3.393	0.0728	不平稳	$\ln X_1^{**}$	-5.725	0.0000	平稳
$\ln X_2$	-2.431	0.3645	不平稳	$\ln X_2^{**}$	-3.508	0.0006	平稳
$\ln X_3$	-0.506	0.9898	不平稳	$\ln X_3^{**}$	-5.396	0.0018	平稳
$\ln X_4$	-4.579	0.0468	平稳	$\ln X_4^{**}$	-4.981	0.0372	平稳
$\ln X_5$	-1.548	0.7787	不平稳	$\ln X_5^{**}$	-4.222	0.0255	平稳
$\ln X_6$	-3.032	0.0444	平稳	$\ln X_6^{**}$	-3.775	0.0107	平稳

注：** 表示二阶差分。
资料来源：作者实证结果。

从表 8-14 可以看出,6 个解释变量中只有 $\ln X_4$、$\ln X_6$ 在一阶差分后达到平稳状态,其他变量在经过二阶差分后才实现平稳。二阶差分在1%的显著性水平下实现了所有解释变量的平稳。这说明了在经过二阶差分后,因变量和解释变量形成的新序列是二阶单整I(2)的,因此,根据这个结果推测各个变量之间可能存在稳定关系。通过了单位根检验之后,可以进行下一步的实证分析,即通过协整分析进行验证。

(二) 协整检验

ADF检验结果虽然显示各个解释变量与因变量在1%的显著性水平下都是非平稳序列,但同为二阶差分平稳序列,在此基础上进行协整分析,从而得出各个解释变量与因变量间的长期均衡关系,协整回归结果如表8-15所示。

表8-15　　　　　　　　　协整回归结果

变量	参数	标准误差	t统计量	概率
$\ln X_1$	0.075709	0.161007	2.054302	0.0397
$\ln X_2$	0.336256	0.538346	0.154848	0.8793
$\ln X_3$	-0.211565	0.135728	-2.04906	0.0403
$\ln X_4$	0.022302	0.175976	0.126733	0.9011
$\ln X_5$	0.195938	0.082496	2.375121	0.0291
$\ln X_6$	0.166939	0.081903	2.038253	0.0484
C	-1.132181	5.869683	-0.19289	0.8503
R^2: 0.988190			DW统计量: 2.088498	

资料来源:作者实证结果。

表8-15的协整回归结果显示,$\ln X_2$、$\ln X_4$两个变量的系数不显著,而其他的变量显著性良好。下面将剔除$\ln X_2$、$\ln X_4$变量后重新进行回归,结果如表8-16所示。

表8-16　　　　　　　　调整后的协整回归结果

变量	参数	标准误差	t统计量	概率
$\ln X_1$	0.721034	0.300843	2.037721	0.0378
$\ln X_3$	-0.978216	0.472566	2.070009	0.0282
$\ln X_5$	0.325605	0.070184	2.260002	0.0463
$\ln X_6$	0.590081	0.239892	2.117916	0.0551
C	6.536713	3.694382	1.769366	0.0657
R^2	0.986405	DW统计量		1.645170

资料来源：作者实证结果。

根据协整回归结果，我们可以得出初步判断，即该回归方程具有较好的拟合度。下面通过上述协整，列出变量间的长期均衡关系，即：

$$\ln Y = 6.536713 + 0.613034\ln X_1 - 0.978216\ln X_3 + \\ 0.158616\ln X_5 + 0.508071\ln X_6 \quad (8-5)$$

接下来进行残差的单位根检验，如表8-17所示。

表8-17　　　　　　　　残差的单位根检验结果

		t统计量	概率
ADF检验统计量		-4.183503	0.0003***
检验临界值	1% level	-2.685718	
	5% level	-1.959071	
	10% level	-1.607456	

注：***表示1%的显著性水平下显著。
资料来源：作者实证结果。

可以看到，残差序列的P值是小于1%的，这说明ε在1%、5%、10%的显著性水平下都达到了平稳性要求，即选取的6个解释变量之间存在协整关系，继而推出它们也存在长期均衡关系。

第七节 药明康德承接离岸外包相关分析

本节以药明康德为例进行分析,药明康德是中国本土 CRO 产业排名第一的企业,也是一个在全球 CRO 市场占据份额排名第九的企业。结合第四章影响因素的定性分析与第五章实证分析的结论,本节探讨药明康德公司承接离岸外包的影响因素,为现有发展条件下,CRO 公司如何规避风险、提升离岸外包业务量以及促进中国 CRO 产业的升级发展提供一些启示性思考。

一 药明康德公司情况介绍

2000 年 12 月药明康德在江苏无锡成立,企业战略一开始就瞄准海外市场,具备全球视野,目标是全球头部医药企业。如今,药明康德已经承接有来自全球 30 多个国家的 3900 多家合作伙伴的各个药物研究项目,公司客户遍布全球,包含所有全球前二十名的制药企业。

药明康德是中国本土 CRO 产业排名第一的企业,也是一个在全球 CRO 市场占据份额排名第九的企业。我国第一家 CRO 产业是外资企业,诞生于 1996 年。药明康德公司成立于 2000 年,是由中国人创立的内资企业,也是国内最早承接外包业务的医药企业之一。药明康德实现了全产业链覆盖,如今业务囊括了从小分子药物发现到分析测试的各个阶段,研发实力和创新能力在国内都位列前茅。

药明康德目前业务主要分为五个部分(见图 8-9)。其中 CRO 业务包括中国区实验室、美国区实验室、临床研究及其他 CRO。在 2019 年药明康德出具的年报中,中国区实验室收入占据总收入的

53.2%，是发展最为强劲的，为多个国家提供离岸外包业务；CDMO/CMO 业务收入占据总收入的 28.1%，药明康德旗下的合全药业是目前国内规模最大的小分子 CDMO/CMO 服务提供商，业务收入在国内排名第一，因此占据药明康德总收入的比例比较大；美国区实验室收入占据总收入的 12.5%，这印证着药明康德已完成中美两地布局；临床研究及其他 CRO 服务收入占据总收入的 6.1%，药明康德的该类业务主要包括临床试验现场服务及 SMO 业务，如今也处于不断增长中。

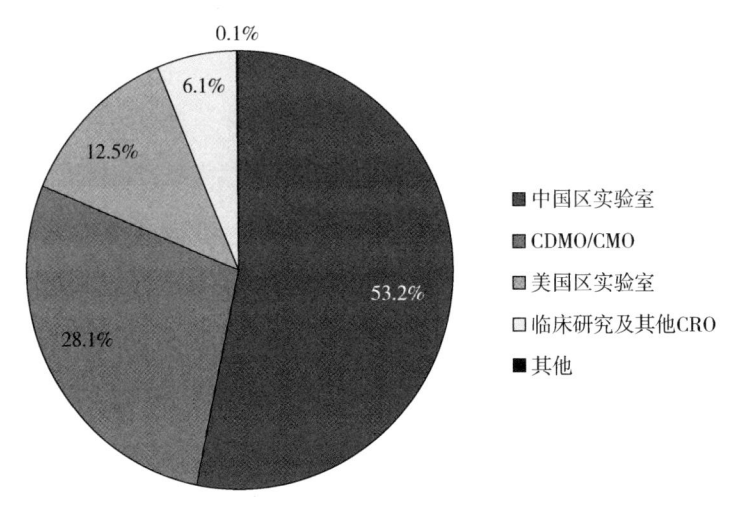

图 8-9 药明康德 2019 年各项主营业务收入占比

资料来源：药明康德年报。

从营业收入而言，药明康德作为国内业界成立时间最早、业务覆盖领域最广泛、在海外市场占有率高的一个老牌 CRO 产业，在 2019 年实现营业收入 128.72 亿元。从营业收入规模看，康龙化成 2019 年实现营业收入 37.57 亿，泰格医药 2019 年实现营业收入 28.03 亿元，凯莱英 2019 年实现营业收入 24.60 亿元，昭衍新药 2019 年实现营业收入 6.39 亿元（见表 8-18）。这充分证明药明康德的业务规模和地位。

第八章 中国 CRO 产业承接研发外包的溢出效应和影响因素分析

表 8-18　药明康德与其他 CRO 产业营业收入规模对比

公司	营业收入（亿元）
药明康德	128.72
康龙化成	37.57
泰格医药	28.03
凯莱英	24.60
昭衍新药	6.39

资料来源：相关企业年报。

二　药明康德承接离岸外包情况

药明康德公司从创立伊始的定位就是海外市场，经过二十多年的发展，药明康德已经为全球 30 多个国家超过 3900 家客户进行离岸外包服务。药明康德是一个以承接离岸外包为主的外包公司。目前，药明康德公司海外业务中最重要的就是美国，建有美国区实验室，规模庞大。药明康德在美国的圣地亚哥、波士顿、亚特兰大、克兰伯里等 8 个地区都设有分部，药明康德的全球布局正在有条不紊地进行，如今药明康德在美国费城、爱尔兰都正在进行基地建设项目。

如图 8-10 所示，药明康德、康龙化成、凯莱英都主要服务海外市场，药明康德 2019 年境外营业收入占比为 77.09%，康龙化成 2019 年境外营业收入占比为 87.27%，凯莱英 2019 年境外营业收入占比为 91.08%，其中凯莱英境外占比最高。各企业中泰格医药的境内业务收入与境外业务收入占比最为平均，2019 年境内营业收入占比为 57.08%，境外占比为 42.92%。昭衍新药则是主要服务于国内市场，在 2019 年境内营业收入占比达 93.05%。

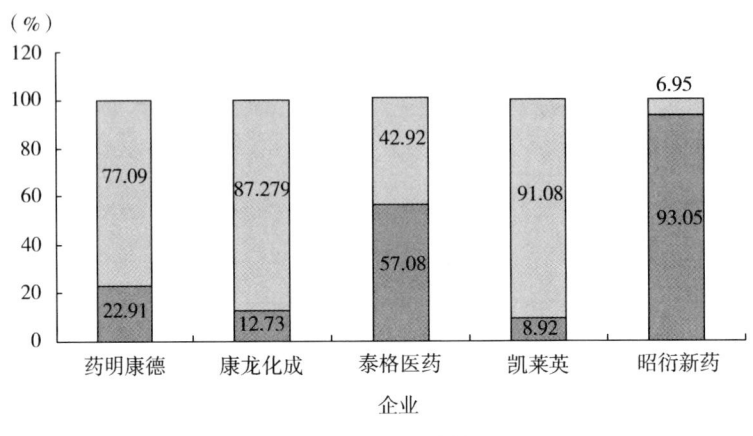

图 8-10 药明康德与其他企业 2019 年境内外营收占比情况

资料来源：相关企业年报。

三 生产要素影响

基于医药研发外包的特性，药明康德进行离岸外包的影响因素与劳动力、研发技术等息息相关，因此，本节选取生产要素中的劳动力、资本、技术要素进行分析。

（一）劳动力要素

就人才培养与储备而言，CRO 产业从一开始的以劳动密集型业务为主到如今技术密集型业务持续上升，技术壁垒逐渐增高，但药明康德作为国内龙头公司，劳动力水平位列前茅。截至 2019 年年底，药明康德共有员工 21744 人，其中研发人员 17872 人，占比为 82.19%。药明康德业务以药物发现、临床研究为主，有部分业务需要高端医药人才，公司硕士及以上学历的员工有 7472 人，占比为 34.36%，是业内非常罕见的水平。在劳动力素质方面，药明康德本科及以上学历员工占员工总数的 83.90%，公司内部劳动力素质水平远超行业内一般水平。就劳动力充裕度而言，药明康德员工人数超过10000人，高于国内其他同行，规模效应凸显。在专业人才方面，药明康德的劳动力质量和充裕度能与国际上的头部医药企业媲美，药明康德的核心竞争力也基于此。由图8-11可以得知，药明康德的员工数量远多于国内另外两个头部企业。

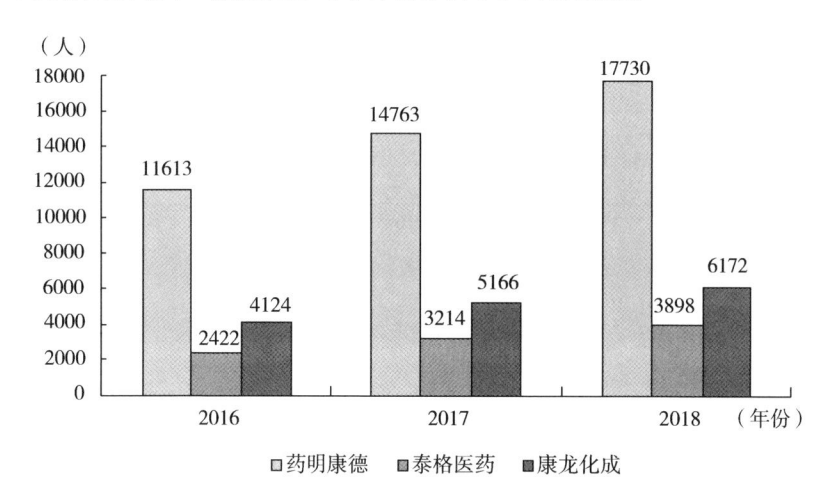

图8-11 药明康德与其他公司员工数量比较

资料来源：相关企业年报。

就劳动力成本而言，CRO产业对劳动力需求非常大，因此占据成本也高。药明康德2014年人力成本占整体成本的33.81%，到2018年人力成本占整体成本的比例达到41.31%（见图8-12），整体而言，劳动力成本较高，但与行业内其他头部企业相比，药明康德员工成本占比不算十分高。药明康德内部人员结构的稳定性是其持续发展的重要基础。药明康德在承接境外业务方面拥有较强的竞争力，与全球前二十名大制药企业均有相关合作，这与其公司内部劳动力素质高、数量充裕有很大关系。

（二）技术要素

对于CRO产业而言，技术要素直接影响企业的外包业务量，业界中拥有较强市场竞争力的都是研发能力排在前列的企业。据新浪

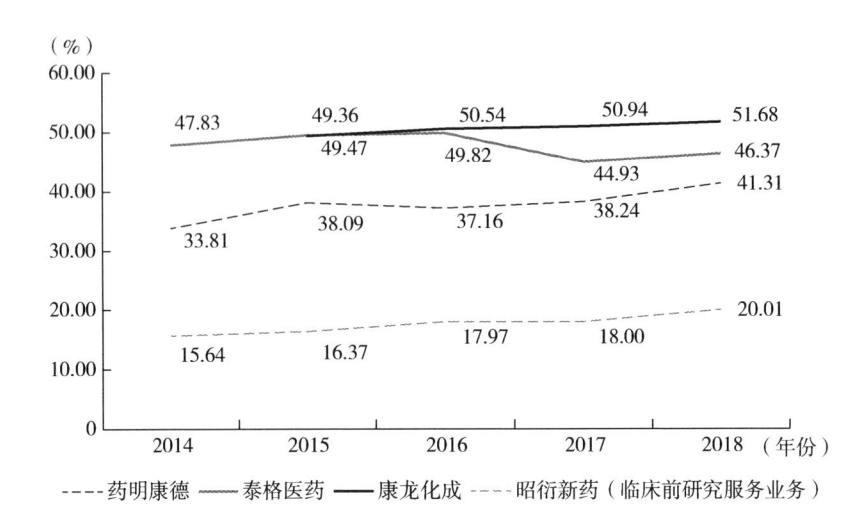

图 8-12 CRO 公司人力成本占总成本比例情况

资料来源：相关企业年报。

财经上市公司研究院统计，基于研发团队的比较，经统计后研发人员数量超过 1000 人的共有 21 家医药公司，其中药明康德是当之无愧的第一名，国内另一头部企业康龙化成是第二名，第三名是国内化学制药的龙头恒瑞医药。由表 8-19 可知，药明康德的研发团队非常强大。

表 8-19　　　　　2019 年各公司研发人员数量及比例

公司	研发人员数量（人）	占公司总人数比例（%）
药明康德	17872	82.19
康龙化成	6202	83.89
恒瑞医药	3442	14.09

资料来源：Wind 数据库。

药明康德拥有国内企业最充裕的研发人员和完善的研发体系，在全球多个国家拥有 28 个研发生产基地与分公司，截至 2019 年年底，其主要客户包括辉瑞、强生等国际知名的医药制造企业。药明康德在产业链各领域都占据国内行业的领先地位，其一体化的研发平台也是核心竞争力来源。药明康德的研发业务能力得到境外发包方的青睐，截至2019年年底，药明康德在研1000余项新药开发项目。

四 需求因素影响

药明康德是一家国际化的医药外包企业，公司同时承接在岸与离岸外包服务。CRO产业发展的内在动力除了离岸市场的需求，其在岸外包的需求也是动力之一。伴随着ICT（信息通信技术）、物联网等技术的发展，以及"互联网+"商业模式的推动，我国各产业对信息化的需求逐年增多，也带动了部分产业的发展，其中各行各业服务外包的需求表现得越发明显。如今医药在岸需求在带动我国CRO产业的发展的同时，也带动了其离岸市场的发展，说明在岸外包的需求与CRO产业是相互作用的，两者的相互作用可能会提高我国CRO产业的承接能力，从而增强国际竞争力，推动离岸市场的发展。

从表8-20可以看到，药明康德是一个以境外离岸外包业务为主的医药外包公司，在2017—2019年三年总业务收入中，境外收入平均占比超过78%。但境外收入的增长也伴随着国内收入的增长，两者是正相关的关系，从2017—2019年，境内收入几乎增长一倍，而境外收入的增长率是65%左右，说明近年来境内外包市场的需求较大，境内市场的外包需求对药明康德承接境外离岸外包具有一定影响。

表8-20　　　　药明康德2017—2019年业务收入

年份	境内收入（亿元）	境外收入（亿元）	总业务收入（亿元）
2017	15.27	60.78	77.65

续表

年份	境内收入（亿元）	境外收入（亿元）	总业务收入（亿元）
2018	19.52	76.62	96.14
2019	29.43	99.07	128.50

资料来源：药明康德年报。

五 相关及支持性产业因素影响

药明康德创立于2000年的江苏无锡，此后的发展时间里，药明康德主要活跃在江苏和上海，而这个片区正属于国内CRO产业主要分布区域。产业集群是推动区域经济发展的一种模式，在产业集群角度下，产业竞争力的主要影响因素是产业集群，一个成熟的产业集群对企业乃至行业的影响都是非常大的。国内如今注册CRO公司最多的地区如北京、上海、江苏等都形成了产业集群，更能够促进该地区的CRO产业发展，这几个地区医药企业相对集中、创新创业产业发展活跃、相关产业发展成熟。药明康德实现高速发展与这些地区有成熟的相关产业有一定关系。

在承接离岸外包方面，对比国内同行，药明康德在企业规模、产业链覆盖度、客户资源等方面优势明显；对比外资CRO产业而言，药明康德则具有明显的本土化优势。

六 企业战略、组织结构和同业竞争因素影响

（一）企业战略因素

药明康德的发展战略从创立伊始就定位为境外市场，为强生、辉瑞、阿斯利康、默克等巨头提供CRO服务。一是由于当时的国内医药企业还未发展起来，还没有拥有一定规模与CRO产业进行

合作，国内CRO产业发展很慢；二是由于创始人李革的企业战略设定。

（二）同业竞争因素

在目前的CRO产业中，不断有公司研发新技术并进行新的尝试，如今业内已有企业尝试用AI技术做药物发现和临床开发的相关研究。我国的CRO产业均持续利用新兴技术发展进步完善产业链。药明康德作为业界龙头，在创新发展的行业大格局下，也在不断进步，针对其产业链的全线进行布局。2011年以来，药明康德开始进行投资，目的是建立一个生物医药研发产业的生态圈，完善其全线产业链布局。如今药明康德投资公司包括创新生物技术、人工智能、变革性技术以及数据平台等多个领域。

七 机遇与政府因素影响

首先，机遇因素的影响。药明康德能够这么快打开境外市场，一定程度上是由于专利悬崖期影响，很多医药企业面临药物专利过期的局面。面对各类仿制药的出现，制药企业正在加速自身新药研发进度，进行资金、人力的全力投入。而为了加速研发药物效率，很多制药企业选择将某些环节外包出去，这为CRO的繁荣奠定了基础，也为药明康德的脱颖而出奠定基础。其次，政府因素的影响。我国政府层面发布了很多有关医药行业与CRO产业的政策，政策的规范使我国CRO产业近年来开启高速发展时代。2000年成立的药明康德很好地响应了国家政策，2000—2005年，短短几年时间药明康德就与全球排名前二十的各家制药公司分别签订合同并进行合作。2007年，药明康德在美国纳斯达克上市。上市后，药明康德不断地完善自身产业链，进行全线产业链布局，如今药明康德已经是国内排名第一的CRO产业。

第八节 研究结论

一 中国承接医药研发外包技术溢出效应的实证研究结论

本章选取1996—2018年作为研究的样本区间,经过ADF检验、协整检验后建立了研发资金投入、研发人员投入、研发外包、购买国内技术、技术引进和技术创新能力之间的VAR模型,并通过脉冲响应函数和方差分解解释了各变量和技术创新能力之间的长期关系。具体结论分为两个方面。

第一,研发资金投入、研发人员投入、研发外包、购买国内技术、技术引进和技术创新能力之间存在协整关系。实证分析显示,我国医药制造业技术创新能力的最主要影响因素是购买国内技术,其对技术创新能力的贡献率随着滞后期增加不断提升,在第10期达到最大。对技术创新能力变化影响排名第二的是研发人员投入。实证还表明研发外包是影响技术创新产出的重要因素,研发外包规模的增长能够促进技术创新能力的提升。

第二,在考察研发资金投入、研发人员投入、研发外包、购买国内技术、技术引进和技术创新能力之间的动态关系时,当对研发资金投入、研发人员投入、研发外包、购买国内技术和技术引进发出一个冲击之后,会引起技术创新能力的波动。长期来看,研发资金投入、研发外包、购买国内技术和技术引进的正向冲击对技术创新能力具有促进作用。

二 中国CRO产业承接离岸外包影响因素的实证分析结论

从实证分析的结果来看,在长期关系下,影响我国CRO产业

第八章 中国CRO产业承接研发外包的溢出效应和影响因素分析

承接离岸服务外包的因素主要有经济发展水平、劳动力成本、科研水平、服务贸易开放度，而人力资源与基础设施水平没有显著影响。表8-21是根据实证结果进行的影响因素排序。

表8-21　　　　　　　　　　影响因素排序

长期关系	系数
X_1 经济发展水平	0.72
X_6 服务贸易开放度	0.59
X_5 科研水平	0.32
X_3 劳动力成本	-0.98

资料来源：作者实证结果。

第一，实证分析显示，从长期来看，经济发展水平与中国CRO产业承接离岸外包的规模呈正相关关系。从实证所得系数来看，国内生产总值每增长1个百分点，CRO离岸服务外包增加0.72个百分点。但长期来看GDP的增长对于我国CRO产业离岸外包承接水平的影响并不是很大。我国的经济发展水平高，代表我国CRO产业能够保障更高质量的服务，并且企业数量也更加丰富，这给国际发包方带来了更多的选择，更加有利于跨国发包方降低外包业务成本，同时离岸医药外包产业的发展也能够反过来促进我国经济水平的进步，这就形成了一个经济良性循环。

第二，据实证结果显示，在较长时期内，人力资源对于我国CRO产业承接离岸外包的影响不明显。这可能是由于目前我国的CRO产业大部分还是承接价值度较低的临床实验部分外包，高水平的临床前阶段和药物发现阶段的外包业务还比较少，因此人力资源还未产生明显影响。我国虽然每年高校毕业生人数都在不断上升，但还需要花费大量精力去培养高技术人才，提高人才储备，才能满足市场的需求，从而对CRO产业承接离岸外包起到明显的拉动作用。

第三，据实证结果显示，劳动力成本对我国 CRO 产业承接离岸外包的影响是负向的。在长期发展中，劳动力成本每下降 1 个百分点，我国 CRO 产业承接离岸外包增加 0.98 个百分点。如今在我国 CRO 产业承接的离岸外包业务中，劳动密集型的环节仍然占据大部分，因此，劳动力成本会造成较大的影响，一方面我国 CRO 产业会在离岸外包市场上具有较强竞争力，另一方面发包方由于成本优势会主动选择中国进行合作，以此降低成本。

第四，据实证结果显示，科研水平对我国 CRO 产业承接离岸外包的影响是正相关的。目前科研水平对我国 CRO 产业承接离岸外包的影响还没有很大，但是 CRO 产业的业务环节正由承接价值链低端环节转向价值链高端环节。之后科研水平的影响会越来越大，跨国公司发包方会根据科研水平决定价值链高处的外包由哪些科研水平强的企业承接。

第五，据实证结果显示，服务贸易开放度与我国 CRO 产业承接离岸外包正相关。服务贸易开放度对一个国家的离岸服务外包有着重要的影响。服务贸易开放度的提高，意味着我国经济的开放。我国从 2001 年加入 WTO 后，就已减少各类行业的贸易壁垒，也在积极扶持各类服务外包贸易，尤其是把 CRO 产业列为"十四五"时期重点发展领域。因此，服务贸易开放度对我国 CRO 产业承接离岸外包的影响是很大的。

第九章　案例分析

本章以宣泰医药和博腾股份两家国有医药企业为研究对象，进行医药研发外包（contract research organization，CRO）的案例分析，从企业的研发外包服务业务、财务指标、创新指标等角度解析了开展研发外包对企业构建外部化的创新能力的影响。

第一节　宣泰医药

一　公司概况

宣泰医药成立于2012年8月，是一家专注于高端药物制剂研发、商业化生产和销售的企业。其最大股东为上海联和投资有限公司（由上海市人民政府批准成立的国有独资有限公司），持股57.11%。

宣泰医药致力于药物制剂产品的国际化，为全球市场提供高性价比的医药产品。公司开发的多个产品于全球多地区获批上市销售，在研产品治疗领域涵盖代谢、抗肿瘤、中枢神经等。公司总部及研发中心位于上海张江药谷，配备有药物制剂处方开发实验室、药品生产质量管理规范（good manufacturing practice of medical products，GMP）中试车间和GMP分析实验室。在CRO领域，宣泰医药立足于制剂技术，专注于制剂CRO服务，客户涵盖歌礼制药、亚盛医药、再鼎医药、艾力斯、辰欣药业以及辉瑞普强、海和药物、益方生物等国内外知名医药企业。

二 研发外包业务概况

依托领先的制剂研发生产平台和特色技术优势,宣泰医药为创新药企业提供制剂产品相关的各类技术服务,包括处方前研究、制剂开发、临床样品制备、创新药新药申请(new drug application,NDA)生产注册服务、创新药 NDA 生产注册服务、质量研究与检测以及注册资料撰写服务。

针对创新药的不同性质和所处的不同研究阶段,宣泰医药可提供量身定制的解决方案,帮助客户迅速有效地推进创新药开发,抢得市场先机。

三 合作案例

宣泰医药通过与其他公司合作研发的方式,参与了多个仿制药的研制,成功获批的产品包括马昔腾坦片、碳酸司维拉姆片、艾司奥美拉唑肠溶胶囊等,具体情况如表 9-1 所示。

表 9-1　　　　宣泰医药与其他企业合作研发的产品情况

产品名称	适用症	合作方	情况介绍	申报和取得批件情况
马昔腾坦片	肺动脉高压	适济生物	以适济生物的名义申报,由宣泰医药和适济生物共同研发,将由宣泰海门负责生产	2020 年 4 月取得 FDA 的暂定批准,预计在原研药到期后开始销售,目前已经同时申报 NMPA

第九章 案例分析

续表

产品名称	适用症	合作方	情况介绍	申报和取得批件情况
碳酸司维拉姆片	高磷血症	杭州安元	公司与杭州安元共同成立上海安美,以上海安美名义申报,由宣泰医药和杭州安元共同研发	2020年4月取得ANDA批件,目前已经同时申报NMPA
艾司奥美拉唑肠溶胶囊	胃食管反流	辰欣药业	以辰欣药业的名义申报,由公司和辰欣药业共同研发	2020年9月取得ANDA批件,目前已经同时申报NMPA

资料来源:笔者根据宣泰医药招股书整理所得。

宣泰医药与海正药业合作,与海正杭州共同成立了海正宣泰(其中海正杭州持股51%,公司持股49%),依托海正宣泰,公司与海正杭州合作研发了仿制药盐酸二甲双胍缓释片和富马酸喹硫平缓释片(见表9-2)。其中盐酸二甲双胍缓释片于2018年3月取得ANDA(abbreviated new drug application,美国简略新药申请)批件,于2019年1月取得NMPA批件;富马酸喹硫平缓释片于2018年9月取得ANDA批件,于2020年6月取得NMPA(national medical products administration,NMPA,国家药品监督管理局)批件。

表9-2　　　　宣泰医药CRO及CMO代工产品

产品名称	适用症	合作方	情况介绍	申报和取得批件情况
盐酸二甲双胍缓释片	糖尿病	海正杭州	公司与海正杭州共同成立海正宣泰,以海正宣泰名义申报,由公司和海正杭州共同研发,宣泰海门负责生产。截至2021年年末,公司已转让海正宣泰股权	2018年3月取得ANDA批件,于2019年1月取得NMPA批件
富马酸喹硫平缓释片	精神分裂症	海正杭州		2018年9月取得ANDA批件,于2020年6月取得NMPA批件

注:CMO,即Contract Manufacture Organization,合同加工外包。
资料来源:笔者根据宣泰医药招股书整理所得。

公司与海正杭州合作研发的盐酸二甲双胍缓释片系缓释片剂型，与普通片剂相比具有生物利用度高、缓慢释放，作用持久、安全性高，胃肠道副作用小等优势；公司与海正杭州合作研发的富马酸喹硫平缓释片系缓释片剂型，与普通片剂相比，减少了患者的服药次数，增加了患者的依从性，同时血药浓度更加稳定。

四 CRO 业务优势分析

（一）制剂 CRO 业务

宣泰医药的制剂 CRO 服务包含临床 CRO 和临床前 CRO。其中，临床前制剂 CRO 服务主要包括活性化合物理化性质的研究以及动物药效和毒理给药剂型的研究，临床制剂 CRO 服务主要以临床试验用的制剂研究生产服务为主，主要为新药研发企业提供覆盖Ⅰ至Ⅳ期临床的、质量合规的试验用的制剂样品。

从 CRO 服务整体市场来看，近年来，随着我国医药行业发展迅速，新药研发企业数量以及新药研发投入不断提高，带动了对 CRO 服务的需求，我国 CRO 服务市场增速显著高于全球平均水平。从制剂 CRO 服务细分市场看，受到技术水平、资金投入、特色制剂生产设备投入、质量管理等多方面因素的制约，制剂 CRO 服务行业有着较高的行业壁垒，能够提供新型制剂、特色制剂和高端制剂 CRO 服务的企业较为稀缺。

（二）制剂联合研发

依托领先的制剂研发生产平台和特色技术优势，以及与国际规范标准接轨的生产工艺和质量管理体系，宣泰医药为创新药企业提供制剂产品相关的各类技术服务，包括处方前研究、制剂开发、临床样品制备、创新药 NDA 生产注册服务、创新药 NDA 生产注册服务、质量研究与检测以及注册资料撰写服务。同时与众多国内外制药公司建立了稳固的合作关系，客户涵盖歌礼制药、亚盛医药、再鼎医药、艾力斯、辰欣药业等多家上市公司以及辉瑞普强、海和药物、益方生物等，并成为多家制药企业的长期或者战略服务供应商；未来随着药品研发难度的进一步提高以及公司知名度提升，客户数量将进一步增加。表9–3反映了2018—2020年宣泰医药CRO业务客户及项目概况。

表9–3　2018—2020年宣泰医药CRO业务客户及项目概况

单位：个

年份	2018	2019	2020
项目数量	36	37	46
其中小于100（含）万元	8	10	16
其中100万元至500万元（含）	19	18	21
其中500万元以上	9	9	9
客户数量	30	31	37
平均客单价（万元）	456.03	451.93	414.38

资料来源：笔者根据宣泰医药《会计师关于审核问询函的回复》整理所得。

（三）高端仿制药立项及制剂CRO服务基础

经过多年积累，宣泰医药形成了"难溶药物增溶技术平台""缓控释药物制剂研发平台"和"固定剂量药物复方制剂研发平台"三个核心技术平台（见表9–4），而难溶药物增溶技术、缓控释技术均属于目前制剂研发的主流技术，根据公司公告目前大约有40%的已上市药物和接近90%的新药开发管线都是难溶性的药物，而美国ANDA缓释品种的获批数量近三年均在200个以上；未来随着药品研发难度的进一步提高，公司核心技术的应用前景会更加广阔。公司三大技术平台可以保障公司在制剂领域建立高研发壁垒，奠定高端仿制药立项及制剂CRO服务基础。

表9-4 宣泰医药技术平台及技术能力

技术平台	来源	形成过程	技术能力
难溶药物增溶技术平台	核心技术人员通过Finer间接出资、自主积累研发	通过对JIANSHENG WAN投入公司的专有技术的实践和总结，逐渐形成包括能够快速选择合适模型药物的筛选体系，对水溶性高聚物及功能辅料建立了独有的筛选流程和相应的评价体系，并配置了小试、中试和商业化放大生产增溶产品的核心设备及配套设备，搭建出现有的难溶药物增溶技术平台	掌握自乳液体化、研磨法、溶剂蒸发法、共沉淀法、热熔挤出法、流化床喷涂法、溶剂制粒法等多种增溶制备技术
缓控释药物制剂研发平台	核心技术人员通过Finer间接出资、自主积累研发	在JIANSHENG WAN投入公司的专有技术基础之上，对于已过专利保护期的缓控释产品，通过对专利的分析和原研产品的反向工程研究，逐渐掌握在繁多的药用辅料中迅速地确定关键缓控释材料和特殊生产设备工艺；对于还在专利保护期的缓控释产品，公司通过试验验证确认突破专利产品的开发思路的可行性。最终形成了现有的缓控释专有技术平台的开发流程，配置了缓控释制剂技术相关的特殊生产设备，并形成了完备的产品评估系统和产品研发生产质量体系	掌握表面积控制缓释技术、双层缓释技术、胃滞留控释技术、渗透泵缓控释技术、复方缓释技术等多项高壁垒工艺技术
固定剂量药物复方制剂研发平台	自主研发	对上市固定剂量复方药物制剂原研药进行制剂技术分析，在结合难溶药物增溶技术和缓控释药物制剂研发技术的基础上，通过长期实践积累，逐渐搭建了现有的固定剂量药物复方制剂研发平台，可以将两个或两个以上的药物采用不同的制剂制备技术开发成固定剂量的复方制剂，不同药物之间可产生药效协同作用，有效解决单方制剂疗效过低的现象	掌握制备多组分的双层片、多层片、微丸包衣上药、原料包衣片、多颗粒胶囊、微片胶囊等剂型的技术

资料来源：笔者根据宣泰医药招股书及《发行人及保荐机构关于第一轮审核问询函的回复意见》整理所得。

五 研发外包带来的影响

（一）收入及利润快速增长

2018—2020年，宣泰医药实现营业收入从0.6亿元增长至3.2亿元，复合增长率为130%；归母净利润从亏损0.4亿元逆转为盈利1.2亿元。2021年上半年公司营业收入及归母净利润分别达到1.6亿元和0.4亿元,主要系公司泊沙康唑肠溶片2019年8月获得ANDA批件并上市,成为泊沙康唑肠溶片美国市场唯一的首仿药,带动公司仿制药销量快速增长。2018—2021年上半年,公司毛利率和净利率分别由50.22%和-61.18%持续提升至82.77%和23.66%。主要由对主营业务收入及毛利贡献较大的泊沙康唑产品放量所致;此外随着营业收入的快速增长,其间费用率持续降低,公司有望迎来盈利能力的进一步提升。

宣泰医药核心技术广泛应用于主营业务产品中,目前实现收入的主要产品为泊沙康唑肠溶片、盐酸安非他酮缓释片、盐酸普罗帕酮缓释胶囊CRO业务,并依靠核心技术,从事制剂CRO等服务,取得服务收入,上述核心技术产品对公司收入的贡献情况如表9-5所示。

表9-5　　宣泰医药核心技术产品对公司收入的贡献情况

项目	2021年	2020年	2019年
核心技术产品和服务收入(万元)	30634.36	30424.37	13382.97
营业收入(万元)	31547.06	31915.75	13886.19
占比(%)	97.11	95.33	96.38

资料来源:笔者根据宣泰医药招股书整理所得。

(二) 自身研发能力提升

在技术平台方面,宣泰医药已建立了与国际水平接轨的药物制剂研发中心,并配备了各种国际先进的制剂研发设备和管理系统。研发人员充分发挥多年的从业经验和技术积累,专注于研发和生产有商业潜力和技术壁垒的仿制药和创新药剂产品,在解决难溶药物、缓控释药物、复方药物、外用药物制剂开发问题有着丰富的实战经验和独特的技术解决方案。

在质量体系方面,中试工厂符合美国和中国的认证标准;生产基地符合美国和欧洲认证标准、拥有中国新版 GMP 证书、多次通过美国 FDA 审计；GMP 分析实验室通过 NMPA（国家药品监督管理局，旧称 CFDA）审计、通过美国 FDA 审计。

在生产体系方面，江苏宣泰药业有限公司，位于江苏省南通市海门区滨江街道珠海路 163 号，为宣泰医药全资子公司。作为宣泰制剂产品及营养保健食品生产基地，距离公司上海总部约 2 小时车程。江苏宣泰药业有限公司作为宣泰医药的生产基地，负责公司制剂产品大批生产、注册批/工艺验证批生产、商业化生产及供货；物料和产品的检测、分析方法与上海共验证。该生产基地占地约 83 亩，总建筑面积达 17000 平方米，其中有 8200 平方米现代厂房供固体制剂生产。江苏宣泰药业有限公司于 2015 年年初通过了 NMPA 审查，取得国内 2010 版《药品 GMP 证书》，2016 年 9 月首次通过 FDA 认证。

（三）研发及创新能力增强

公司深耕仿制药和 CRO 业务领域，并向改良型新药等新的领域不断拓宽业务，提升自身竞争力。在 CRO 业务领域，依靠公司先进的制剂技术平台和与国际规范标准接轨的生产工艺、质量管理体系，进一步为国内外新药客户提供综合新药制剂开发解决方案，扩宽医药研发外包领域，扩大客户群体，加深与客户的合作，拓宽业务范围，提高业务规模，实现相对稳定的长期医药研发外包 CRO 的业务流量。在新产品研发领域，通过自主改良型新药产品的概念设计和立项研发，立足于现有的核心制剂技术，加快对改良型新药等从产品的研发到产品的转化和产品商业化，实现公司从仿制药企业向仿创结合型特色制药企业的过渡。

截至 2021 年年末，公司已经获得盐酸安非他酮缓释片、盐酸普罗帕酮缓释胶囊、泊沙康唑肠溶片、盐酸帕罗西汀肠溶缓释片 4 项仿制药的 ANDA 药品批件，其中，泊沙康唑肠溶片系 FDA 批准的首仿药；获得了泊沙康唑肠溶片、盐酸安非他酮缓释片、盐酸帕罗西汀肠溶缓释片、熊去氧胆酸胶囊的 NMPA 药品批件，其中泊沙康唑肠溶片系 NMPA 批准的首仿药。① 公司还通过 CRO 合作研发的方式，参与完成了马昔腾坦片、碳酸司维拉姆片、艾司奥美拉唑肠溶胶囊 3 项仿制药的研发，并获 ANDA 批准。此外，合作研发的盐酸二甲双胍缓释片、富马酸喹硫平缓释片在中国和美国获批，截至 2021 年年末，批件已转让。

第二节　博腾股份

一　公司简介

重庆博腾制药科技股份有限公司（以下简称博腾股份）成立于 2005 年，是国内领先的 CRO 研发外包企业，2014 年在深圳证券交易所挂牌上市（股票代码：300363）。公司最大股东为重庆两江新区产业发展集团有限公司（国有独资）。

博腾股份主要为全球医药企业、新药研发机构等提供从临床早期研究直至药品上市全生命周期所需的化学药（包括起始物料、中间体、原料药、制剂）和生物药（包括质粒、病毒载体、细胞治疗、基因治疗）定制研发和生产服务。博腾股份开放十余年服务跨国制药企业的经验和国际一流的 CRO 平台以积极支持国内药物开发，加速药物上市进程，全面为国内制药企业、药物研发机构等提供创新药研发外包服务、委托生产服务、临床试验服务、创新药中间体、原料药到制剂的定制研发及生产服务和基因细胞治疗 CRO 服务，逐步构建起卓越的"技术创新"和"服务创新"的开放协

---

① 资料来源于《宣泰医药首次公开发行股票并在科创板上市招股说明书（注册稿）》，2022 年。

作 CRO 平台。博腾股份的研发、生产和运营机构遍及中国（重庆、成都、上海、江西宜春、湖北应城、苏州、香港）、美国、比利时、瑞士、丹麦等地，全球雇员 4000 余人。

二 研发外包业务介绍

（一）化学原料药 CRO 服务

1. 原料药工艺开发服务

工艺路线设计、开发及优化。作为一家先进的医药研发企业，博腾股份在多年发展中积累了大量的工艺研究与开发的专业知识和经验，帮助客户开发了超过 1200 个以上的 API 及中间体，其中 200 个以上的小分子 NCEs 已经获批上市。"Fit for Purpose"[①] 是工艺研究与开发的基本要求，基于药物开发阶段平衡效率、成本与风险。

2. 原药生产服务

积极申请 GMP 等国际认证。GMP 生产解决方案。博腾股份已为全球医药 50 强及上百家中小制药及生物制药公司提供医药定制研发及生产服务，覆盖从中试及小规模生产到商业化大规模的生产能力，以及全面的工厂及技术能力，为原料药、中间体提供全面的生产定制解决。针对 CRO 以及临床批次产品等对于时间敏感的客户，车间良好的多功能性、柔性产能的快速切换和项目制的管理模式保证了生产运营体系能够快速地高质量交付客户所需的产品和服务。长寿工厂顺利通过了 NMPA、FDA、EMA、PMDA 全球四大药政机构的现场检查和认证。依托国际标准的质量体系以及大规模商业化 GMP 产品生产经验，能够给客户提供最优成本下的高质量商业化 API 和 GMP 中间体产品，并为客户提供二次工艺开发和优化等一系列附加服务。

---

① Fit for Purpose 是 CRO 产业应用型研究的典型目标。

3. 原药技术平台

包括药物结晶技术、高活性物质合成、磨粉/微粉技术、GMP 氢化、连续反应技术、生物催化技术、金属催化以及超临界流体色谱技术。

4. 质量研究及分析研发

博腾股份专业的分析研发及 QC 团队为客户提供符合全球 IND/NDA 申报要求的原料药、中间体以及注册原料的质量研究和稳定性研究服务，项目经验覆盖临床前至商业化各个阶段，内容涵盖方法开发/优化、分析方法验证/转移、理化性质研究、结构确认、对照品标化、产品放行测试、包材相容性研究、稳定性研究、质量标准研究制定等，以满足客户药物研发过程中不同阶段的需求。

5. CMC 注册支持

博腾股份拥有专门的药政服务团队，为国内和国际客户提供临床试验申请（IND/CTA）及其临床试验不同阶段（P1、P2、P3）、新药上市申请（NDA/MAA）、仿制药上市申请（ANDA）各研究阶段的 CMC 服务及产品上市维护，包括产品变更、年报及再注册服务。

（二）化学制剂 CRO 服务

1. 制剂服务

博腾股份的公司愿景是成为全球最开放、最创新、最可靠的制药服务平台。凭借在医药研发外包（CRO）领域十多年的积累和经验，博腾股份专注于搭建制剂技术平台，与 CRO 协同，为全球药物研发机构提供从临床前到上市各阶段高效、灵活、优质的制剂 CRO 服务。

博腾股份的核心领导团队拥有丰富的跨国医药企业、国内仿制药厂、CRO 公司工作经验，擅长创新药和仿制药的研发、工艺放大、技术转移与优化、生命周期管理以及应用理念的工艺、质量开发和注册申报支持。

2. 制剂开发服务

博腾股份在上海张江、重庆建立制剂研发中心，并协同美国 J-STAR Research 全球一流的晶型筛选、结晶工艺开发、粉体工程、增溶技术等一同提供临床早期制剂和分析服务。

同时，建立基于 QbD 的制剂工艺开发和优化，提供临床中后期及仿制药制剂工艺开发、优化和生命周期管理服务，确保药品质量和开发效率。

博腾股份制剂研发实验室拥有全球先进的制剂研发及分析试验设备，以及经验丰富的制剂研发团队，能够支持临床及上市各阶段各类制剂开发的需求以及复杂制剂的研发需求。

3. 制剂生产服务

制剂生产服务包括临床样品生产、工艺放大、工艺验证和商业化生产。博腾股份拥有经验丰富的生产和工程技术团队以及世界一流的厂房设施来满足不同剂型在不同临床和上市阶段的开发和生产需要。

4. 分析服务

协同制剂处方及工艺研发过程，配合实验室先进的分析仪器和专业团队，博腾股份将提供药物开发全过程方法开发与验证、分析检测、稳定性测试以及注册申报支持服务，助力客户完成药物研发和申报，确保新药尽快推进临床及上市进程。

5. 制剂技术平台

博腾股份专注于搭建制剂工艺开发与生产技术平台、复杂制剂技术平台，覆盖片剂、胶囊、颗粒剂、注射剂等多种剂型的研发和生产服务，同时覆盖高活性药物制剂研发和生产服务。

(三) 生物 CRO 服务

1. 基因细胞治疗服务

苏州博腾生物制药有限公司（以下简称博腾生物）成立于 2018

年，立足于苏州工业园区，以上市公司博腾股份为依托，搭建了质粒、病毒载体和细胞治疗产品为一体的CRO平台，提供从早期研究、研究者发起的临床试验、新药临床试验申请（IND）、注册临床试验样品和商业生产服务，加快药物研究转化进程。

2. 分析研发和质量控制

博腾生物对基因细胞产品进行全过程质量研究和控制，分析方法开发和质量控制部门下设理化、细胞功能、分子检测和微生物，可进行纯度、滴度、生物安全性和细胞功能等检测项目，从有效性、安全性方面提供全面而可靠的配套检测服务。博腾生物在理化检测领域还配备了HPLC、UPLC、CE–LIF等最新设备，多种分析方法交叉验证，提供精确的产品及杂质表征、定量信息。

三 CRO合作研发案例

（一）与丹诺医药的CRO战略合作

2021年8月，重庆博腾制药科技股份有限公司与丹诺医药（苏州）有限公司（以下简称丹诺医药）共同宣布达成战略合作伙伴关系，双方将围绕原料药及制剂的研发及供应开展长期CRO合作。这标志着双方合作价值链由原料药向制剂延伸，共同探索建立"原料药+制剂"一体化的服务新模式。

博腾股份与丹诺医药自2017年正式开启商务合作，目前多个合作项目在执行中。丹诺医药成立8年来，凭借独特的多靶点偶联分子技术和丰富的行业经验建立了一个具有全球专利保护的差异化新药研发管线，已经进入或完成二期临床试验的适应症，包括人工关节感染、幽门螺杆菌感染、肝硬化肝性脑病、腹泻型肠易激综合症和急性细菌性皮肤和皮肤组织感染，其在研产品TNP-2092注射剂已经获得美国FDA合格抗感染产品、快速通道和孤儿药资格认定，用于治疗人工关节以及超级细菌感染。在运营模式上，丹诺医药采用高效的内部研发和外包服务相结合的全球临床开发策略，以期加速实现产品上市。

（二）与凯地生物的 CRO 战略合作

2021 年 5 月，苏州博腾生物制药有限公司宣布与南京凯地生物科技有限公司（以下简称凯地生物）达成战略合作。博腾生物以端到端的基因与细胞治疗 CRO 服务平台，为凯地生物新型 CAR－T 细胞①疗法提供 CMC② 研究开发服务，加速细胞治疗药物研发进程。

根据协议，博腾生物将作为独家 CRO 合作伙伴为凯地生物提供多个 CAR-T 项目的 CMC 研究开发服务，包括质粒、病毒载体和 CAR－T 细胞的工艺开发与生产及 CMC² 部分的 IND 注册申报③支持等服务。首个合作项目 KD－025 CAR－T 产品，适应症为肝癌及胶质瘤，其临床前研究成果先后在肿瘤免疫治疗国际权威杂志和美国肿瘤临床年会 ASCO 发表，目前正在多中心开展 KD－025 CAR－T POC 临床试验，已完成多例临床回输，无明显毒副反应，安全有效，同时正在推进国内外 IND 申报。

凯地生物已成功开发多条针对恶性实体肿瘤的 CAR－T 一类新药研发管线，博腾生物建立了质粒、病毒载体及细胞治疗产品一体化 CRO 服务平台，并拥有经验丰富的专家团队和独特的技术优势。通过此次合作，可以帮助凯地生物快速高效地推进研发管线布局，加快细胞治疗药物研发和凯地生物 CAR－T 产品上市进程，携手推

---

① Chimeric Antigen Receptor T-cell，嵌合抗原受体 T 细胞，CAR－T 细胞免疫疗法是指通过基因修饰技术，将带有特异性抗原识别结构域及 T 细胞激活信号的遗传物质转入 T 细胞，使 T 细胞能够识别肿瘤细胞表面的特异性抗原，并通过释放多种免疫因子杀伤肿瘤细胞，从而达到治疗肿瘤的目的。
② Chemistry, Manufacturing, and Controls，化学成分生产和控制，主要指新药开发过程中的生产工艺、杂质、质量、稳定性等药学研究资料的收集及控制工作。
③ Investigational New Drug Application，新药临床试验申请。

进细胞治疗在实体瘤领域的突破,早日惠及更多患者。

(三) 与华森制药的战略合作

2018年5月,重庆博腾制药科技股份有限公司与重庆华森制药股份有限公司(以下简称华森制药)在博腾股份水土新药研发中心举行了药物开发CRO战略合作,双方拟在未来就药物研发、生产、销售、药物生产周期管理及MAH①申报等环节开展全方位合作,建立优势互补、互利互惠、共同发展的战略合作伙伴关系。

根据双方本次签订的战略合作协议,双方将围绕华森制药的三大优势领域(消化系统、精神神经和耳鼻喉科)的原料药(含医药中间体)及药物制剂产品开展相关的业务合作。博腾股份将作为华森制药首选的外包业务服务合作伙伴,且在同等条件下,本着公平诚信的原则,华森制药保证委托公司提供的合作品种档次原料药(含医药中间体)服务原则上不低于其对该品种档次原料药(含医药中间体)需求量的70%。

四 研发外包优势分析

(一)"端到端"的CRO服务能力

由于药物开发的专业性,不同临床阶段、不同客户对CRO产业的能力要求和服务需求各有差异。因此,建立完善的能力体系是CRO产业作为服务平台为全球客户提供服务的核心竞争力之一。经过十六年的业务积累和进化,博腾股份已经建立覆盖原料药CRO、制剂CRO及基因细胞治疗CRO三大业务板块的能力,能够为药物开发从临床前到临床试验直至上市全生命周期提供所需服务。

从研发技术到生产的系统性能力,实现项目从研发到生产的无

---

① MAH, Marketing Authorization Holder, 药品上市许可持有人。

缝衔接和高效交付。目前，博腾股份在中国重庆、上海、成都、苏州，美国新泽西拥有 8 个研发中心（场地），业务涵盖原料药 CRO、制剂 CRO 和基因细胞治疗 CRO 三大板块。截至 2021 年年末，博腾股份在中美两地拥有研发技术人员 1201 人，其中美国团队 103 人，中国团队 1098 人。博腾股份研发技术平台正通过"更快创新、集中资源、提高效率、紧跟技术前沿"等方式来持续保持竞争力。同时，博腾股份工厂技术部拥有丰富的项目经验和知识积累，能够为客户从实验室小规模转移到工厂提供专业服务。此外，博腾股份还拥有专业的工程技术能力，为建设具有高度柔性、满足国际标准的生产制造平台，提升生产效率和运营效率打下坚实的基础。

中美两地协同的研发技术及人才资源。博腾股份于 2017 年收购 J-STAR Research，在过去四年中，J-STAR Research 不断扩充团队、实验室规模以及业务规模，截至 2021 年年末，J-STAR Research 已在美国新泽西拥有 2 个研发场地，能够承接临床早期原料药 CRO 及制剂服务。未来，博腾股份还将进一步通过中美两地的协同为全球客户提供"端到端"的服务。

（二）数智化建设赋能 CRO 服务

丰富的项目和客户服务积累构建 CRO 产业"先发者"的天然竞争壁垒。通过多年积累，公司从智慧研发、智能工厂、数智化项目运营、数字营销四大板块着手，旨在通过业务"端到端"流程的数智化转型，全面提升研发生产效率、质量和客户体验。

在智慧研发方面，博腾股份的目标是实现研发的数字化和智能化。2021 年，博腾股份启动了 E-Lab（数字化实验室系统）建设，搭建包括实验过程管理、科学数据管理、物料管理、实验数据分析等系统。此外，博腾股份还完成了 PAT（process analytical technology，在线检测技术）项目试点，通过引入在线检测分析技术，实时监测项目反应进度，将试点项目取样检测的耗时从 7.5 小时缩短至

1.5小时，取得了阶段性成果。2021年，博腾股份持续加强与晶泰科技等战略伙伴的合作，推进结晶工艺等领域的智能化探索。

在智能工厂建设方面，2021年，博腾生物成功上线SMDS系统（智能生产数字化系统）。2021年6月，博腾生物长寿生产基地109车间建成投产，该车间是公司智能化1.0车间，其设计理念是将硬件的多功能性与DCS系统进行分类整合，提高可操作性和灵活性，提升工艺控制的安全性和可靠性，提升数据化和信息化的应用。

在数智化项目运营方面，博腾生物着力探索项目交付"端到端"全流程的智能化在线协作，提升项目交付质量和效率。在数字营销方面，旨在建立在线互动的营销数字化平台，提升客户体验和营销管理能力。2021年，博腾股份成功推进项目可视化管理，建立数据仓库和可视化分析平台。博腾股份预期这一系列系统和平台的推广和应用能够大幅度提升内部协作效率，提升客户满意度，进而全面提升其整体竞争力。

五 研发外包带来的影响

（一）营业收入增长

2021年，博腾股份实现营业收入31.05亿元，同比增长50%，收入规模创历史新高。2021年，博腾生物收入贡献主要来自核心业务板块原料药CRO业务，实现营业收入30.69亿元，同比增长51%。制剂CRO业务，实现"从0到1"的突破，实现营业收入2016万元。基因细胞治疗CRO业务，实现营业收入1387万元，较去年同期增长897%。从客户所在地域看，欧洲市场作为该公司第一大市场，2021年实现营业收入同比增长40%；第二、第三大市场分别为北美市场和中国市场，2021年实现营业收入分别大幅增长71%

和110%。

2021年，博腾股份实现归属于上市公司股东的净利润5.24亿元，同比增长61%；实现归属于上市公司股东的扣除非经常性损益后的净利润5.03亿元，同比增长74%；公司毛利率和净利率分别为41.36%和15.32%，与去年基本持平。博腾生物制剂CRO业务和基因细胞治疗CRO业务作为战略性新业务，虽然2021年已陆续开始实现收入，但仍处于能力建设期，2021年两大新业务合计减少合并报表净利润约1.06亿元。此外，2021年，博腾股份战略布局的三家参股公司仍处于亏损阶段，合计减少合并报表净利润约0.31亿元。剔除上述影响后，2021年，博腾股份实现归属于上市公司股东的净利润为6.61亿元，同比增长约80%。

博腾股份引入新产品212个（不含J-STAR Research），新产品（不含J-STAR Research）贡献收入占2021年营业总收入的比例约29%。2021年，公司前十大产品收入占比为37%。

（二）研发能力增强

博腾股份坚持以技术创新驱动企业高质量发展，不断加强创新投入，积极推进关键核心技术研发和创新人才团队建设。2021年研发投入2.64亿元，研发技术团队规模1200余人；截至2021年年底，博腾股份已获授权的发明专利48项（其中39项国内专利，9项国外专利），PCT专利5项。

经过四年的战略转型升级，博腾股份已建立涵盖"原料药CRO""制剂CRO""基因细胞治疗CRO"三大板块的业务体系，能够为客户提供从临床前开发到临床试验再到上市等药物开发全生命周期的CRO服务。2021年，博腾股份通过市场拓展和营销推广，持续夯实在国际市场的行业地位，同时在国内市场初步建立了良好的品牌影响力。2021年，博腾股份服务项目数（仅含2021年实现销售的项目，不含J-STAR Research）合计410个，同比增长14%。其中，

209个项目处于临床前及临床一期，65个项目处于临床二期，44个项目处于临床三期，10个项目处于新药上市申请阶段，87个项目处于上市阶段。[①]

在服务价值链上，博腾股份在小分子CRO领域打开了"中间体—原料药—制剂"一体化服务新局面。2021年，随着市场需求的变动，博腾股份持续推进从中间体向原料药的产品升级，API产品实现收入2.9亿元，同比增长55%。此外，2021年，博腾股份正式开启"原料药（DS）+制剂（DP）"协同服务，DS与DP 2021年协同项目13个，进一步打通"端到端"服务链条。2021年，制剂CRO业务引入新项目31个，新签订单7113万元。

在基因细胞治疗CRO业务领域，博腾股份引入新项目27个，新签订单约1.3亿元，主要涉及AAV病毒包装、CAR-T细胞IND生产、CAR-NK项目毒理批及注册批生产、质粒工艺开发、工程批及GMP生产、TIL细胞IND申报、活菌项目等不同类型的服务。

除在产品价值链实现"端到端"的协同服务外，随着博腾股份过去四年从CMO向CRO的战略转型，也可以发现原料药CRO业务的管线导流效应逐步显现。2021年，博腾股份服务的20个项目成功进入下一开发阶段，服务的2个创新药（对应博腾股份4个项目）在2021年获得上市许可。

与此同时，美国CRO业务平台J-STAR Research持续与中国保持协同和引流。2021年，J-STAR Research实现营业收入2.3亿元，同比增长8%。J-STAR Research也为博腾股份中国团队带来60个项目的引流，主要为北美Biotech客户的早期项目。

（三）生产能力提升

第一，产能扩充。原料药CRO业务板块，截至2021年年底，

[①] 资料来源于2021年博腾股份年报。

公司拥有生产产能约2019立方米，2021年产能增长约65%，主要来自新投产的长寿生产基地109车间以及通过外延方式收购的宇阳药业产能。2021年6月，长寿生产基地109车间投入使用，半年时间贡献经济效益约3082万元。2021年9月，博腾股份收购宇阳药业70%股权，新增产能约584立方米。随着宇阳药业车间的陆续改造完成，该部分产能将在2022年继续释放。制剂CRO业务板块，2021年5月，位于重庆两江新区的制剂生产基地一期工程启动建设，并于11月完成主体工程封顶，预计2022年第四季度建成投产。投产后，博腾股份制剂CRO业务的能力圈将进一步扩大，将具备包括高活、口服固体制剂、注射剂等多剂型、多规格的制剂从研发、中试及临床样品制备和小规模商业化制剂生产能力，助力博腾股份建立制剂工艺开发和制造能力，推动"DS + DP""端到端"CRO服务平台布局的进一步落地。基因细胞治疗CRO业务板块，2021年，博腾生物位于苏州桑田岛的基因细胞治疗服务平台项目四楼实验室完成建设并投入使用，进一步加强博腾股份在基因治疗工艺开发、分析检测等能力。

第二，研发中心扩建。2021年，博腾股份持续扩大研发实验室规模。2021年1月，上海研发中心浦江新场地启动运营，新增30个研发分析、合成及特殊技术平台实验室，有效缓解了原有闵行紫竹园区场地紧张的局面。2021年8月，重庆水土研发中心新研发大楼启用，新增7个研发分析及合成实验室，主要支持原料药、制剂一体化业务。此外，2021年10月，上海研发中心闵行经济技术开发区新场地启动建设，投资总额约1.8亿元，占地面积约16233平方米，预计将于2022年第四季度建成，建成后可容纳1000人规模的研发团队。规模扩大后，博腾生物的CRO能力将大大提高，同时也将为客户构建强大的外部化创新能力来源。

第三节 案例小结

本章对两家国有医药企业（宣泰医药和博腾股份）开展医药研发外包（CRO）的案例进行了研究，从企业的研发外包服务业务、盈利能力、创新指标、CRO战略合作等角度解析了开展研发外包对企业创新能力提高的影响，结果发现：CRO无论是对于发包方还是接包方而言，都是国有医药企业提升创新能力的一种有效手段；通过开展CRO产业的创新能力得到了显著提升。应鼓励国有企业通过研发外包来获取外部化创新能力。值得一提的，从2019年年底开始在全球出现的新冠疫情及防控发展来看，单靠一家医药企业独立完成关键药物及疫苗研发的难度很大，应该鼓励包括CRO在内的多形式外部化创新、协同创新，协力突破关键技术的研发。

第十章 结论、创新点及建议

创新是引领发展的第一动力，是推动一个国家和民族向前发展的核心力量，也是推动整个人类社会向前发展的重要力量。企业是实现科技创新的主体，在实施创新驱动发展战略过程中，应强化企业创新主体地位。而国有企业是国民经济发展的中坚力量，是中国特色社会主义的支柱，是贯彻落实国家创新发展战略的"领头羊"，要充分发挥科技创新主力军的作用。国有企业技术创新能力的提升将关系到国有经济和国有企业改革发展，乃至国民经济的高质量发展，对发挥国有企业在国家创新上的带动和引领作用，从而加速实现科技自立自强的战略目标，对构建新发展格局、创新驱动发展、现代产业体系建设具有重要意义。本书的研究对提升国有企业科技创新能力、助力创新驱动发展战略实施和国家创新体系建设具有重要现实意义。

第一节 结论

本书沿着问题提出—理论分析—实证分析—案例分析—对策措施的学术构想和思路展开，通过理论、实证、案例分析，得到以下主要研究结论。

第一,国有企业规模在不断缩减,国有企业研发创新活动少,创新积极性低。国有企业数量和营业收入指标均显示国有企业规模在不断缩减,国有企业中有研发机构的企业比重和有R&D活动的企业比重低于民营企业和外资企业,国有企业中进行研发创新活动的企业少于民营企业和外资企业。

第二,国有企业在技术创新方面的物力资本和人力资本投入均不足。在创新投入方面,研发投入、技术经费、研发人员、研发机构等指标均表明国有企业创新投入不足。创新投入强度指标分析显示,国有企业研发投入强度低,增长速度缓慢,而且相对于民营企业和外资企业,国有企业的技术进步和创新更偏重于技术引进和技术改造,原始创新不足;过于重视技术引进后的使用,轻视引进后的学习、消化吸收及再创新。技术可以引进,但技术创新能力只能内生。国有企业之所以没能通过引进消化吸收建立起技术创新能力,关键在于在消化吸收阶段的投入不足。

第三,国有企业创新专利产出效率和最终产出效率均不高,而且国有企业专利创新产出效率和最终创新产出效率不匹配,成果转化能力有待进一步提高。在企业创新产出方面,首先,专利申请数、发明专利申请数、有效发明专利数、新产品销售收入等创新产出指标数据均显示,民营企业和外资企业的专利创新产出和最终创新产出均处于领先地位,国有企业望尘莫及;其次,专利创新产出效率数据显示,民营企业专利创新效率最高,国有企业次之,外资企业最低。最终创新产出效率数据表明,外资企业最终创新产出效率最高,民营企业次之,国有企业最低。国有企业专利创新产出效率和最终创新产出效率并不匹配,因为国有企业是中国特色社会主义的重要物质基础和政治基础,是中国特色社会主义经济的"顶梁柱",国有企业坚持国家战略性需求导向,围绕事关国家安全、产业核心竞争力、民生改善的重大战略任务,推动实现更多关键核心技术突破，超前布局前沿技术和颠覆性技术，这是国有企业作为国家战略科技重要力量义不容辞的责任，国有企业的创新产出并不是都转化为经济收入，但相对于民营企业和外资企业，国有企业也应进一步促进成果转化。

第四，国有企业在企业规模、创新投入、创新产出方面均处于落后地位，国有企业创新能力和创新效率低，存在创新活动欠活跃、创新动力不充足、创新投入不足、创新产出落后、创新转化能力低等问题。而引起以上问题有三个层面原因：一是企业层面，包括国有企业的垄断地位、国有企业市场主体地位不完善和其特殊的产权性质；二是企业家层面，包括委托—代理关系、"经理人"和"政治人"双重角色；三是研发人员层面，包括缺乏高素质创新人才，缺乏完善的创新活动奖励机制，难以释放创新积极性和活力。

第五，研发投入能显著促进国有企业创新能力，但国有企业缺乏持续开展创新活动的积极性和主动性。基于宏观角度，采用2011—2020年规模以上国有企业的相关时间序列数据，通过建立联立方程模型，对国有企业创新能力影响因素和国有企业创新能力与创新效率之间的相互关系进行实证分析。联立方程模型实证结果表明，国有企业新产品销售收入的增加不利于国有企业创新活动的开展，国有企业缺乏持续开展创新活动的积极性和主动性，最终创新产出并不能反向激励国有企业开展创新活动，激发国有企业的创新积极性，这样反而会使国有企业安于现有的创新成果，不持续开展创新活动。国有企业研发投入能显著促进创新能力，国有企业研发投入越多，专利申请数越多，国有企业创新能力就越强。研发投入作为创新产出的基本物质资本投入，会促进创新能力的生成。

第六，国有企业创新能力的提升有利于国有企业创新效率的提高，吸收能力正向影响企业在一个演化与不确定环境中的创新绩效水平。国有企业在发展过程中，需要不断提高创新能力，以不断提升企业创新效率,增强企业市场竞争力。国有企业消化吸收费用支出对创新效率具有显著的正效应,国有企业消化吸收能力越强,即企业外部获取与消化的知识越多,则越可能有更多的新知识被其转化并应用于新产品的开发生产中(付敬,2013)。

第七,研发外包对企业创新能力和创新绩效的提升具有正效应,企业吸收能力正向影响企业创新能力和创新绩效,企业外部研发投入对企业创新能力的影响大于内部研发投入对企业创新能力的影响,企业外部研发投入对企业创新绩效的影响略大于内部研发投入对企业创新绩效的影响。采用2011—2020年《中国科技统计年鉴》中国有企业、民营企业、外资企业的创新投入产出的面板数据,建立创新能力和创新效率双宏观面板模型。实证结果显示,研发外包对企业创新能力的提升具有正效应,研发外包投入强度越大,企业专利申请数越多,平均来说研发外包投入每增加1万元,专利申请数将增加0.048182个;企业吸收能力正向影响企业创新能力,平均来说内部研发投入每增加1万元,专利申请数将增加0.005930个;企业外部研发投入对企业创新能力的影响大于内部研发投入对企业创新能力的影响,即相对于内部研发,研发外包对企业创新能力的提升影响更大。研发外包对企业创新绩效具有正效应,企业吸收能力正向影响企业创新绩效。企业外部研发投入对企业创新绩效的影响略大于内部研发投入对企业创新绩效的影响。

第二节 创新点

关于医药研发外包对医药企业创新能力和绩效的实证分析,现有研究多是基于承包方(CRO产业)的视角,鲜有基于发包方(医药企业)角度开展的研究。本书从宏观层面和微观层面,基于发包方视角,实证分析了研发外包对医药行业及医药企业的影响。

通过对中国医药市场的分析，主要有以下几点发现：第一，随着国民整体经济水平的提高，人民群众健康意识的增强、政府医疗卫生投入的加大以及人口老龄化的加剧，医药的总体需求将不断增长，致使中国医药需求和消费快速攀升，医药产业发展潜力大。近年来，中国出台一系列政策，更是加速了中国医药市场的发展。第二，在中国医药市场上，化学药一直以来占据着较大的医药市场份额，但由于生物药和中药的高速发展，其市场份额在不断降低。生物药和中药的强劲发展，为中国医药市场的蓬勃发展注入强动力，也促进中国医药市场结构均衡发展。第三，中国医药研发投入力度不断增大，但研发投入占市场规模的比重仍低于世界水平。从医药上市公司层面看，中国医药上市公司研发支出快速增长，增速不断提升，但总体研发投入强度仍处于较低水平，至少存在一倍提升空间。第四，中国CRO产业起步较晚，但在中国医药需求持续快速增长、医药行业细分化趋势加剧、一致性评价标准启动、各种其他医药相关政策落定以及CRO产业国际化趋势加剧等背景下，中国涌现大量CRO产业并呈奔腾式增长。

基于中观角度即产业角度，采用2012—2018年的时间序列数据，对中国CRO市场发展对中国医药产业的影响进行实证分析。中国CRO市场发展对中国医药产业的影响实证结果表明，医药行业与医药研发外包行业息息相关、相辅相成、互成因果。医药研发外包行业的发展可以极大促进医药行业的发展，医药行业的发展需要医药研发外包行业的支持，也会反刍医药研发外包行业的发展。

基于微观角度即企业角度，采用2015—2018年44家医药企业的面板数据，关于研发外包是否影响企业创新能力和企业绩效进行实证分析。第一，研发外包是否影响医药企业创新能力的实证分析结果显示，首先，研发外包可以显著地提高医药企业的创新能力；其次，企业研发中心数量对医药企业创新能力的提高具有显著的促进作用，验证了内部研发和外部研发协同发展的重要性；再次，政府补贴对医药企业创新能力的提高具有显著的激励作用；最后，吸收能力对创新能力的提高具有直接的正向影响。第二，研发外包是否影响企业绩效的实证分析结果显示，研发投入、研发外包、企业规模都显著影响医药企业绩效，医药企业在研发方面进行外包对企业绩效具有显著的促进作用。

Probit 离散选择模型实证结果显示，医药企业的性质、研发投入、研发人员数量和企业规模都是影响医药企业是否选择进行医药研发的重要影响因素。特别是医药企业的企业性质显著影响着企业选择研发外包的概率，国有医药企业选择研发外包的概率相对于其他医药企业更小。

在企业研发外包的溢出效应分析部分，本书基于规模经济和存在研发溢出的条件，指出研发外包可以影响发包方的创新，并且在不同的条件下，外包对下游研发投入的影响效应并不相同。外包对下游研发投入的影响效果取决于两个因素：研发溢出的大小和企业对研发环境的选择（竞争或合作）。本书发现，发包方成本的下降会带来承包方成本的下降，而发包方增加研发投入的策略，不仅会降低自身成本，在存在研发溢出的条件下，也会降低竞争企业的成本，这一效应又进一步促进了承包方成本的降低。因此从这一点看，以往的研究结论通常认为研发外包会导致强的溢出效应，也就是存在外部效应；与以往研究不同的是，本书认为发包方可以从研发溢出上获益，即研发溢出效应内部化，这一效应又会促进发包方进一步增加研发投入。另外，在研发合作的情况下，外包毫无疑问会促进企业研发投入的增加；而在研发竞争的条件下，外包对研发的效应取决于研发溢出参数值的大小，当研发溢出值非常大时，外包具有增加企业对研发投入的效应。

在中国承接国际医药研发外包的技术溢出效应研究部分，通过

VAR模型、脉冲响应函数和方差分解解释了各变量和技术创新能力之间的长期关系。结论包括两个方面。

第一，中国医药制造业技术创新能力的最主要影响因素是购买国内技术，其对技术创新能力的贡献率随着滞后期的增加不断提升，在第10期达到最大。对技术创新能力变化影响排名第二的是研发人员投入。实证还表明研发外包是影响技术创新产出的重要因素，研发外包规模的增长能够促进技术创新能力的提升。

第二，长期来看，研发资金投入、研发外包、购买国内技术和技术引进的正向冲击对技术创新能力具有促进作用。

在中国CRO产业承接离岸外包的影响因素研究部分，通过波特的钻石模型建立起对我国CRO承接离岸外包影响因素的分析框架，并对各影响因素对CRO产业承接离岸外包的作用机制进行分析。通过研究结果可以发现，在长期关系下，影响我国CRO产业承接离岸外包的因素主要有经济发展水平、劳动力成本、科研水平、服务贸易开放度四个因素，其中经济发展水平、科研水平、服务贸易开放度与CRO产业离岸外包的承接正相关，劳动力成本与CRO产业离岸外包的承接负相关。在实证研究后，基于我国实际情况，选取排名第一的CRO产业药明康德进行案例分析，探讨药明康德近年来承接离岸外包业务的影响因素。

第三节 建议

一 企业层面

通过以上研究结果，对国有企业在提升创新能力和企业绩效方面提出以下建议。

第一，鼓励国有企业通过研发外包提升创新能力。国有企业要加强与外部的合作研发，迅速提升自主创新能力。国有企业的技术研发，既不可能也没必要全部由自己独立承担。国有企业通过研发外包等形式与高校、科研院所、其他企业或外部研究机构进行合作，既可以建立专业化分工的优势，也可以有效减轻国有企业研发高投入的资金压力，并在降低单一企业研发风险的同时共享自主创新的成果，提高创新效率。

第二，支持国有企业加大研发投入。建立多元化、多渠道、多方式的研发投入机制，加大创新研发投入力度，均衡内部研发投入和外部研发投入，加强外部研发投入。培养高素质创新研发人员，引进国内外高精尖研发人才。

第三，完善国有企业的创新活动奖励机制，释放创新积极性和活力。改革国有企业传统的薪酬与激励机制，健全与创新指标相挂钩的薪酬分配制度，尝试构建"一人一薪"的市场化薪酬体系，对科研人员、对创新有突出贡献的员工适当提高薪酬待遇，给予项目分红等，激发全体员工的创新活力。

第四，强化国有企业创新指标绩效评价的导向作用。国有企业应进一步完善现有的考核评价体系，将研发投入、专利产出、新产品销售收入等更多的创新指标纳入管理者的绩效考核中，根据考核结果进行人才选任，打破过去选任管理者时固有的行政思维，释放企业家创新精神。同时，建立灵活的选人用人模式，根据考核结果提拔创新贡献突出的员工，使优秀的创新人才有更广阔的发展平台和空间。

第五，加强国有企业企业创新文化建设。企业创新文化是企业持续创新的不竭动力，要推进企业创新能力的提高，必须致力于建设和发展创新型企业文化。要在国有企业内部形成人人谈创新、人人动手参与创新的国有企业创新文化。

第六，引导国有企业开展"政产学研创"开放式创新。支持国有企业打破藩篱束缚，避免闭门造车，积极与政府、民营企业、高校、科研院所构建新型的开放式创新、外部化创新机制，借助一切可能的外力来提升国有企业的创新能力，为国有企业的高质量发展贡献力量。

此外，通过以上分析结果，本书对医药企业在提升创新能力和企业绩效方面提出以下建议。

第一，医药企业可以通过研发外包提升企业创新能力和企业绩效。基于2015—2018年44家医药企业的面板数据，对研发外包是否影响企业创新能力和企业绩效进行实证分析，证明通过研发外包可以显著促进医药企业创新能力和企业绩效。

第二，提高研发投入，增大研发投入强度。研发投入与医药企业创新能力之间具有正向关系，医药企业应该不断加大研发投入。研发投入强度越大表明医药企业吸收能力越强，强大的吸收能力对医药企业创新能力的提升具有显著的促进作用。

第三，医药企业的性质、研发投入、研发人员数量和企业规模等都影响着医药企业的研发外包决策。医药企业在选择是否进行研发外包时，应该根据自身具体情况进行决策。

二　政府层面

第一，完善市场化竞争环境与国有企业市场主体地位。处于动态环境的企业更加致力于形成自己的核心技术，外部环境越是不稳定，企业越是追求通过技术进步来建立领先优势（沈志渔、刘兴国，2009）。政府必须采取措施来引导国有企业主动放弃对现有稳定生存道路的依赖，推动国有企业实现市场化生存。但由于国有企业的特殊属性，部分国有企业还不能算是真正意义上的市场主体，这制约着国有企业的自主创新。同时，在要素市场上存在着行政垄断的现象，导致市场竞争机制不能充分发挥作用，价格不能反映出市场真实的供求关系。打破现阶段国有企业不合理的垄断优势，引入竞争机制，提高市场效率。一个平等、充分的竞争格局，将有助于国有企业在持续竞争压力下自觉增加在技术创新上的投入，从而提升国有企业的自主创新能力。

第二，完善知识产权保护制度。完善的知识产权保护机制可以有效保护自主创新成果、维护成果所有者根本利益，这不仅是对科研人员劳动成果的保护，也是对科研人员的一种尊重，更是维护市场公平的一种体现。有效的保护措施不仅能保护业已存在的科研成果，而且可为企业、高校、科研机构等的科技创新活动提供保障，激发创新主体的创新活力和热情，提升科研人员的热情，防止矛盾冲突，维护良好的社会风气与市场环境。

第三，搭建创新信息交融的综合型数字化企业服务平台。结合大数据、人工智能技术等方式，搭建创新信息交融的综合型数字化企业服务平台，利用信息系统平台，为企业提供有价值的信息，整合行业内、产业间共性技术的开发，通过共享机制，分享公共资源、数据和信息，营造出一个良好的宏观创新环境。为企业间、企业与高校间、企业与科研机构间等搭建创新研发合作的桥梁，支持开放式创新，提高社会整体创新效率。

第四，建立创新活动容错纠错机制。创造宽松的创新环境，宽容国有企业管理者的创新失败。坚持严管和容错相结合、容错和纠错相结合，使国有企业的决策者敢于实施一系列新的改革措施。

第五，加大政府扶持力度。企业技术创新活动不但物力资本、人力资本投入力度大，而且创新活动风险高，政府要明确自身在企业创新过程中的定位，不越位，也不能缺位。政府可以通过完善创新相关政策与法律法规，在制度层面减少企业自主创新面临的不确定性，以分担企业风险。同时加大对创新性活动的资金支持力度。

针对医药企业在提升创新能力和企业绩效方面，本书提出以下政府层面的建议。

第一，建议政府部门持续出台医药创新政策和加大医药创新政策激励力度，以促使医药研发和CRO（合同研究组织）市场进一步规范化和集中化。我国医药行业自2015年"722"事件后经历了一系列重大变革，多个新政的出台，包括优化审评审批、注册分类改革、上市许可持有人制度等，对创新药的研发、审评、生产和支付环境提升明显。医药企业创新研发积极性在政策鼓励下提升明显，医药企业创新研发投入持续提升。

第二，构建完善且符合中国国情的药品专利保护体系。专利保护对药品研发创新更是有着无可替代的积极推动作用。构建完善的药品专利保护体系有助于保护刚刚起步的中国创新医药企业，为其发展提供良好的外部环境，鼓励更多的科创人才进入研发领域，专注于药品创新和技术难点的攻克。从长远或本质来看，有助于推动我国药品研发水平的提高，促进整体药品行业的快速平衡发展，提高患者的药品可及性，保障国民健康。建议政府在综合考量成熟市场发展经验的基础上，取其精华，融入中国本土元素，构建具有中国特色的药品专利保护体系，从而推动中国制药行业实现新的跨越式增长。

参考文献

一 中文文献

阿丽塔、田玲：《合同研究组织的发展及我国应采取的对策》，《医学信息学杂志》2008年第5期。

蔡宏波：《外包与劳动生产率提升——基于中国工业行业数据的再检验》，《数量经济技术经济研究》2011年第1期。

曹彬：《基于资源整合的大型国有企业创新共享机制构建探索》，《领导科学》2021年第12期。

陈朝月、许治：《企业外部技术获取模式与企业创新绩效之间的关系探究》，《科学学与科学技术管理》2018年第39期。

陈旦凤：《制药企业研发外包的风险管理》，硕士学位论文，浙江工业大学，2013年。

陈娇、董志：《中国药品注册制度改革对医药外包的影响和对策建议》，《中国药业》2018年第23期。

陈劲、阳银娟：《协同创新的理论基础与内涵》，《科学学研究》2012年第2期。

陈劲、尹西明：《建设新型国家创新生态系统加速国企创新发展》，《科学学与科学技术管理》2018年第11期。

陈军亚：《承接国际服务外包的影响因素分析——兼论中国的承接能力》，《华中师范大学学报》（人文社会科学版）2010年第6期。

陈启斐等：《研发外包是否会抑制我国制造业自主创新能力？》，《数量经济技术经济研究》2015年第2期。

陈耀芳：《科技型上市公司创新能力对经济绩效影响研究》，《现代营销》（下旬刊）2020年第2期。

陈颖等：《我国药品审评审批制度改革对创新药技术转移的影响》，《中国医药工业杂志》2017年第48期。

陈钰芬、陈劲：《开放度对企业技术创新绩效的影响》，《科学学研究》2008年第2期。

崔华：《山西省生物医药产业发展策略研究》，《科技情报开发与经济》2011年第11期。

邓铭：《研发外包：企业创新的途径》，《思想战线》2012年第5期。

邓铭、王文芳：《基于中国视角的CAFTA对成员国间贸易影响分析》，《财政科学》2017年第4期。

邓铭、王文芳：《中国服务业出口竞争力研究》，《经济研究参考》2018年第44期。

杜鹤楠：《天津市承接离岸服务外包的影响因素分析》，《对外经贸》2016年第8期。

樊增强：《国有企业技术创新面临的障碍因素及其对策》，《经济问题》2002年第3期。

范妙璇等：《中国医药研发外包行业竞争优势研究》，《中国科技论坛》2010年第5期。

方厚政：《企业R&D外包的动机与风险浅析》，《国际技术经济研究》2005年第4期。

方厚政：《企业合作创新的模式选择和组织设计研究》，博士学位论文，上海交通大学，2007年。

房宏琳：《我国中央企业自主创新能力研究》，博士学位论文，哈尔滨理工大学，2015年。

冯根福等：《究竟哪些因素决定了中国企业的技术创新——基于九大中文经济学权威期刊和A股上市公司数据的再实证》，《中国工业经济》2021年第1期。

付敬：《企业共性技术创新、吸收能力及其对创新绩效的影响研究》，博士学位论文，华南理工大学，2013年。

高丹：《生物医药的研发外包》，硕士学位论文，四川社会科学院大学，2010年。

高建等：《药明康德临床CRO龙头政策利好发展空间大》，东北证券研究所，2016年。

高书丽、郭彦丽：《我国承接离岸服务外包产业发展环境影响因素研究》，《国际经贸探索》2012年第11期。

郭莹等：《医药研发外包的收益与风险分析》，《中国药业》2010年第10期。

韩晓洁：《国有企业混合所有制改革及其绩效研究》，博士学位论文，深圳大学，2017年。

何立胜、陈元志：《国有企业创新发展状况与高管认知》，《改革》2016年第12期。

贺京同、高林：《企业所有权、创新激励政策及其效果研究》，《财经研究》2012年第3期。

贺菊颖：《药明康德：中国药明，全球视野》，中信建投证券研究所，2018年。

贺雪蓉：《药物研发型企业经营战略研究》，硕士学位论文，天津大学，2010年。

胡昭玲、王洋：《中国承接服务外包的影响因素分析》，《国际经贸探索》2010 年第 26 期。

黄光跃：《国有企业自主创新动力不足的根源及对策建议》，《办公室业务》2016 年第 7 期。

黄鹤：《中国承接离岸服务外包影响因素研究》，《改革与战略》2017 年第 2 期。

黄金芳：《基于中国医药行业的研发外包研究》，硕士学位论文，复旦大学，2010 年。

黄琴琴、李钧：《离岸 IT 服务外包发包方选择承接商的影响因素研究——基于上海地区的实证分析》，《国际商务研究》2016 年第 37 期。

黄速建：《中国国有企业混合所有制改革研究》，《经济管理》2014 年第 7 期。

黄洲萍：《生物医药科技园内发展 CRO 探析》，《科技进步与对策》2008 年第 11 期。

纪志坚等：《企业资源外包程度及其影响因素研究》，《科研管理》2007 年第 1 期。

贾俐贞、黄苏萍：《"新时代＋新常态"：国有企业创新动力机制的研究——基于国有企业分类的视角》，《北京工商大学学报》（社会科学版）2018 年第 1 期。

贾峭羽：《关于我国国际服务外包统计体系建立、演进和改革方向的研究》，《统计研究》2016 年第 5 期。

贾文昌：《国有企业自主创新能力的问题与对策思考》，《理论前沿》2006 年第 8 期。

江暮红：《我国离岸服务外包业务的发展现状与升级途径》，《对外经贸实务》2018 年第 4 期。

江诗松：《转型经济中后发企业创新能力的追赶路径所有权的视角》，博士学位论文，浙江大学，2012 年。

江诗松等：《转型经济中后发企业的创新能力追赶路径：国有企业和民营企业的双城故事》，《管理世界》2011年第12期。

江轩宇：《政府放权与国有企业创新——基于地方国企金字塔结构视角的研究》，《管理世界》2016年第9期。

姜卉：《提升国有企业创新能力问题研究——以大连市为例》，《大连干部学刊》2021年第4期。

姜灵敏等：《企业研发外包模式探究——基于制造、医药、软件和服务业案例研究》，《中国高新技术企业》2013年第22期。

姜荣春：《中国服务外包产业发展的现状、问题与策略》，《宏观经济研究》2007年第5期。

蒋洪超：《我国制药企业新药研发外包的套牢问题与对策研究》，硕士学位论文，华南理工大学，2013年。

金深海：《外包强度、创业导向与发包企业绩效的关系研究》，硕士学位论文，浙江工业大学，2013年。

金艳：《承接服务外包对中国区域技术创新能力影响的研究——基于中国软件服务外包的分析》，硕士学位论文，南京财经大学，2013年。

敬艳辉：《全球服务外包产业发展现状和趋势》，《全球化》2018年第12期。

孔思源：《异质性企业研发外包的动因、机理与模式选择》，硕士学位论文，兰州商学院，2012年。

匡李聪、冯国忠：《中国制药企业技术创新制约因素及对策分析》，《现代商贸工业》2015年第7期。

邝金丽：《国有企业自主创新动力机制的构建》，《管理现代化》2008年第3期。

赖丹馨、费方域：《不完全合同框架下公私合作制的创新激励——基于公共服务供给的社会福利创新条件分析》，《财经研究》2009年第 8 期。

朗永峰、任志成：《承接国际服务外包的技术溢出效应研究——基于服务外包基地城市软件行业的实证分析》，《国际商务研究》2011年第 5 期。

雷小清：《研发外包中的"囚徒困境"问题》，《广东外语外贸大学学报》2012 年第 1 期。

李春涛、宋敏：《中国制造业企业的创新活动所有制和 CEO 激励的作用》，《经济研究》2010 年第 5 期。

李钢、李西林：《服务外包产业：中国经济升级版的新动力》，《中国流通经济》2013 年第 10 期。

李含婷：《离岸服务外包接包方竞争力影响因素研究》，硕士学位论文，厦门大学，2009 年。

李靖：《企业研发外包的双重治理机制——以研发路径跨期不确定性为视角》，《技术经济与管理研究》2016 年第 2 期。

李莉等：《政治晋升、管理者权力与国有企业创新投资》，《研究与发展管理》2018 年第 4 期。

李尚：《国有企业混合所有制改革的理论逻辑与实践效果研究》，博士学位论文，吉林大学，2021 年。

李卫兵、彭十一：《熊彼特的"创新理论"与企业的技术创新策略》，《全国商情》（经济理论研究）2006 年第 10 期。

李西垚、李垣：《外包中的知识管理——浅析中国企业如何通过外包提高创新能力》，《科学学与科学技术管理》2008 年第 2 期。

李湘君：《江苏省规模以上医药企业自主创新能力研究——基于创新价值链视角》，《山西农业大学学报》（社会科学版）2018 年第 5 期。

李想、徐艳梅：《引进购买外部技术对专利产出与新产品销售收入影响的异质性分析——以高技术产业为例》，《科学学与科学技术管理》2019年第11期。

李艳华：《外部技术获取与本土企业全球创新：内部研发的中介效应》，《中国科技论坛》2014年第3期。

李政：《"国企争议"与国有企业创新驱动转型发展》，《学习与探索》2012年第11期。

李政：《国有企业提高自主创新能力的制约因素与驱动机制》，《学习与探索》2013年第7期。

李政：《我国国有企业自主创新能力现状与提升路径》，《哈尔滨工业大学学报》（社会科学版）2012年第1期。

李政、陆寅宏：《国有企业真的缺乏创新能力吗——基于上市公司所有权性质与创新绩效的实证分析与比较》，《经济理论与经济管理》2014年第2期。

李政、杨思莹：《行业差异、所有权性质与创新效率：兼论国有企业创新资源配置》，《中国科技论坛》2016年第9期。

李中秋：《我国医药企业研发模式改革研究》，硕士学位论文，东北师范大学，2012年。

廖成娟：《中国离岸医药外包服务的发展现状与建议》，《对外经贸实务》2018年第11期。

刘慧等：《基于异质性视角的中国企业创新决策机制研究》，《中南财经政法大学学报》2013年第3期。

刘井建：《企业R&D绩效测度与评价的国内外研究述评》，《科技管理研究》2009年第3期。

刘清海、史本山：《研发外包契约选择：基于事后效率的研究》，《软科学》2012年第5期。

刘绍坚：《承接国际软件外包的技术外溢效应研究》，《经济研究》2008年第5期。

刘文霞等：《合作治理机制对服务外包供应商创新能力的影响

机理研究——基于在华服务外包企业的实证分析》,《北京工商大学学报》(社会科学版)2014年第3期。

柳琰宇:《中国生物医药新药研发的外包服务模式研究》,硕士学位论文,上海大学,2007年。

卢锋:《当代服务外包的经济学观察——产品内分工的分析视角》,《世界经济》2007年第8期。

鲁菁:《中国医药研发外包服务产业发展研究》,博士学位论文,中南大学,2012年。

陆园园:《提升国有企业自主创新能力的着力点》,《经济日报》2018年7月19日。

吕利平:《企业研发外包风险与防范研究》,硕士学位论文,武汉理工大学,2009年。

吕延方、赵进文:《中国承接服务外包影响因素分析——基于多国面板数据的实证检验》,《财贸经济》2010年第7期。

吕玉辉:《国企管理者创新动力因何不足?》,《经营与管理》2010年第2期。

吕智、王习农:《服务外包主要承接国比较与借鉴》,《中国外资》2007年第8期。

罗琪:《我国承接医药研发外包热潮下的冷思考》,《经济论坛》2010年第9期。

聂辉华等:《创新、企业规模和市场竞争——基于中国企业层面的面板数据分析》,《世界经济》2008年第7期。

聂清凯:《"企业家"涵义辨析和国有企业经营者的企业家特质》,《商业经济》2004年第8期。

潘红玉等:《专利视角的我国生物医药产业的技术创新》,《科学决策》2017年第4期。

潘亚凡:《国有企业创新驱动发展的动力机制研究》,硕士学位论文，吉林大学，2021年。

秦宪文：《国有企业技术创新能力低下的成因探析》，《理论学刊》2002年第4期。

邱家学、袁方：《药品研发外包模式探讨》，《上海医药》2006年第8期。

任志成：《战略性新兴产业创新价值链锻造方向选择研究》，《南京社会科学》2013年第6期。

沈志渔、刘兴国：《国有企业发展中存在的问题与对策》，《新视野》2009年第3期。

沈志渔、刘兴国：《国有企业自主创新能力发展的阻碍因素分析》，《学术研究》2009年第10期。

盛亚：《研发外包：外包的高端〈研发外包——模式、机理及动态演化〉书评》，《研究与发展管理》2011年第3期。

石耀东：《提高大型国企创新能力应从五方面着手》，《先锋队》2013年第2期。

时彩舒：《国有企业与民营企业创新动力、创新资源及创新绩效的比较研究》，硕士学位论文，吉林大学，2018年。

史本叶、李俊江：《提高国有企业创新能力：基于国家创新体系的视角》，《经济社会体制比较》2010年第6期。

孙晓华、李传杰：《需求规模与产业技术创新的互动机制——基于联立方程模型的实证检验》，《科学学与科学技术管理》2009年第12期。

汤吉军：《沉淀成本效应与国有企业自主创新动力不足分析》，《经济体制改革》2012年第5期。

汤吉军、张壮：《国有企业的创新障碍与现实选择》，《江汉论坛》2017年第7期。

唐长福：《国有企业有效激励机制构建研究》，《现代经济探讨》

2015年第7期。

汪波：《以蜀中制药为例分析医药第三终端的营销策略》，《中国药业》2010年第12期。

王安宇等：《研发外包中的关系契约》，《科研管理》2006年第6期。

王迪：《药品研发走降本路》，《医药经济报》2006年12月22日第8版。

王飞：《生物医药创新网络的合作驱动机制研究》，《南京社会科学》2012年第1期。

王海燕：《国有企业创新动力探究》，《高科技与产业化》2011年第3期。

王建军、何平：《IT服务外包研究进展及趋势分析》，《管理工程学报》2013年第2期。

王莉：《中国印度研发外包承接力比较——以医药行业为例》，《南京财经大学学报》2013年第3期。

王良等：《离岸研发外包中流程整合与项目绩效关系的实证研究——心理距离和团队差异的调节作用》，《研究与发展管理》2013年第4期。

王松茂：《国有企业技术创新投资不足的原因探析》，《中州学刊》2001年第1期。

王秀红：《基于ISM模型的研发外包质量影响因素分析》，《河南科技》2014年第16期。

王永、刘建一：《动力机制、运行机理与国有企业创新能力改善》，《改革》2012年第1期。

王永宝、徐怀伏：《新药研发外包的风险管理分析》，《西北药学杂志》2010年第2期。

王勇：《"垂直结构"下的国有企业改革》，《国际经济评论》

2017年第5期。

王玉梅等：《高技术产业创新能力评价指标体系构建》，《财会月刊》2020年第4期。

魏毅军：《国有企业创新驱动发展战略研究》，《市场论坛》2018年第1期。

吴昌耀：《研发外包、知识学习与企业创新绩效——基于汽车产业的实证研究》，硕士学位论文，南京邮电大学，2014年。

吴国新、高长春：《服务外包理论演进研究综述》，《国际商务研究》2008年第2期。

吴清、刘嘉：《企业研发外包中的交易效率与决策模型研究》，《科技进步与对策》2011年第10期。

吴卫星：《国际新药研发外包市场的价值构成分析》，《中国医药技术经济与管理》2008年第Z1期。

吴延兵：《不同所有制企业技术创新能力考察》，《产业经济研究》2014年第2期。

吴延兵：《国有企业双重效率损失再研究》，《当代经济科学》2015年第1期。

吴延兵：《中国工业R&D投入的影响因素》，《产业经济研究》2009年第6期。

吴延兵：《中国哪种所有制类型企业最具创新性？》，《世界经济》2012年第6期。

伍蓓：《企业研发外包的模式——机理及动态演化特征研究》，博士学位论文，浙江大学，2010年。

伍蓓等：《企业R&D外包的模式——测度及其对创新绩效的影响》，《科学学研究》2009年第2期。

伍蓓等：《企业研发外包的模式、特征及流程探讨——基于X集团汽车制造案例研究》，《研究与发展管理》2009年第2期。

伍蓓等：《研发外包的内涵、动因及模式研究》，《中国科技论坛》2008 年第 4 期。

伍蓓等：《研发外包进程探索：效率/创新外包模式的动态演进》，《科学学研究》2013 年第 6 期。

席艳乐、李芊蕾：《长三角地区生产性服务业与制造业互动关系的实证研究——基于联立方程模型的 GMM 方法》，《宏观经济研究》2013 年第 1 期。

谢庆华、黄培清：《R&D 外包的决策模型、创新风险及关系治理》，《研究与发展管理》2008 年第 4 期。

徐传谌、张行：《国有企业提升自主创新能力研究》，《财经问题研究》2015 年第 4 期。

徐东芳：《研究外包对企业自主创新的影响的文献综述》，《市场周刊》（理论研究）2013 年第 3 期。

徐家伟：《医药研发外包的风险综述》，《科技展望》2016 年第 32 期。

许宁等：《生产性服务业集聚与城市创新——基于行业、城市规模异质性的空间杜宾模型研究》，《资源开发与市场》2019 年第 3 期。

杨继生、阳建辉：《行政垄断、政治庇佑与国有企业的超额成本》，《经济研究》2015 年第 4 期。

杨梅、江维：《服务外包产业统计标准研究》，《统计研究》2013 年第 4 期。

杨瑞龙：《论国有经济中的多级委托代理关系》，《管理世界》1997 年第 1 期。

叶红雨、杨雨婷：《基于三阶段 DEA 模型的我国医药制造业技术创新效率研究》，《经济与管理评论》2015 年第 2 期。

尹述颖、陈立泰：《基于两阶段 SFA 模型的中国医药企业技术创新效率研究》，《软科学》2016 年第 5 期。

于成永、施建军：《研发模式选择及其对创新绩效的影响——一个研究综述》，《经济管理》2006年第19期。

于凡修：《国有企业自主创新能力提升策略分析》，《经济纵横》2021年第6期。

于龙君、汤少梁：《制药企业与CRO之间信任行为的博弈分析》，《市场论坛》2009年第5期。

余凤矗：《转型期国有企业自主创新动力问题的探索》，《科技管理研究》2008年第8期。

袁瑞敏等：《基于投入产出的企业科技创新能力评价》，《中国经贸导刊（中）》2020年第10期。

岳中刚：《逆向研发外包与企业创新绩效——基于汽车产业的实证研究》，《国际商务》（对外经济贸易大学学报）2014年第6期。

曾萍、宋铁波：《政治关系真的抑制了企业创新吗？——基于组织学习与动态能力视角》，《科学学研究》2011年第8期。

张大伟：《高技术企业技术创新能力与效率评价及协调性研究》，博士学位论文，吉林大学，2015年。

张慧：《企业集团资金管理模式研究》，硕士学位论文，北京交通大学，2009年。

张济建：《国有企业自主创新能力研究》，博士学位论文，江苏大学，2010年。

张俊：《企业研发外包组织理论研究》，硕士学位论文，华中科技大学，2010年。

张维迎等：《公有制经济中的委托人—代理人关系：理论分析和政策含义》，《经济研究》1995年第4期。

张忠德：《国有企业技术创新能力低下的原因探讨》，《西安邮电学院学报》2008年第2期。

赵丹等：《创新药物研发"风险投资—知识产权—研发外包"

商业模式探讨》,《中国新药杂志》2018 年第 16 期。

赵晶等:《产学研合作与企业创新——基于企业博士后工作站的研究》,《中国人民大学学报》2020 年第 2 期。

赵秀丽:《国家创新体系视角下的国有企业自主创新研究》,博士学位论文,山东大学,2013 年。

郑飞虎、常磊:《跨国公司研发外包活动的研究:中国的实证与新发现》,《南开经济研究》2016 年第 4 期。

郑义等:《我国上市医药企业技术创新效率及影响因素研究》,《现代商贸工业》2019 年第 18 期。

钟瑞琼等:《企业研发外包动因研究》,《价值工程》2013 年第 16 期。

钟瑞琼等:《企业研发外包与创新绩效的研究》,《中小企业管理与科技（下旬刊）》2013 年第 6 期。

周希禛:《中国国有企业创新功能研究》,博士学位论文,吉林大学,2021 年。

周正柱:《科技企业研发外包内外部动因研究》,《科技进步与对策》2011 年第 14 期。

周正柱、李竹宁:《研发外包动因研究——基于企业调研实证分析》,《南京财经大学学报》2012 年第 1 期。

朱胜勇、李文秀:《服务外包发展的影响因素及启示——基于部分 OECD 国家服务外包的分析》,《软科学》2009 年第 5 期。

朱文娟:《研发外包风险分析与控制策略研究》,硕士学位论文,厦门大学,2009 年。

朱新财等:《基于委托代理机制的研发外包边界》,《系统工程》2009 年第 3 期。

庄芹芹等:《宽容失败与企业创新——来自国有企业改革的证据》,《经济管理》2022 年第 4 期。

邹国平等：《我国国有企业规模与研发强度相关性研究》，《管理评论》2015 年第 12 期。

邹全胜、王莹：《服务外包：理论与经验分析》，《国际贸易问题》2006 年第 5 期。

左丽华：《基于 CRO 模式的制药企业产品开发研究》，硕士学位论文，天津大学，2004 年。

二 英文文献

Achim Hecker, Tobias Kretschmer, "Outsourcing Decisions: the Effect of Scale Economies and Market Structure", *Strategic Organization*, 2010, 8 (2), pp. 155 – 175.

Achim Hecker, "Cultural Contingencies of Open Innovation Strategies International", *Journal of Innovation Managemen*, 2016, 10.

Aghion, P., Howitt, P., "A Model of Growth Through Creative Destruction", *The American Economic Review*, 1992, 60 (2), pp. 323 – 351.

Ana Paula Paes Leme Barbosa, et al., "Coordination Approaches to Foster Open Innovation R&D Projects Performance", *Journal of Engineering and Technology Management*, 2020 (58), p. 101.

Andrea Fosfuri, Josep A. Trib, "Exploring the Antecedents of Potential Absorptive Capacity and its Impact on Innovation Performance", *Omega*, 2008, 36 (2), pp. 173 – 187.

Anindita Chakravarty, et al., "Choice of Geographical Location as Governance Strategy in Outsourcing Contracts: Localized Outsourcing, Global Outsourcing, and Onshore Outsourcing", *Customer Needs and Solutions*, 2014, 1 (1), pp. 11 – 22.

Annique Un, C., Alicia Rodríguez, "Learning from R&D Outsourcing vs, Learning by R&D Outsourcing", *Technovation*, 2018, pp. 24 – 33.

Annique Un, C., "Absorptive Capacity and R&D Outsourcing", *Journal of Engineering and Technology Management*, 2017 (43), pp. 34 – 47.

Arie Y. Lewin, et al., "Why Are Companies Offshoring Innovation? The Emerging Global Race for Talent", *Journal of International Business Studies*, 2009, 8, p. 901.

Aruna Kumar Panda, "Business Process Outsourcing: a Strategic Review on Indian Perspective", *Business Process Management Journal*, 2012, 1 (6), pp. 876 – 897.

Barney, J., "Firm Resources and Sustained Competitive Advantage", *Journal of Management*, 1991, 17 (1), pp. 99 – 120.

Benoit A. Auberta, et al., "Exploring and Managing the Innovation through Outsourcing Paradox", *Journal of Strategic Information Systems*, 2015 (24), pp. 255 – 269.

Berchicci, L., "Towards an Open R&D System: International R&D Investment, External Knowledge Acquisition and Innovative Performance", *Research Policy*, 2013, 42 (1), pp. 117 – 127.

Bernier, L., "Public Enterprises as Policy Instruments: the Importance of Public Eentrepreneurship", *Journal of Economic Policy Reform*, 2014, 17 (3), pp. 253 – 266.

Birgit Aschhoff, Tobias Schmidt, "Empirical Evidence on the Success of R&DCooperation—Happy Together?", *Rev Ind Organ*, 2008 (33), pp. 41 – 62.

Borins, S., "Leadership and innovation in the public sector", *Leadership & Organization Development Journal, 2002, 23 (8), pp. 67 – 476.

Bruno Cassiman, Giovanni Valentini, "Strategic Organization of R&D: the Choiceof Basicness and Openness", *Strategic Organization*, 2009, 7 (1), pp. 43 – 73.

Bruno Crepon, et al., "Research, Innovation And Productivity: An Econometric Analysis At The Firm Level", *Economics of Innovationand New Technology*, 1998, 7 (2), pp. 115 – 158.

Charlie Karlsson, Ola Olsson, "Product Innovation in Small and Large Ente rprises", *Small Business Economics*, 1998, 10 (1), pp. 31 – 46.

Chen, C. J., "The Effects of Knowledge Attribute, Alliance Characteristics and Absorptive Capacity on Knowledge Transfer Performance", *R&D Management*, 2004, 34 (3), pp. 311 – 321.

Chia-Wen Hsua, et al., "R&D Internationalization and Innovation Performance", *International Business Review*, 2015 (24), pp. 187 – 195.

Cohen, W. M., Levinthal, A., "Innovation and Learning: The Two Faces of R&D", *The Economic Journal*, 1989, 99 (397), pp. 569 – 596.

Cohen, W. M., Levinthal, D. A., "Absorptive Capacity: A New Perspective on Learning and Innovation", *Administrative Science Quarterly*, 1990, 35 (1), pp. 128 – 152.

Damián Tojeiro-Rivero, Rosina Moreno, "Technological Cooperation, R&D Outsourcing, and Innovation Performanceat the Firm Level: The Role of the Regional Context", *Research Policy*, 2019, 4, pp. 1798 – 1809.

David Aristei, et al., "University and Inter-firm R&D Collaborations: Propensity and Intensity of Cooperation in Europe", *J Technol Transf*, 2016 (41), pp. 841 – 871.

Dieter Zimmer, "Outsourcing Strategy: Local Versus International Contract Research Organizations", *Bioanalysis*, 2014, 6 (10), pp. 1279 – 1281.

Dzidziso Samuel Kamuriwo, Charles Baden-Fuller, "Knowledge Integration Using Product R&D Outsourcing in Biotechnology", *Research Policy*, 2016 (45), pp. 1031 – 1045.

Edwin L. C. Lai, et al., "Outsourcing of Innovation", *Economic Theory*, 2009 (38), pp. 485 – 515.

Eisenhards, K. M., Bourgeois, L. J., "Strategic Decision Processes in High Velocity Environments: Four Cases In the Microcomputer Industry", *Management Science*, 1988 (34).

El Mokrini, A., et al., "An Approach to Risk Assessment for Outsourcing Logistics: Case of Pharmaceutical Industry", *IFAC Papers OnLine*, 2016, pp. 1239 – 1244.

Ellis Wilson, et al., "Project Management as a Discipline Within Pharmaceutical Contract Research Organizations", *Drug Information Journal*, 2003 (37), pp. 207 – 213.

Etienne Billette de Villemeur, Bruno Versaevel, "One Lab, Two Firms, Many Possibilities: On R&D Outsourcing in the Biopharmaceutical Industry", *Journal of Health Economics*, 2019 (65), pp. 260 – 283.

Feenstra, R. C., Hanson, G. H., "Foreign Investment, Outsourcing and the Relative Wages", *NBER Working Paper*, 1995.

Findlay, R., "Relative Backwardness, Direct Foreign Investment and The Transfer of Technology: A Simple Dynamic Model", *Quarterly Journal of Economics*, 1978, 92 (1), pp. 1 – 16.

Furman, J. L., et al., "The Determinants of National Innovative Capacity", *Research Policy*, 2002, 31 (6), pp. 899 – 930.

Gary Chapmana, et al., "R&D Subsidies & External Collaborative Breadth: Differential Gains and Therole of Collaboration Experience", *Research Policy*, 2018 (47), pp. 623–636.

Gassmann, O., "Opening Up the Innovation Process: Towards an Agenda", *R&D Management*, 2006 (36), pp. 223–228.

Glass, et al., "Innovation and Wage Effects on International Outsourcing", *European Economic Review*, 2001 (45), pp. 67–86.

Griliches, Z., "Productivity, R&D and Basic Research at the Firm Level in the 1970's", *American Economic Review*, 1986, 76 (1), pp. 141–154.

Grossman, G. M., Helpman, E., "Quality Ladders in the Theory of Growth", *The Review of Economic Studies*, 1989, 58 (1), pp. 43–61.

Hagedoorn, J., Cloodt, M., "Measuring Innovative Performance: Is There an Advantage in Using Multiple Indicators?", *Research Policy*, 2004, 32 (8), pp. 1365–1379.

Henry Adobor, "Ethical Issues in Outsourcing: The Case of Contract Medical Research and the Global Pharmaceutical Industry", *Journal of Business Ethics*, 2012, 105 (2), pp. 239–255.

Hill, R., "Towards the Fifth-Generation Innovation Process", *Technology Forecasting and Social Change*, 1997 (56), pp. 25–45.

Hummels, et al., "The Nature and Growth of Vertical Specialization in World Trade", *Journal of International Economics*, 2001, 54 (1), pp. 75–96.

Jina Kang, Allan Afuah, "Profiting from Innovations: the Role of New Game Strategies in the Case of Lipitor of the US Pharmaceuticalindus Try", *R&D Management*, 2010, 40 (2), pp. 124–137.

Jingyun Ni, et al., "Obstacles and Opportunities in Chinese Pharmaceutical Innovation", *Globalizatio n and Health*, 2017, 13 (21), pp. 1 – 9.

Juliana Hsuanl, Volker Mahnke, "Outsourcing R&D: a Review, Model, and Research Agenda", *R&D Management*, 2011.

Keld Laursen, Ammon Salter, "Open for Innovation: the Role of Openness in Explaining Innovation Performance among U. K. Manufacturing Firms", *Strategic Management Journal*, 2005, 27.

Kokko, A., "Local Technology Capability and Productivity Spillovers from FDI in the Uruguayan Manufacturing Sector", *Journal of Development Studies*, 1996, 32 (4), pp. 279 – 293.

Kyoung-Kuk Kim, Michael K. Lim, "R&D Outsourcing in an Innovation-driven Supply Chain", *Operations Research Letters*, 2015 (43), pp. 20 – 25.

Lars Bengtsson, Mandar Dabhilkar, "Manufacturing Outsourcing and its Effect on Plant Performance—Lessons for KIBS Outsourcing", *Journal of Evolutionary Economics*, 2009 (19), pp. 231 – 257.

Lee, T. Y., "Contract Research Organizations", *Drug Information Journal*, 1998 (32), pp. 1259 – 1263.

Liza Jabbour, Pluvia Zuniga, "The Outsourcing of Research and Development in Global Markets: Evidencefrom France", *The World Economy*, 2016.

Luca Berchicci, "Towards an Open R&D System: Internal R&D Iinvestment, External Knowledgeacquisition and Innovative Performance", *Research Policy*, 2013 (42), pp. 117 – 127.

MacDougall, G. D. A., "The Benefits and Costs of Private Investment from Aboard: A Theoretical Approach", *Economic Record*, 1960, 36 (73), pp. 13 – 35.

Marco Busi, Ronan McIvor, "Setting the Outsourcing Research

Agenda: the Top – 10 Most Urgentoutsourcing Areas", *Strategic Outsourcing: An International Journal*, 2008, 3, pp. 185 – 197.

Marco Greco, et al., "An Analysis of the Open Innovation Effect on Firm Performance", *European Management Journal*, 2016 (34), pp. 501 – 516.

Marfri-Jay Gambal, et al., "Strategic Innovation Through – A Theoretical Review", *Journal of Strategic Information Systems*, 2022.

Markus Reitzig, Stefan Wagner, "The Hidden Costs of Outsourcing: Evidence from Patent Data", *Strategic Management Journal*, 2010, 11, pp. 1183 – 1201.

María García-Vega, Elena Huergo, "The Role of International and Domestic R&D Outsourcing for Firm Innovation", *Journal of Economic Behavior and Organization*, 2017.

Matthew J. Higgins, Daniel Rodriguez, "The Outsourcing of R&D through Acquisitionsin the Pharmaceutical Industry", *Journal of Financial Economics*, 2005, 1, pp. 351 – 383.

Min Zhang, et al., "Evaluating Outs Ourcing Partners' Capability: a Case Study From the Pharmaceutical Supply Chain", *Journal of Manufacturing Technology Management*, 2013, 24 (8), pp. 1080 – 1101.

Mokter Hossain, "A Review of Literature on Open Innovation in Small- and Medium-sized Enterprises", *Journal of Global Entrepreneurshi Research*, 2015, 5 (6), pp. 1 – 12.

Morihiro Yomogida, "Two-Way Outsourcing, International Migration, and Wage Inequality", *Southern Economic Journal*, 2010, 7, pp. 161 – 180.

Oliviero A. Carboni, Giuseppe Medda, "External R&D and Product Innovation: Is Over-outsourcing an Issue?", *Economic Modelling*, 2021

(103), p. 105.

Peter Teirlinck, Andre Spithoven, "Research Collaboration and R&D Outsourcing: Different R&D Personnel Requirements in SMEs", *Technovation*, 2013 (33), pp. 142-153.

Philippe Aghion, Jean Tirole, "The Management of Innovation", *The Quarterly Journal of Economics*, 1994 (4), pp. 1185-1209.

Piachaud, B. S., "Outsourcing in the pharmaceutical manufacturing process: anexamination of the CRO experience", *Technovation*, 2002 (22), pp. 81-90.

Ravi Foogooa, "IS Outsourcing-a Strategic Perspective", *Business Process Management Journal*, 2008, 14 (6), pp. 858-864.

Richard E. Caves, "Multinational Firms, Competition and Productivity in Host-Country Markets", *Economica*, 1974, 41 (162), pp. 176-193.

Rodrigo A. Cerda, "Endogenous Innovations in The Pharmaceutical Industry", *Journal of Evolutionary Economics*, 2007, 17 (4), pp. 473-515.

Ronald Coase, "The Nature of the Firm", *Economical*, 1937 (4).

Sang Yun Han, Sung Joo Bae, "Internalization of R&D outsourcing: An empirical study", *Production Economics*, 2014 (150), pp. 58-73.

Sebastian Kobarg, et al., "University-industry Collaborations and Productinnovation Performance: the Moderating Effectsof Absorptive Capacity and Innovation Competencies", *Technol Transf*, 2018 (43), pp. 1696-1724.

Shoibal Mukherjee, "Clinical Trials and Contract Research Organizations in India", *Clinics in Laboratory Medicine*, 2012 (32), pp. 315-

320.

Smeets, R. , "Collecting the Pieces of the FDI Knowledge Spillovers Puzzle", *World Bank Research Observer*, 2008, 23 (2), pp. 107 – 138.

Solow, R. , "Technical Change and The Aggregate Production Function", *Review of Economics and Statistics*, 1957, 39 (1), pp. 312 – 320.

Somnath Lahiri, "Does Outsourcing Really Improve Firm Performance? Empirical Evidence and Research Agenda", *International Journal of Management Reviews*, 2016 (18), pp. 464 – 497.

Stefano Mazzocchi, "Open Innovation: The NewImperative For Creating and Profiting From Technology", *Innovation*, 2004, 6 (3), p. 474.

Tannista Banerjee, et al. , "Effect of Research and Development Outsourcing on New Drug Approvals in The Pharmaceutical Industry", *Journal of P harmaceutical Health Services Research*, 2013 (4), pp. 51 – 56.

Thomas Kern, et al. , "Exploring Asp as Sourcing Strategy: Theoretical Perspective, Propositions for Practice", *Journal of Strategic Information System*, 2002 (11).

Todorova, G. , Durisin, B. , "Absorptive Capacity: Valuing a Reconceptualization", *Academy of Management Review*, 2007, 32 (3), pp. 774 – 786.

Tõnurist, P. , "Framework for Analysing the Role of State-owned Enterprises in Innovation Policy Management: the Case of Energy Technologies and Eesti Energia", *Technovation*, 2015 (38), pp. 1 – 14.

Un C. Annique, "Absorptive Capacity and R&D Outsourcing", *Journal of Engineering and Technology Management*, 2017 (43), pp. 34 – 47.

Ursula Fritsch, Holger Görg, "Outsourcing, Importing and Innovation: Evidencefrom Firm-level Data for Emerging Economies", *Review of International Economics*, 2015, 23 (4), pp. 687 – 714.

Williamson, O. E., "Transaction-cost Economics: the Governance of Contractual Relations", *Journal of Law and Economics*, 1975 (22).

Xu B., "Multinational Enterprises, Technology Diffusion and Host Country Producty Growth", *Journal of Develop*, 2000 (62), pp. 477 – 493.

Ying-Ju Chen, Yutian Chen, "Strategic Outsourcing Under Technology Spill Overs", *Naval Research Logistics*, 2014 (61), pp. 501 – 514.

Youssef Boula Jcsil, Jan C. Fransoo, "Implications of outsourcing on operations planning: findings from the pharmaceutical industry", *International Journal of Operations & Production Management*, 2010, 30 (10), pp. 1059 – 1079.

Yun-Zhen Shi, et al., "Contract Research Organizations (CROs) in China: integrating Chinese research and developmentcapabilities for global drug innovation", *Globalization and Health*, 2014, 10, p. 78.

Zahra, S. A., George, G., "Absorptive capacity: A review, Reconceptualization and Extension", *Academy of Management Review*, 2002, 27 (2), pp. 185 – 203.

Zhang, A., et al., "A Study of the R&D Efficiency and Productivity of Chinese Firms", *Journal of Comparative Economics*, 2003, 31 (3), pp. 444 – 464.